Chronicle VII

出版状況クロニクル VII

2021. 1—2023. 12

小田光雄

ODA Mitsuo

論創社

はじめに

ここに、『出版状況クロニクルⅦ』をお届けする。

今回のクロニクルは拙ブログ「出版・読書メモランダム」で、２０２１年１月から２０２３年12月にかけて連載されたものである。

コロナ禍と『鬼滅の刃』の神風的ベストセラーの後、出版販売金額は実質的に１兆円を割りこみ、書店は１万店を下回り、流通インフラの要としての取次にも危機が及んでいる。

そうした意味において、この７冊目の『出版状況クロニクル』はあらためてトータルとしての出版状況の危機を浮かび上がらせていることになろう。

著　者

目次

はじめに

2021年度

クロニクル❶ 2021年1月 2
クロニクル❷ 2021年2月 16
クロニクル❸ 2021年3月 31
クロニクル❹ 2021年4月 45
クロニクル❺ 2021年5月 58
クロニクル❻ 2021年6月 71
クロニクル❼ 2021年7月 88
クロニクル❽ 2021年8月 104
クロニクル❾ 2021年9月 116
クロニクル❿ 2021年10月 127
クロニクル⓫ 2021年11月 139
クロニクル⓬ 2021年12月 152

2022年度

クロニクル⓭ 2022年1月 168
クロニクル⓮ 2022年2月 179
クロニクル⓯ 2022年3月 189
クロニクル⓰ 2022年4月 201
クロニクル⓱ 2022年5月 215
クロニクル⓲ 2022年6月 226
クロニクル⓳ 2022年7月 239
クロニクル⓴ 2022年8月 253
クロニクル㉑ 2022年9月 263
クロニクル㉒ 2022年10月 276
クロニクル㉓ 2022年11月 295
クロニクル㉔ 2022年12月 307

2023年度

クロニクル㉕　2023年1月　324
クロニクル㉖　2023年2月　336
クロニクル㉗　2023年3月　347
クロニクル㉘　2023年4月　361
クロニクル㉙　2023年5月　375
クロニクル㉚　2023年6月　387
クロニクル㉛　2023年7月　401
クロニクル㉜　2023年8月　413
クロニクル㉝　2023年9月　422
クロニクル㉞　2023年10月　436
クロニクル㉟　2023年11月　447
クロニクル㊱　2023年12月　460

あとがき　475

出版状況クロニクル Ⅶ

2021・1
〜
2023・12

2021年度

出版状況クロニクル❶　2021年1月

20年12月の書籍雑誌推定販売金額は1148億円で、前年比8・3％増。

書籍は552億円で、同8・3％増。

雑誌は596億円で、同8・3％増。

かつてないトリプルの8・3％増である。

雑誌の内訳は月刊誌が523億円で、同11・2％増、週刊誌は73億円で、同8・7％減。

返品率は書籍が29・9％、雑誌は35・7％で、月刊誌は34・2％、週刊誌は44・8％。

書籍は前年同月が13・1％減という大幅マイナス、及び返品の大きな改善によりプラスとなり、雑誌はひとえに『鬼滅の刃』最終巻の初版395万部、そのスピンオフ作品『鬼滅の刃外伝』初版100万部の爆発的売れ行きに負っている。

このかつてないトリプルの8・3％増は21年の幸先となるか、それとも仇花なのか、それが問われていくことになろう。

■出版物推定販売金額

（単位：億円）

年	書籍		雑誌		合計	
	金額	前年比（%）	金額	前年比（%）	金額	前年比（%）
1996	10,931	4.4	15,633	1.3	26,564	2.6
1997	10,730	▲ 1.8	15,644	0.1	26,374	▲ 0.7
1998	10,100	▲ 5.9	15,315	▲ 2.1	25,415	▲ 3.6
1999	9,936	▲ 1.6	14,672	▲ 4.2	24,607	▲ 3.2
2000	9,706	▲ 2.3	14,261	▲ 2.8	23,966	▲ 2.6
2001	9,456	▲ 2.6	13,794	▲ 3.3	23,250	▲ 3.0
2002	9,490	0.4	13,616	▲ 1.3	23,105	▲ 0.6
2003	9,056	▲ 4.6	13,222	▲ 2.9	22,278	▲ 3.6
2004	9,429	4.1	12,998	▲ 1.7	22,428	0.7
2005	9,197	▲ 2.5	12,767	▲ 1.8	21,964	▲ 2.1
2006	9,326	1.4	12,200	▲ 4.4	21,525	▲ 2.0
2007	9,026	▲ 3.2	11,827	▲ 3.1	20,853	▲ 3.1
2008	8,878	▲ 1.6	11,299	▲ 4.5	20,177	▲ 3.2
2009	8,492	▲ 4.4	10,864	▲ 3.9	19,356	▲ 4.1
2010	8,213	▲ 3.3	10,536	▲ 3.0	18,748	▲ 3.1
2011	8,199	▲ 0.2	9,844	▲ 6.6	18,042	▲ 3.8
2012	8,013	▲ 2.3	9,385	▲ 4.7	17,398	▲ 3.6
2013	7,851	▲ 2.0	8,972	▲ 4.4	16,823	▲ 3.3
2014	7,544	▲ 4.0	8,520	▲ 5.0	16,065	▲ 4.5
2015	7,419	▲ 1.7	7,801	▲ 8.4	15,220	▲ 5.3
2016	7,370	▲ 0.7	7,339	▲ 5.9	14,709	▲ 3.4
2017	7,152	▲ 3.0	6,548	▲ 10.8	13,701	▲ 6.9
2018	6,991	▲ 2.3	5,930	▲ 9.4	12,921	▲ 5.7
2019	6,723	▲ 3.8	5,637	▲ 4.9	12,360	▲ 4.3
2020	6,661	▲ 0.9	5,576	▲ 1.1	12,237	▲ 1.0

〔1〕出版科学研究所による1996年から2020年にかけての出版物推定販売金額を示す。

【20年の出版物推定販売金額はコロナ禍の中にあっても『鬼滅の刃』のような神風にも似た超ベストセラーによって、1兆2237億円、前年比1・0％減で、かろうじて1兆2000億円台をキープできたことになる。電子書籍も同じく電子コミックが好調で、3931億円、同28・0％増、紙と合算すると1兆6168億円、同4・8％増となっている。しかし紙の現実を見れば、書籍は1996年に比べ6割、雑誌に至っては3分の1にまで落ちこんでしまっている。しかも雑誌はコミックスを含んでいるので、実際に『鬼滅の刃』がなければ、5000億円を割りこんでいたかもしれない。20年は予期しないコロナ禍、またこちらも同様の『鬼滅の刃』の神風の下で過ぎていったが、21年はどのような出版状況を迎えることになるのだろうか】

〔2〕『pen』がかつて「2020年の世界と東京」(2016・9/1)という特集を組んでいた。そこでの一章は「2020年の世界はこうなっている」で、次のような10の各分野専門家による「大胆予測」が提出されていた。

1 目標は年間4000万人。日本は観光立国になっている?
2 中国の民主化は進んでいるか、それとも退化しているか?
3 朝鮮半島は、統一への道を歩んでいる?
4 東京五輪は、イスラム過激派の標的になるのか?

5　ヒラリーとトランプの争う米政界の、４年後の風景は？
6　ブレグジットに揺れるＥＵは、共同体を保てる？
7　貧富の差は解消される？　拡大する？
8　ＬＧＢＴは、権利平等を勝ち取れるか？
9　目まぐるしく変化するＳＮＳは、どんなカタチに？
10　人工知能は、近未来の世界をどう変える？

【これらの「大胆予測」をもう少しシンプルにして、二者択一の場合、前者とすると、１から8にしても、９や10にしても、「こうなっている」とはいえないし、未来予測の難しさを教えてくれる。まして全項目において、誰もが新型コロナウイルスの出現などはまったくの想定外であった。日本の観光立国、朝鮮半島統一、東京オリンピック、ヒラリーとトランプの政局、貧富の差の解消などの「予測」は見事に外れてしまった。朝鮮半島の統一に関しては、思いがけない『愛の不時着』というドラマがもたらされたけれど。それは同じく『Pen』（２０１８・9／1）の「いま最も知りたい国『中国』最新案内」も同様で、そこに示された現代中国のハイテクな風景からは新型コロナウイルスの発生は想像すらできないし、まして都市のロックダウンも同様である。**1**で20年の雑誌販売金額を見たように、雑誌の時代は終わりつつあり、もはや誰も雑誌のバックナンバーのことなど語らない。『Pen』（２０１５・1／1・15）が「昭和レトロに癒やされて。」だったので、かつての『Pen』の未来特集を思い出し、しかもそれが20年の予測だったので、ここで戯れにそれを試みてみた】

〔3〕 年末年始（12／29〜1／3）の書店売上はトーハンの1470店のposデータによれば、前年比94・7％、日販の1667店は97・8％。
いずれもコミックだけは前年を上回っているが、書籍、雑誌、開発商品はすべてマイナスとなっている。

【コロナ禍の中で迎えた年末年始の売上だが、20年1月が0・6％減と小さなマイナスだったことに比べれば、やはり厳しい幕開けと見なせよう。コミックだけは好調だけれど、書籍と雑誌のマイナスはいずれも二ケタ減で、回復は難しく、コミック人気もどこまで続くのか、保証の限りではないからだ。これから学参シーズンに入っていくが、小中高はともかく、大学は対面授業の問題が解決しておらず、それが大学生協の売上へと影響していくのは間違いない。テキストなどの採用品市場の縮小は必至だし、昨年もそうだったように、出版社の資金繰りに跳ね返っていくかもしれない】

〔4〕 日本フランチャイズチェーン協会による大手7社のコンビニの2020年売上高は10兆6608億円で、前年比4・5％減、2005年以来の統計で前年割れは初めてである。
店舗数は5万5924店で、前年比0・6％増。

コンビニ店舗数と書籍雑誌実販売額の推移を示す。

【コンビニ店舗数は19年のマイナスから、20年は微増に転じたものの、売上高は前年割れとなった。コロナ禍の影響もあるだろうが、売上高にしても、店舗数にしても、それが機となり、減少していくと考えるべきだろう。だがそれ以上に顕著なのはコンビニにおける出版物販売額で、19年は前年比11％減の１２８５億円で、12年の約半分になっている。数年後には１０００億円を割ることになるだろうし、『出版状況クロニクルⅥ』でファミリーマートの雑誌売場の縮小を伝えているように、コンビニの雑誌コーナーの存続自体が問われていくことになろう】

■ CVS の店舗数・売上高の推移

年	CVS 店舗数	CVS 書籍・雑誌実販売額（億円）
2005	43,856	5,059
2006	44,036	4,852
2007	43,729	4,044
2008	45,413	3,673
2009	46,470	3,166
2010	45,375	2,886
2011	47,190	2,642
2012	49,735	2,466
2013	53,451	2,262
2014	56,367	2,117
2015	56,998	1,908
2016	56,160	1,859
2017	56,344	1,576
2018	56,586	1,445
2019	55,620	1,285
2020	55,924	―

〔5〕『文化通信』（1／11）が一面で、日販の奥村景二社長にインタビューしている。

大見出しは「出版流通改革タイムリミットまで1年余／業界全体で同じ理解のもと、議論したい」とある。それを要約してみる。

＊昨年4月から社長として出版流通改革に取り組み始め、日販は出版物の物流と仕入と営業だけの組織になったので、社内の意識を統一できるし、取次事業の赤字も浮かび上がったので、どのように立て直すかがはっきりした。

＊取次事業の黒字化を前提とし、短いスパンで物事を進め、将来のビジョンを示していく。そして出版流通を守り、それをコアとして新たな事業を始めていかないと、企業として成長す

るビジョンを描くことは難しい。
＊出版流通の赤字を減らしながら、新たな事業と利益を生み出し、取次でない部分を持つ日販という新しい会社をめざしていく。
＊出版流通改革、取引や流通の構造を変えるためには、業界全体が一つのゴールに向かって同じ目線で話し合う必要があるので、日販がもっている出版流通や経営状況などを開示していく。
＊来期の早い段階で、出版流通の現状認識と方向を共有し、改革を進めるための会議体を設け、議論したい。
＊1年で改革の結論が出るかもしれないが、もっとかかるとタイムリミットを迎え、出版流通が破綻に近づいていくことも考えられる。
＊同業他社との物流協業などによる流通コストを下げる努力をしているので、出版社にも相応のコスト負担、及び定価値上げをしてほしいし、出版社と書店に対する条件払いやリベートもゼロベースにすることを考える必要があるのではないか。

【しかし売上の9割を占める取次事業の赤字を、新たな事業によって補塡していくことは不可能であろう。その新しい事業が「文喫」や「箱根本箱」であるとしたら、誰も信じない。結局のところ、大手出版社への条件払いと正味の変更、書店に対するリベートの廃止、低正味買切制への移行しかないと思われる。これらは神田の専門取次の鈴木書店が、日販などによる大学生協や書店の帳合変更で追いこまれる中で、模索していた手段であり、一部は実現したものの、その流通システムの改革にはならず、破産するしかなかったのである。それは日販の場合、CC＝TSUTAYAだけでなく、多くの傘下書店、子会社としての書店を抱えているわけだから、リベートを廃止すれば、それらの書店のほうが破綻してしまうだろう。それに加え、文教堂、フタバ図書問題はどうなるのか、それこそこの1年がタイムリミットだ。これらとタテマエとホンネの混じったインタビューをトータルに考慮すれば、例によって当然のことながら、出版流通改革は先送りされ、タイムリミットは否応なく近づいてくることになる。なお1月28日にフタバ図書の「弊社事業を新会社に承継する旨のお知らせ」が出され、ファンドによる新会社に事業譲渡が発表された。新会社には日販、蔦屋書店も出資し、店舗はTBNに加盟予定】

〔6〕TSUTAYAはTSUTAYA BOOK NETWORK（TBN）の直営、FC加盟店の2020年書籍雑誌年間販売総額が1427億円で、過去最高を更新と発表。

【こちらも日販と同じく、しかしである。TSUTAYAの書籍雑誌年間販売総額は『出版状況クロニクルV』や『同VI』などでずっと試算してきたように、1店当たりの出版物売上高は坪数に対して驚くほど少ない。20年はTBNの店舗数は779店とされているので、1店当たり年商1億8000万円、月商にして1500万円となる。しかも今期は静岡の谷島屋など34店の新規加入、開店を含めてである。19年には835店だったことからすれば、本クロニクルで見てきたように、18年からの大量閉店で100店以上が減少したことになり、それを新規加入、開店で帳尻を合わせているると見なせよう。それに今回の発表は例年よりも半年以上も早く、コロナ禍の中にあっても、TSUTAYA＝CCCは売上を伸ばしているとのアピール＝プレスリリースだと考えるべきであろう】

〔7〕 文教堂GHDは45歳から64歳未満の正社員25人程度の希望退職に25人の応募があったと発表。

当該社員は所定の退職金に割増加算金を上乗せし、再就職支援サービス会社を通じて再就職を斡旋する。

【希望退職者が退職金＋割増加算金を得たことは何よりだが、早急に決まったようで、これもまた正社員の不安と動揺の反映とも思われる。『出版状況クロニクルⅥ』で、文教堂の事業再生手続き（ADR）は「再建策ではなく延命策」との声が挙がっていることを伝えておいたし、また前回の本クロニクルでも文教堂の90円割れの株価低迷にふれておいた。「延命策」の果てに待ちかまえている事態はどのようなものになるのか、広島のフタバ図書と同様に、その行方を注視しなければならない。それからこれは余計なことかもしれないが、長野の平安堂が正社員を募集していることを付記しておこう】

〔8〕 『新文化』（1／14）が「電子取次・メディアドゥの成長戦略」と題し、メディアドゥの藤田社長と新名副社長にインタビューしているので、それらを要約してみる。

＊メディアドゥは国内電子書籍取次会社として、市場シェア第1位を占め、2020年の連結期決算は売上高658億円で、17年と比較し、4倍以上の成長を遂げている。
＊電子書籍市場の成長率は18年の「漫画村」の閉鎖と今回の新型コロナによる巣ごもり需要で、幅広い世代に読者が増えた。この2つが市場を押し上げる起爆剤となった。
＊出版業界では電子書籍ビジネスがその一部で、紙と電子は区別しないという方向性が主流になっているが、電子だけで成功すれば安泰だとは思っていないし、業界全体が活性化しないと電子にも未来はない。
＊電子だけで1兆円規模にし、紙と半々の世界をめざすべきだと考えているし、これからは電子市場は現在の第1期から第2期に突入していく。開発中のブロックチェーンなどによって読者の情報をつかみ、潜在的な読者に本の情報を提供していく。それを書店や出版社と一緒に進めていきたい。
＊日本はアメリカと異なり、電子書店の数が多いので、本質的に電子取次会社が必要とされる市場であり、電子書店や出版社が文化に根差した展開ができるように情報を提供し、紙と電子市場を拡大していきたい。

【メディアドゥに関しては、『出版状況クロニクルⅥ』などでトレースしてきたが、あらためて「漫画村」の閉鎖とコロナ禍が成長のきっかけだったことを確認した次第だ。その仕入れ先というべき出版社はともかく、取引先に当たる電子書店の全貌は定かでないけれど、この10年に多くが生まれたことになろう。電子市場第1期は現在で、紙を電子化し、電子書店がネット上で広告を打ち、販売数が伸びていく。それに対し第2期に進むために必要なのは読者情報で、ブロックチェーンなどの新しいテクノロジーを通じ、読者をつかみ、本の情報も提供していく。それが第2期、1兆円の電子市場ということになるが、果たして実現するのか、実現すれば紙の世界はどうなるのか、これからも観測していきたいと思う】

〔9〕『創』（2月号）が恒例の特集「出版社の徹底研究」を組んでいる。

【『創』の恒例特集は最初の座談会からして床屋談議にすぎないので、ほとんど取り上げてこなかった。だが今日はコロナ禍にあって、それは掲載されず、「総論」として、『鬼滅の刃』大ヒットとコロナの影響を受けて、「出版界は今、どうなっているのか」に代わっている。またそれに続く大手出版社レポート、ほとんどがコミックとデジタル化が中心となり、1の電子コミック、8の電子書籍問題と呼応している。それこそ大手出版社のコミックとデジタル化を俯瞰する特集として読むことをお勧めしよう】

〔10〕東京の古本屋としてよく知られた高円寺の都丸書店と練馬のポラン書房の閉店が伝えられてきた。

【コロナ禍の中にあっての閉店であり、その影響を受けているのだろうが、やはり古本屋もネット販売へと移行せざるをえない状況を象徴している。1970年代には中央線高架下の都丸書店によくいったことを思い出す。だが今世紀に入ってからは数回で、ご無沙汰していたこ

とを実感してしまう。東京の街角の古本屋という物語ももはや成立しない時代を迎えているのかもしれない】

〔11〕『FACTA』（2月号）が貴船かずま「コロナ禍『映画館がなくなる！』」という記事を発信している。

この記事によれば、アニメ映画『劇場版「鬼滅の刃」無限列車編』の興行収入が324億円で歴代1位、累計観客動員数は2400万人を超えた。だが全体的な20年の興行収入はコロナ禍の影響を受け、前年の半分にも満たない惨状である。

映画大国のアメリカも深刻な感染状況で、大都市部の映画館は閉館が続いている。その一方で、動画配信サービスの利用者はうなぎ登りで、「映画館のなくなる日が近づいている」。

【これは日本でも同様であろうし、ネットフリックスは国内で有料会員数500万人、世界で2億人を超えたとされる。それにアマゾンプライム、ディズニープラスを加えれば、動画配信サービス会員数は日本でも「うなぎ登り」状態にあると見なせよう。10の古本屋と同じく、都市の映画館も消えていく時代を迎えようとしているのだろうか。またネットフリックスが独自のニュース配信も始めるようになれば、日本のテレビ局もまた大きな影響を受けるであろうし、それも将来的には実現するようにも思われる】

〔12〕『日経MJ』（1／25）が「青山、見えぬスーツの次」の大見出しで、青山商事の21年3月

の初の営業赤字と大規模なリストラを特集している。服装のカジュアル化とコロナ禍の拡大で、スーツ離れは急速に進み、20年のスーツ販売は400万着となり、18年から4割減、ピーク時の1992年の1350万着からは7割減。営業損失は128億円の赤字、最終赤字は292億円と予測され、全体の2割にあたる160店の閉店、大型店の売場縮小、社員も400人の希望退職を募り、人件費も削減する。

【『出版状況クロニクルⅥ』などで、コロナ禍にある衣料品専門店の販売実績を伝えてきたが、それらの中でも紳士服の青山商事のダメージは最も大きかったようだ。1990年代において、青山商事はロードサイドビジネスの雄として郊外店出店の範となり、カジュアル衣料のユニクロにしても、青山をモデルとして成長してきたのである。それは書店も同様で、1980年代から90年代にかけては、青山商事の時代だったといえよう。しかしそのような青山商事にしても、否応なく危機は訪れてくるのであり、それは郊外消費社会の衰退の前兆ともいえよう。1980年から90年代にかけての郊外消費社会の成立に関しては、拙著『〈郊外〉の誕生と死』を参照されたい】

〔13〕『フリースタイル』46が恒例の特集「THE BEST MANGA 2021 このマンガを読め！」を組んでいる。

【年齢とともにマンガに接する機会が少なくなり、コミック誌にしても、病院に置いてある『ビッグコミック』を読むくらいになってしまった。そんなわけで、「BEST10」では5の和山やま『女の園の星』（祥伝社）、「BEST20」では『鬼滅の刃』、それも第1巻だけを読んでいるにすぎない。草森紳一は死の前年に荒木飛呂彦『ジョジョの奇妙な冒険』全63巻を読破し、『ジョジョ伝』を書きたいといっていたそうだ。私も今年はかつて書いた「ブルーコミックス論」を上梓する予定なので、あらためてマンガへの精進も心がけるつもりだ】

〔14〕 菊地史彦の『「象徴」のいる国で』（作品社）が届いた。

【『「幸せ」の戦後史』『「若者」の時代』（いずれもトランスビュー）に続く、菊地の3冊目の戦後史で、天皇という「象徴」をコアにすえ、戦後の多様な「二重性」を論じた力作にして問題作といえよう。菊地と同じく、私も「戦後」を手離せないので、一方的に彼を戦後史における同志だと考えてきた。私だけの思い込みかもしれないのだが、戦後生まれ世代は1952年で一区切りされ、しかも51年と52年生まれは後期占領下世代に属するという個人的観測があるからだ。私は51年、菊地は52年である。だから同じ戦後生まれの「戦後史」であっても、明らかに団塊の世代と異なる色彩と陰影を伴って提出され、『「象徴」のいる国で』においては、天皇とサブカルチャーに表象される「二重性」をキーワードとして描かれていくことになる。拙著『郊外の果てへの旅／混住社会論』も戦後社会論に他ならず、そこではアジア的農耕社会とアメリカ的郊外消費社会の「二重性」が問われている。その「二重性」こそが私たちをリンクさせるのであり、農村で育った私と都市生活者の菊地のコレスポンデンスがあると信じたい。菊地の次のテーマは「平成」を予定しているという。そういえば、本クロニクルも「平成」と併

走して書かれてきたし、意図しない「平成史」であることにあらためて気づかされた】

〔15〕論創社HP「本を読む」〈60〉は「『ノヴァーリス全集』と戦前の翻訳」です。

『出版状況クロニクルⅥ』は現在編集中。

今年は『リブロが本屋であったころ』の中村文孝と共著で、誰もが予想もしないであろう一冊を刊行する予定でいる。

14の菊地からも望まれているので、ご期待下さい。

出版状況クロニクル❷　2021年2月

21年1月の書籍雑誌推定販売金額は896億円で、前年比3・5％増。

書籍は505億円で、同1・9％増。

雑誌は391億円で、同5・7％増。

前月の20年12月に続くトリプル増である。

■電子出版市場規模　　（単位：億円）

年	2014	2015	2016	2017	2018	2019	2020	前年比（％）
電子コミック	882	1,149	1,460	1,711	1,965	2,593	3,420	131.9
電子書籍	192	228	258	290	321	349	401	114.9
電子雑誌	70	125	191	214	193	130	110	84.6
合計	1,144	1,502	1,909	2,215	2,479	3,072	3,931	128.0

雑誌の内訳は月刊誌が3２1億円で、同8・9％増、週刊誌は69億円で、同7・2％減。

返品率は書籍が31・9％、雑誌は42・3％で、月刊誌は42・2％、週刊誌は42・5％。

月刊誌の大幅プラスはコミックス『呪術廻戦』（集英社）、『進撃の巨人』（講談社）、『鬼滅の刃』（集英社）の爆発的売れ行きによるものだが、返品率は書籍よりも高く、週刊誌とともに高止まりしている。

コミックスの書店店頭の売上は30％増で、20年10月からのアニメ放送の『呪術廻戦』はシリーズ累計で3000万部を突破したようだ。

20年に続き、コロナ禍の中でも、販売状況はコミックス次第ということになるのだろうか。

---

〔1〕出版科学研究所による20年度の電子出版市場販売額を示す。

【20年の電子出版市場は3931億円で、前年比28・0％増。それらの内訳は電子コミックが3420億円、同31・9％増、電子書籍は401億円で同14・9％増、電子雑誌は110億円、同15・4％減。電子コミックの占有率は18年の80・8％、19年の84・4％から20年は87・0％に達し、20年の電子出版市場は電子コミック市場といっていいシェアと

なり、21年は90％を超えてしまうかもしれない。それに対し、電子雑誌は3年連続のマイナスで、「dマガジン」の会員数も17年から減少が続いている。電子出版市場においても、雑誌の凋落があらわになってきている。電子書籍にしても、20年はコロナ禍と人気作家の電子化解禁によって400億円を超えたけれど、さらに伸びるのか、難しいところにきているように思われる。紙と電子を合わせた出版市場は1兆6168億円で、前年比4・8％増となり、電子出版占有率は前年の19・9％から24・3％となり、ついに4分の1を占めるに至った。だがそれは90％近くが電子コミックによるもので、コミックを刊行する大手出版社の業績に結び付くことはあっても、ダイレクトに取次や書店に利益をもたらすものではない。電子コミック市場の成長がこれからも続いていけば、取次や書店の苦境はさらに深まっていくばかりだし、週刊誌の衰退と紙のコミック誌の行方も気になるところだ】

〔2〕『出版状況クロニクルⅥ』で、コロナ禍の中にある衣料品・靴専門店13社の20年3、4月の売上状況を示しておいたが、『日経MJ』（2／19）による21年1月の販売実績も見ておこう。

【緊急事態宣言の再発令を受け、外出自粛の影響で、都市部を中心として客足が落ちこみ、11社が減収となった。ユニクロとしまむらを除いて、厳しい状況が売上高や客数に顕著である。

総務省の20年「家計調査」によれば、コロナ禍での2人以上世帯の消費支出は月平均27万7926円で、前年比5・3％減となり、マイナスは2001年以降で最大である。その10ある品目分類のうちの「被服及び履物」「教養・娯楽」「交通・通信」などの7つの支出が減っている

■衣料品・靴専門店販売実績1月　（前年同月比増減率％）

	店名	全店売上高	既存店売上高	既存店客数
カジュアル衣料	ユニクロ	1.8	2.0	▲0.3
	ライトオン	▲24.8	▲23.2	▲26.1
	ユナイテッドアローズ	▲44.1	▲45.2	▲44.9
	マックハウス	▲22.1	▲20.0	▲26.7
	ジーンズメイト	▲35.8	▲35.0	▲22.1
婦人・子供服	しまむら	7.5	7.6	4.1
	アダストリア	▲20.1	▲20.0	▲17.3
	ハニーズ	▲21.0	▲21.5	▲20.8
	西松屋チェーン	0.5	▲0.8	▲2.7
紳士服	青山商事	▲34.0	▲31.2	▲27.7
	AOKIホールディングス	▲26.9	▲26.0	▲17.1
靴	チヨダ	▲15.8	▲13.9	▲10.2
	エービーシー・マート	▲24.2	▲25.2	▲19.7

ことから、衣料・靴専門店を直撃していることがわかる。現在のコロナ禍の中で、消費の行方は見通すことができないし、前回の本クロニクルで青山商事を例に挙げておいたけれど、店舗閉鎖や社員の希望退職募集といったリストラ、あるいはM&Aによる再編が進められていくことは必至だ。「教養・娯楽」も落ちこんでいるのだが、それに該当する書店売上は『鬼滅の刃』の神風のようなミリオンセラーによって救われたように見える。しかし書店にしても、店舗と社員のリストラと、M&Aによる再編は避けられないだろう】

〔3〕楽天ブックスネットワーク（RBN）は書店向け書籍、雑誌の仕入れから出荷業務までを日販に委託し、両社の協業範囲の拡大を検討すると発表。

それに関して、川村興市社長が『文化通信』

（2／22）のインタビューに応じているので、要約してみる。

＊当社は旧大阪屋と旧栗田が経営統合して以来、赤字が続いてきたが、これからは黒字転換するために日販との協業拡大などを進める。

＊これまで取次として物流施設などのシステムインフラに関して大手取次と同じように維持してきたが、日販に業務を委託し、協業を進めるほうがローコストで取次事業を継続できる。

＊現在も返品業務は出版共同流通、新刊返品業務は日販に委託してきたが、これからは一般書店向けの書籍、雑誌の仕入れから返品までを日販へ業務委託する。

ただ書店への請求書などの商流、ネット通販（ＥＣ）向け仕入窓口機能は自社に残す。

＊丸善ジュンク堂書店の帳合変更は採算に合わない取引条件を見直す中で起きたケースで、売上高は減少しても、経営的には筋肉質になるし、22年度からは黒字経営となる見通しだ。

＊大阪と東京2本社体制も、楽天フルフィルメントセンター内「関西流通センター」に関西オフィスを開設して統合し、人員も２００人から１５０人へと減少する。また採算割れしてきた図書館事業も22年3月で終了する。

＊経営改革を進めながらＥＣ向けを伸ばし、リアル書店との取引規模は維持しつつ、現在30％ほどのＥＣ売上比率を60～70％に引き上げたい。

＊当社は親会社に楽天ブックスがあり、他の取次に比べて強みはＥＣであり、ソーターなどのＣＤ用出荷設備を増強したことで、楽天ブックスの「あす楽」の西日本の対応エリアを拡大し、売り上げも同様である。

＊このＥＣインフラを使い、リアル書店向けの客注、商品企画、ポイント連動などのサービスを提供していく。

【結局のところ、ＲＢＮは書店取次から撤退し、アマゾンのようなＥＣに特化していくと表明していることになろう。『出版状況クロニクルⅥ』で、楽天の市川市物流センターにオンライン書店「楽天ブックス」が稼働したことやＲＢＮ帳合の書店の閉店にふれ、「大阪屋や栗田からつながる書店の清算を進めているかのように思える」と既述しておいたけれど、それは丸善ジュンク堂も例外ではなかったのである。大阪屋がＯＰＬをマーク提供する図書館事業を始めたのは１９９０年代で、その担当者と話したことがあったが、ＥＣによる時代の変化はすさまじいものだとあらためて実感してしまう。それこそＲＢＮの少額取引専用サービス「ホワイエ」はどうなるのだろうか】

〔4〕丸善ジュンク堂書店は出版社に5月1日からメイン取次をＲＢＮからトーハンと日販に変更することを通知。

同書店は93店舗（ＦＣ店を除く）と外商拠点10ヵ所、書籍流通センター（ＳＲＣ）を運営しているが、今回の帳合変更で、トーハンは直営ＦＣを合わせて53店舗と外商拠点、ＳＲＣ、日販には海外（台湾）を含めて16店舗が移る。

それにより、トーハン帳合は店舗85店と外商10拠点とＳＲＣ、日販は店舗30店となる。現物返品はなく、伝票切り替えで対応する。

【この帳合変更によって、RBNの売上高がどれだけ減少するのかは不明だが、面白い偶然の一致が本クロニクルに見出されるので、それを伝えておこう。『出版状況クロニクルⅥ』で、20年の丸善ジュンク堂の売上高が740億円あることを示したが、RBNの前身の大阪屋栗田の売上高も同じく740億円とまったく同じなのだ。だからそれをそのまま当てはめれば、RBNが丸善ジュンク堂と取引を中止すると売上がゼロになってしまうということになる。だがそれは大阪屋とジュンク堂の蜜月時代のことで、現在ではRBNは丸善ジュンク堂において、そのシェアをかなりトーハンに奪われ、そうした取次状況も含め、既存の取引条件では赤字が続いてしまうために、今回の処置となったのであろう。しかしトーハンや日販であれば、まだそうした特販取次条件に耐えられるということなのか、それとも取引条件の見直しも含めての帳合変更だったのか、そうした疑念がつきまとう】

〔5〕フタバ図書に関しても前回ふれているが。あらためてレポートしておこう。

フタバ図書は株式会社ひろしまイノベーション推進機構の「ふるさと連携応援ファンド投資事業有限責任組合」が設立する新会社に事業譲渡する。

新会社に9億円を出資するのはその他に日販、蔦屋書店、もみじ銀行、エディオン、広島マツダで、フタバ図書と関連会社6社から39店舗とメディアマックス事業（レンタル部）などを承継する。

新会社もフタバ図書の称号を続用するが、TSUTAYAのFCとなり、TSUTAYA B

OOK NETWORK（TBN）に加わる。資本金は5億円、CEOは日販の横山淳、COOはTSUTAYAの土橋武とされ、もみじ銀行がCFOを派遣する予定となっている。

【この概要がリリースされたのは1月28日で、その当日の午後5時にフタバ図書のオンライン会見が始まった。それを『新文化』（2/27）が「社長室」欄で「答えたくないオンライン会見」として、次のように述べている。「新聞社やテレビ局などメディアから質問が寄せられた。（中略）質問が相次ぎ、緊張感が高まっていく様子がパソコンの画面ごしにも伝わってきた。」とくに、40年間続いたと報じられたフタバ図書の「粉飾決算」「近年の決算情報」「金融機関の債権放棄」などについては、「質疑応答の攻防が続き、平行線を辿った」として、「知りたいマスコミと、答えたくない当事者」の構図を伝えている。本クロニクルから見て、ずっと指摘してきたように、20年の書店問題として、文教堂、フタバ図書、戸田書店の行方に注視してきた。ようやく21年になって、フタバ図書も文教堂と同じ「産業競争力の強化に基づく特定認証紛争解決の手続き」（ADR手続き）による新会社への事業譲渡ということになった。ただそのオンライン会見は前述のように、「知りたいマスコミと、答えたくない当事者」に終始し、きわめて不透明、説明責任を欠くものだったと見なすしかない。これらのことを考えると、取次にとって、書店問題はメガフランチャイジーとしてのナショナルチェーンの処理に向かうしかない状況にあると判断できよう。しかもそれらは赤字や負債が積み上がり、民事再生や破産は取次やFC本部に大きく跳ね返るので、ADR手続きによって、とりあえず延命させるというスキームである。その受け皿としてのTSUTAYAだが、静岡の谷島屋に続いて、フタバ図書もＴＢＮに加えたとしても、そのかたわらで、１月の閉店は７店２０００坪に及んでいる。日販の最大のメガフランチャイジーＴＳＵＴＡＹＡの大量大型閉店は21年の始まりを象徴するものになるかもしれない。戸田書店の静岡本店跡地にしても、デベロッパーに売却とされていたが、駅前一等地にもかかわらず、まだ埋まっていない。支店やＦＣは丸善ジュンク堂などに移ったけれど、静岡本店の場合、それこそＲＢＮなどとの清算に至っていないのだろうか。それに大手取次とナショナルチェーンを成立させていたのは、逆説的だが、中小書店に他ならず、それがベースとして出版業界を支えていたからだ。それらの中小書店が壊滅的状況を迎えている中で、大取次の存立すらも問われていくだろう。その最終的段階として、戦前の国策取次の日配の再現も予想できるようにも思われる】

〔６〕取協の発表によれば、２月13日の福島沖震度６強の地震で、福島、宮城県の書店97店に被害があり、そのうちの「甚大な損害により再開未定」とする書店は10店に及ぶとされる。その中でも、チェーン店は未来屋が３店、ＴＳＵＴＡＹＡが２店である。

【まだ今年も始まったばかりなのに、コロナ禍に加えて地震が起きてしまった。ただ地震発生が午後11時８分ということもあって、本の落下、ガラス破損、什器のずれ、スプリンクラーによる水濡れ被害などで、人身被害がなかったことは何よりだ。早く再開でき、学参期に間に合わせられることを願おう】

〔7〕『日経MJ』（2／5）の「米国流通現場を追う」のアメリカの商業不動産業界の調査によれば、20年のパンデミックとロックダウンの影響を受け、業績が急速に悪化し、大手小売企業40社が破綻し、1万1157店舗が閉店し、年間記録となった。それは大手だけなので、氷山の一角とされる。

1月にはフランス化粧品ロクシタンの米国法人が連邦破産法11条の適用を申請し、チョコレート専門チェーンのゴディバも全128店舗を閉鎖する計画を発表。

またモール運営企業も同じく破産法11条適用申請が相次ぎ、全小売面積は2025年までに20％減るとの予想も生じている。

【これは2の衣料品や靴とも密接にリンクするけれど、書店のメガフランチャイジーも同様であるし、5のフタバ図書もしかりだろう。ロクシタンは家賃とリース契約の破棄を目的とした適用申請とされる。日本の場合にしても、郊外消費社会のロードサイド店を始めとして、建物はサブリース家賃システム、店のオペレーションにも多くのリースが採用されているので、それらにも及んでいくことになる。まさに冗談ではなく、空き店舗が連なるゴーストタウンのような郊外消費社会の風景が出現するかもしれないし、すでにその兆候は現れているという声も聞こえてくる】

〔8〕アマゾンの創業者でCEOのジェフ・ベゾスが21年7〜9月期に退任し、取締役会長となる。クラウド部門を率いるアンディ・ジャシーがCEOに昇格する。

２０２０年10～12月期売上高は初めて１０００億ドル（約10兆５０００億円）を超え、通期では３８６０億ドルに達した。

【『出版状況クロニクルⅥ』で、コロナ禍の中にて、アマゾンが売上を4、５割伸ばしたとされることから、「不公正に利益を得ている」として、フランスでアマゾン不買運動が起きていることを既述しておいた。先の売上高も、それを裏づけているかもしれない。アマゾンによる日本での出版物販売金額も伸びていることは確実だ。それによって取次シェアも変わっているはずだし、ＫＡＤＯＫＡＷＡは早くからアマゾン直取引へと移行しているので、そのシェアはかなり高いと推測される。このほどＫＡＤＯＫＡＷＡはサイバーエージェントとソニーを引き受け先とする第三者割当による新株式の発行で、１００億円に迫る巨額の資金調達を決議している。「グローバル・メディアミックス」に加え、２社との協業でゲーム開発や運用、アニメコンシューマーゲームの世界的展開をめざすとされる。それに電子コミックのこともあり、このコロナ禍の1年で、ＫＡＤＯＫＡＷＡのアマゾンにおける売上高は予測する以上に伸びていて、ポスト取次時代もふまえ、今回の資金調達とも無縁ではないようにも思われる】

〔9〕　枻出版社が民事再生法を申請。

同社は１９７３年設立で、バイク、釣り、写真、サーフィン、ゴルフ、旅などのアウトドア系の趣味やライフスタイルをテーマとする雑誌、書籍、ムックを手がけていた。

それらの雑誌は『Lightning』『ＲＩＤＥＲＳ ＣＬＵＢ』『ＰＥＡＫＳ』『ＮＡＬＵ』『湘南スタ

イル』『世田谷ライフマガジン』などである。

20年3月は雑誌176点、ムック249点など459点を出版し、その他も広告事業、飲食店、ゴルフショップといった事業を幅広く展開していた。

17年には売上高102億円を計上していたが、20年には53億円と半減し、3期連続赤字となり、一部の雑誌の権利や不動産の売却、不採算事業の整備を進めたが、自主再建を断念し、今回の措置となった。負債は62億7400万円。

【枻出版社はかつて本クロニクルも言及したことがあり、書店でも雑誌出版社としての認知度は高く、TSUTAYAなどの大型複合店でもよく売られていた。しかしその趣味やライフスタイルのトレンドも、スマホ時代の到来によって、賞味期限切れとなったように思われる。それに加えて、『出版状況クロニクルⅥ』で見てきたが、近年の50%を超えるムックの返品率は、枻出版社へのボディーブローとなり、連続赤字の大きな要因だったであろう。いくつかの雑誌は実業之日本社やヘリテージに事業譲渡が決まったとされるが、負債金額は大きく、売れないムックを抱えての民事再生申請の行方はどうなるであろうか】

〔10〕 自己啓発、ビジネス、仏教書などのサンガが自己破産。
サンガは1998年に設立され、宮城県仙台市に本店、東京千代田区にオフィスを置き、12年に年商1億4100万円を計上していたが、20年には1億円に減少し、新刊も少なくなっていた。

負債は1億円以上になるとの見通し。

【『出版状況クロニクルⅥ』で、サンガが仏教誌『サンガジャパン』を刊行し、佐藤哲朗の好著『大アジア思想活劇』を出していることも記している。だが経営者の島影透が亡くなり、「経営者の死で、その行方が気にかかる」と書いておいたばかりだった。やはりその死で事業継続は断念され、また後継者も現れなかったことで、今回の措置となったのであろう。近年、報道されていないし、本クロニクルでもあえてふれていないけれど、そのような例をいくつも知っているし、まだこれからも起きてくることは避けられないだろう】

〔11〕 東浩紀『ゲンロン戦記』（中公新書ラクレ）を読んだ。

【これはゲンロンという出版社と併走した10年の歩みの告白で、近年にない出版ドキュメントとしての好著である。それは東が「ひとは40歳を過ぎても、なおも愚かで、まちがい続ける」ことを自覚し、「恥を晒し」ても、「その事実がもしかりに少なからぬひとに希望を与える」かもしれないと考え、この1冊を上梓しているからに他ならない。それは多くの出版関連書が失敗にもかかわらず、成功をよそおっているし、そのことが少なからぬ人たちに間違った認識を与えていることを身に沁みて感じているからだ。またさらに、東はサブタイトルに示された「知の観客」をつくるという営為に一貫して寄り添っていることも特筆すべきだし、それは私などが及ばない啓蒙と教育の視座に基づいている。彼の言葉を引いてみよう。

「ほんとうはむかしは出版社もそういうことをやってきたのだと思います。小説であれば、作家を育てるだけでなく、読者を育ててきた。文芸誌も読者とともに育ってきた。けれどもいまの出版社は、売れる作家をどこから探し出してきて、一発当てるしか考えていないように感じます。読者＝観客を育てるという発想を、出版人は忘れてしまったのではないでしょうか。」この『ゲンロン戦記』は石戸諭の「聞き手・構成」による一冊で、私がずっと手がけてきた「出版人に聞く」シリーズを想起させる。このシリーズが『ゲンロン戦記』の成立に少しばかりヒントになったとすれば、本当に幸いに思う】

〔12〕『文学界』（2月号）の「創刊1000号記念特別号」の創刊特集で、島田雅彦が「散歩者は孤独ではない」という一編を書いている。

【これは「創作」とあるけれど、まぎれもなく島田を主人公とする「私小説」として読めるし、思いがけない人物も登場しているので、要約紹介してみる。島田は1981年のロシア語研修付きソ連ツアーで、老紳士と一緒になる。彼は野田開作と名乗り、鎌倉で独り暮らしをしている61歳の文筆家だった。野田は島田に小説を書いているなら読ませてほしいし、どこかに紹介もすると申し出て、実際に島田の処女作『優しいサヨクのための嬉遊曲』は野田を通して、『海燕』に持ちこまれ、デビュー作となった。つまり野田はプロモーターを務め、島田を「物書きとして世に送り出した恩人」だったことになる。野田は三田文学系の作家だったが、南方戦線に送られ、戦地では飛行機乗りとなり、慰安婦たちとつき合った。戦後はエロ小説家、児童書のリライトなどの仕事に携わり、出版界のマイナーな領域で生きてきたようなのだ。もし野田が生きていれば、現在は百歳になると気にかかり、島田はつてをたどって調べた自宅へ電話をすると、本人が出た。「百歳の恩人」は存命だったのである。野田のことだから、「実話」と信じたい。さてこの野田だが、塩澤実信『倶楽部雑誌研究』(「出版人に聞く」13)に出てくる。野田は倶楽部雑誌のゴシップやエロを扱う「色頁」の書き手として有名で、「彼は今でいえば、コラムニストというのかな、当時の雑誌に欠かせないライターで、人柄も学識も申し分なかった」と塩澤は証言している。その野田が島田を「物書きとして世に送り出した恩人」だったのであり、1980年代まではそうした出版界の人脈と系譜が保たれていたことを伝えていよう】

〔13〕 森功の『鬼才 伝説の編集人 齋藤十一』(幻冬舎)が出された。
【新潮社の影の天皇と称されてきた齋藤の初めての評伝である。齋藤の個人史、家族史、彼が齋藤家の家長であった事実などは初めて知るものだが、編集者としての軌跡はこれまでも断片的に書かれてきたし、それらの集成ともいえるし、とりたてて驚きはない。私見によれば、齋藤は新潮社の「文壇照魔鏡」事件、中村武羅夫の「誰だ？ 花園を荒らす者は！」、河盛好蔵の「フランスモラリストとゴシップ文壇史好み」といった新潮社のDNAを、戦後の『週刊新潮』へと還流させ、そのことで戦後そのものを体現させたと考えられる。またそれを実現させるために、『週刊新潮』のスタッフとして、12の野田開作を始めとするライターや作家を、マイナーな倶楽部雑誌などから召喚してきたこと、及び週刊誌ならではの高い原稿料によって、影の天皇の地位を占めたように思われる】

〔14〕論創社HP「本を読む」〈61〉は「『ロルカ全集』と五木寛之『戒厳令の夜』」です。
『出版状況クロニクルⅥ』は編集中。

出版状況クロニクル❸　2021年3月

21年2月の書籍雑誌推定販売金額は1203億円で、前年比3・5％増。

書籍は718億円で、同0・6％増。

雑誌は484億円で、同8・0％増。

20年12月、21年1月に続く3ヵ月トリプル増で、かつてない連続プラスとなっている。

雑誌の内訳は月刊誌が412億円で、同11・5％増、週刊誌は72億円で、同8・4％減。

返品率は書籍が29・7％、雑誌は37・4％で、月刊誌は36・1％、週刊誌は44・0％。

雑誌のうちの月刊誌の好調は前月に続いて『呪術廻戦』の既刊、『鬼滅の刃』の全巻、『ONEPIECE』の新刊などのコミックスの売れ行きによるものである。

だが週刊誌と同様に、定期誌とムックは相変わらずマイナスが続いている。

書籍は芥川賞の宇佐見りん『推し、燃ゆ』（河出書房新社）が45万部に達し、児童書の好調さと相俟って、書籍のプラスの要因となっている。

■コミック市場全体（紙版＆電子）販売金額推移　（単位：億円）

年	紙			電子			合計
	コミックス	コミック誌	小計	コミックス	コミック誌	小計	
2014	2,256	1,313	3,569	882	5	887	4,456
2015	2,102	1,166	3,268	1,149	20	1,169	4,437
2016	1,947	1,016	2,963	1,460	31	1,491	4,454
2017	1,666	917	2,583	1,711	36	1,747	4,330
2018	1,588	824	2,412	1,965	37	2,002	4,414
2019	1,665	722	2,387	2,593		2,593	4,980
2020	2,079	627	2,706	3,420		3,420	6,126
前年比（%）	124.9	86.8	113.4	131.9	116.1	131.9	123.0

【1】『出版月報』（2月号）が特集「コミック市場2020」を組んでいる。

その「コミック市場全体（紙版&電子）販売金額推移」と「コミックス・コミック誌推定販売金額推移」を示す。

【20年のコミック全体の推定販売金額は6126億円、前年比23・0%増。その内訳は紙のコミックスが2706億円、同13・4%増、電子コミックスが3420億円、同31・9%増。「コミックス・コミック誌推定販売金額推移」にはもれているが、そのピークは1995年の5864億円だったので、コミック市場全体では過去最大の販売金額となった。しかも20年の出版物推定販売金額は1兆2236億円だから、その半分に及ぶ。コロナ禍と『鬼滅の刃』の超ベストセラー、電子コミック31・9%増という高い伸び率がトリプル相乗してのものであるにしても、この

■コミックス・コミック誌の推定販売金額推移　　（単位：億円）

年	コミックス	前年比（%）	コミック誌	前年比（%）	コミックス コミック誌 合計	前年比（%）	出版総売上に占めるコミックのシェア（%）
1997	2,421	▲4.5%	3,279	▲1.0%	5,700	▲2.5%	21.6%
1998	2,473	2.1%	3,207	▲2.2%	5,680	▲0.4%	22.3%
1999	2,302	▲7.0%	3,041	▲5.2%	5,343	▲5.9%	21.8%
2000	2,372	3.0%	2,861	▲5.9%	5,233	▲2.1%	21.8%
2001	2,480	4.6%	2,837	▲0.8%	5,317	1.6%	22.9%
2002	2,482	0.1%	2,748	▲3.1%	5,230	▲1.6%	22.6%
2003	2,549	2.7%	2,611	▲5.0%	5,160	▲1.3%	23.2%
2004	2,498	▲2.0%	2,549	▲2.4%	5,047	▲2.2%	22.5%
2005	2,602	4.2%	2,421	▲5.0%	5,023	▲0.5%	22.8%
2006	2,533	▲2.7%	2,277	▲5.9%	4,810	▲4.2%	22.4%
2007	2,495	▲1.5%	2,204	▲3.2%	4,699	▲2.3%	22.5%
2008	2,372	▲4.9%	2,111	▲4.2%	4,483	▲4.6%	22.2%
2009	2,274	▲4.1%	1,913	▲9.4%	4,187	▲6.6%	21.6%
2010	2,315	1.8%	1,776	▲7.2%	4,091	▲2.3%	21.8%
2011	2,253	▲2.7%	1,650	▲7.1%	3,903	▲4.6%	21.6%
2012	2,202	▲2.3%	1,564	▲5.2%	3,766	▲3.5%	21.6%
2013	2,231	1.3%	1,438	▲8.0%	3,669	▲2.6%	21.8%
2014	2,256	1.1%	1,313	▲8.7%	3,569	▲2.7%	22.2%
2015	2,102	▲6.8%	1,166	▲11.2%	3,268	▲8.4%	21.5%
2016	1,947	▲7.4%	1,016	▲12.9%	2,963	▲9.3%	20.1%
2017	1,666	▲14.4%	917	▲9.7%	2,583	▲12.8%	18.9%
2018	1,588	▲4.7%	824	▲10.1%	2,412	▲6.6%	18.7%
2019	1,665	4.8%	722	▲12.4%	2,387	▲1.0%	19.3%
2020	2,079	24.9%	627	▲13.2%	2,706	13.4%	22.1%

販売金額は突出している。これからの出版物の生産、流通、販売状況の行方を浮かび上がらせているように思われる。1995年のコミック市場のピークは『週刊少年ジャンプ』600万部、『週刊少年マガジン』400万部台のコミック誌に支えられ、3357億円であったが、20年は627億円と5分の1になってしまった。それは発行部数も同様で、返品率に至っては43・2%と高止まりし、95年の18%の倍以上である。したがって20年のコミック市場は『鬼滅の刃』に象徴されるコミックス、電子コミックスの大幅な伸びによって最大の販売金額を記録したことになる。しかしその販売インフラの変化も視野に入れれば、書店、コンビニ、キオスクなどから電子ストアへと移行していることが歴然で、さらに電子コミックも伸びていくだろう。その過程で、電子コミックそのものが『鬼滅の刃』のような作品を生み出していくかもしれない。そうしたコミック市場を迎えた場合、出版社はともかく、コミックにおける取次や書店の流通販売はどうなっていくのだろうか】

〔2〕 講談社の決算が出された。

売上高は1449億6900万円、前年比6・7%増。デジタル版権分野を中心とする「事業収入」が、初めて紙媒体の売上を上回った。利益面では営業利益160億円、同79・8%増、経常利益163億円、同44・2%増、当期純利益108億7700万円、同50・4%増。

売上高内訳は「製品」635億9000万円、同1・2%減、「広告収入」55億2200万円、同6・8%減、「事業収入」714億5700万円、同16・4%増となっている。

「広告収入は全体の6割近くがデジタル媒体広告。「事業収入」のうち、「デジタル関連収入」は544億円、同16・9％増、「国内版権収入」は82億円、同0・3％増、「海外版権収入」は88億円、同32・9％増。

【講談社の決算にしても、『鬼滅の刃』のではないけれど、1のコミック市場において、電子コミックが紙の売上を上回ったこととコミックスの好調な動向が反映され、連動していよう。講談社も電子コミックを中心とする電子書籍の伸長、コミック・書籍原作の映像化、ゲーム化、商品化のアジア・北米での積極的展開によって、収益構造が変わりつつあることを示している。それはコミックを有する小学館や集英社も同様であろうし、1で書いているように、そのようなシフトが加速した場合、取次や書店の流通販売はどうなっていくのだろうか】

〔3〕ここで続けて魚住昭『出版と権力』（講談社）にもふれておくべきだろう。

【すでに過褒的な書評が『朝日新聞』（3／20）や『文化通信』（3／22）にも出始めているが、かつての佐野眞一の『だれが「本」を殺すのか』（プレジデント社、2001年）のように、読まれかたによっては現在の出版危機を別の方向へとミスリードしていく懸念を孕んでいるからでもある。『出版と権力』はサブタイトルの「講談社と野間家の一一〇年」に示されているように、講談社というよりも、野間清治に始まるオーナー一族の軌跡をたどり、そこに集った人々の群像ドラマとして読まれるべきだろう。しかもそれは講談社ウェブサイト『現代ビジネス』に連載されたものである。1959年の社史『講談社の歩んだ五十年』の編纂に際しての、秘蔵資料150巻を発見しての大河ノンフィクションと謳われている。だが『出版と権力』は野間一族の物語として読まれるべきで、出版業界の「一一〇年」を描いているわけではない。それでも魚住の優れた着眼は創業者の野間清治の出版、株、土地が三位一体の投機のような特異なかたちで結実していったことに注視しているところであろう。それと私は『日本出版百年史年表』と『日本近代文学大事典』を毎日のように使っているのだが、この二冊は戦後の講談社を含めて、野間省一の存在なくして成立しなかったと実感していることを付記しておく】

〔4〕『日刊工業新聞』（2／26）にCCCによる「合併及び吸収分割公告」が出された。蔦屋書店などの連結グループ会社20社を吸収合併し、権利・義務を承継し、解散させ、CCCに一本化する。

公告にはそのうちの14社の貸借対照表も示され、6社の債務超過が明らかになっている。

【これはCCCによるADR＝私的整理と見なすべきだろう。20世紀末にCCCは各地のFC本部を吸収合併していたはずで、その再現とも考えられる。しかし当時はまだ出版物販売金額も2兆5000億円をキープし、CCCの複合大型店出店も活発になり、レンタルも全盛だった。まだアマゾンも上陸しておらず、電子コミックも開発されていないし、ネットフリックスなどの動画配信も始まっていなかった。おなじようなADRにしても、出版と書店状況がまったく異なっている。文教堂やフタバ図書のADRにしても、前者は相変わらず経済誌で存続疑義とされているし、後者の場合も不透明のままである。それは出店に際しての店舗契約だけにとどまらない複雑なサブリースが幾重にも張り巡らされ、清算や民事再生が困難になっているのではないだろうか。そうした事情は取次や銀行との関係も同じだと思われるし、戸田書店と楽天BNの清算の問題へともリンクしているのではないだろうか。このCCCの合併及び吸収分割については、『FACTA』の細野祐二による専門的分析「会計スキャン」を期待したいところだ】

〔5〕日販GHDの役員体制が発表された。

吉川英作代表取締役副社長が代表取締役社長、平川彰社長は取締役会長となる。

【今回の役員体制によって、日販GHDが出版社や書店というよりも、明らかにCCC＝TSUTAYAに寄り添うかたちで転回しているとわかる。吉川社長、及び日販社長を兼ねる奥村景二専務取締役が、いずれもMPD社長であったことは象徴的だ。それに増田宗昭社外取締役がCCCや蔦屋社長などのCEOであることはいうまでもないだろう。それから執行役員、日販アイ・ピー・エスの佐藤弘志社長、同、NICリテールズの近藤純哉副社長が元ブックオフであるという事実は、日販、CCC、ブックオフの関係がまだ深く続いていたことを浮かび上がらせている。それに対して、出版社としては社外取締役としての講談社の野間省伸社長がいるだけだ。これらの従来の出版業界とは異なる日販GHDの役員体制は、4のCCCのグループの「合併及び吸収分割」と密接に連鎖していると考えられる。日販も含めて、日販GHDもどこに向かいつつあるのだろうか】

〔6〕トーハンは東部支社と中部支社を統合して東日本支社、名古屋支社と近畿支社を統合して東海近畿支社、中国四国支社と九州支社を統合して西日本支社、首都圏支社を含めは4支社体制となる。

【これらの理由として、マーケットイン型出版流通の実現のためとされている。だがやはり挙げられているように、2019年の書店出店99店に対して、閉店は650店に及び、1万店を割ろうとしている書店の減少が、支店の統合を促していることは歴然である。1990年代の書店が2万店を超えていた当時、トーハンは支社の他に多くの支店を有し、それなりに在庫も持ち、書店に対する店売と補充機能も果たしていたが、そのような支店の光景も消えていくのだろう。実際に今回も大阪支店と神戸支店が統合され、大阪神戸支店となっている。『出版状況クロニクルⅥ』で既述しておいたように、リストラ後の支社、支店はトーハン本社跡地と同じく、開発の対象にされていくのであろう。それは日販も同様だと思われる】

〔7〕「地方・小出版流通センター通信」（3／15）がM＆J（丸善＆ジュンク堂・戸田書店も含む）チェーンの楽天BN（旧大阪屋栗田）からの帳合変更によって、次のような返品と変化が生じるとしている。

「これまで楽天経由の場合は当方を通していながらも、トーハンや日販と直接取引ある出版社の書籍につきましては、変更時までに楽天に原則返品されると予想されます。現在届いている返品予定額は本体価格で約800万円になります。各出版社さんにはご迷惑をおかけすることになります。申しわけありません。いままで、楽天の出版分の80～90パーセントがM&Jチェーン分でした。今後、楽天の扱いは少額になるものと予想されます。取次の楽天は、ネット関係の仕入れを残し、リアル書店への流通は日販と協業する（委託する）と発表しています。今まで、M&Jチェーン分以外の「楽天扱い」であった書店の出荷は、いままで通り楽天扱いですが、物流は日販に移行ということになる模様です。そこから抜け落ちるものも一定程度あると思いますが、予想がつきづらいのが実情です。悩ましい限りです。このような大規模の取次変更と既存取次の規模縮小はかつてないことです。独占禁止法の問題はありますが、現状の出版売上では、公正取引委員会も追認するしかないように思います」

【この楽天BNの返品に関しては、他の中小出版社からも懸念の声が挙がっている。楽天BNは前身が大阪屋栗田であり、膨大な返品不能品を抱えているはずで、それらがこの機会に返品となって戻ってくるのではないかというものである。本クロニクルでも、20年からの楽天BNの書店の大量閉店による返品のために、入金ゼロが続いている中小出版社の状況を伝えておいたが、さらなる返品に見舞われないことを願うばかりだ】

〔8〕アルメディアが書店調査事業を中止したことで、『文化通信』などに掲載されてきた書店の出店、閉店などのデータ集計が追跡できなくなった。6の出店、閉店数もそれによっているのである。

【『新文化』の元編集長だった加賀美幹雄がアルメディアを立ち上げたのは1990年代半ばで

あり、『ブックストア全ガイド』などの書店情報と調査事業、それに関連書の出版にも携わってきた。彼も年齢のことばかりではなく、書店調査事業の中止を決定したのは出版業界の凋落の中で、そうした仕事に対しての採算が難しくなったことも、原因ではないだろうか。JPO（日本出版インフラセンター）の共有書店マスタもあるけれども、『出版状況クロニクルⅥ』に示しているように、ずっとアルメディアのデータによってきたので、終了はとても残念である。そういえば加賀美とも20年ほど会っていない。お達者であろうか。アルメディアの書店調査事業の終わりは『出版ニュース』の休刊を想起させる。それによって出版物実売金額、リアルタイムでの出版や図書館情報、海外出版ニュースなどが届かなくなって久しい。いってみれば、出版業界がアルメディアや出版ニュース社のデータベース仕事を支えられなくなった事実を浮かび上がらせていることにもなろう】

〔9〕『朝日新聞』（3／7）の「朝日歌壇」に佐佐木幸綱編として、次の一首があった。

書店から消えた海外ガイド本
空っぽの棚に表示残して
（札幌市）はづきしおり

【これはダイヤモンド・ビッグ社の「地球の歩き方」シリーズなどをさしているのだろう。『出版状況クロニクルⅥ』で、同社の海外ガイドブック「地球の歩き方」を主とする出版が学研プラスに譲渡され、市中在庫はダイヤモンド社が返品を受けることを既述したばかりだ。それを受けて、書店が返品し、棚が空っぽになったことを詠んでいるのである。だがこれは意外でもないけれど、ブックオフの100円棚にただちに移されていたのを見たばかりだ。返品はただちにブックオフに売られ、そのような棚となって再現されたことになる。もちろん「表示」はなかったけれども】

〔10〕 コロナ禍の中で、図書館などの出版物へのインターネットによるアクセスや送信をめぐって、著作権法の一部改正案が閣議決定された。

この問題に関して、日本出版著作権協会代表理事、緑風出版の高須次郎が「著作権法の一部改正案に反対する声明」を出している。

同じく日本ペンクラブでも、文化審議会著作権分科会法制度小委員会「図書館関係の権利制限規定の見直し（デジタルネットワーク対応）に関する中間まとめ」について、「図書館デジタル送信についての日本ペンクラブの基本的な考え方」を発表している。

【本クロニクルは基本的に高須の「声明」を支持するポジションにある。それに何よりも、高須がいうように、「出版関係者が審議会委員にいない」し、「論議の公正さに疑義がある」からだ。この問題に関しては取り上げなければならないと思っていたので、これを機会として高須と連携し、本クロニクルでも追跡していくつもりだ】

〔11〕 ユニクロが村上春樹とのコラボレーションによって、Tシャツを発売。

『ノルウェイの森』や『海辺のカフカ』などの8種類。

【『村上T』（マガジンハウス）やDJ「村上RADIO」に連なる企画であろう。私見によれば、インターナショナルな郊外消費社会をベースとして、ずっとユニクロと村上は通底していると思っていたけれど、これらのTシャツ企画だけでなく、近年さらにその関係は顕著になってきている。21年開館予定の早稲田大学国際文学館（村上春樹ライブラリー）はユニクロの柳井創業者の寄付金によるものだし、ユニクロの『Life Wear magazine』は「Hello, Haruki」というタイトルで、インタビューを掲載している。ユニクロの村上Tシャツはベストセラーとなるだろうか】

〔12〕『キネマ旬報』（3／下）が「映画本大賞2020」を発表している。ベスト3だけを挙げておく。

野村芳太郎著、小林淳他編『映画の匠 野村芳太郎』（ワイズ出版）、秋吉久美子、樋口尚文『秋吉久美子調書』（筑摩書房）、大林宣彦『A MOVIE大林宣彦、全自作を語る』（立東舎）。

【今年はベスト10のうちの一冊も読んでいなかったし、そのうちの半分は刊行も知らずにいて、本クロニクル❶のコミックの「BEST10」と同様に、不明を恥じるばかりだ。それでもベスト10のデイヴィッド・リンチ他『夢見る部屋』（山形浩生訳、フィルムアート社）の刊行を教えられたので、早速読むことにしよう。それに続いて、『キネ旬』同号にケネス・アンガー『マジック・ランタン・サイクル』HDリマスター版の発売に際し、後藤護、工藤遙対談の「ケネス・

アンガー・ライジング」が掲載され、リンチの『マルホランド・ドライブ』との関係も語られているからだ。それ以上に『ブルーベルベッド』はアンガーからの引用と影響を示して余りあると断言できよう】

〔13〕ペトル・シュクラバーネク『健康禍』（大脇幸志郎訳、生活の医療社）を読了。サブタイトルは「人間的医療の終焉と強制的健康主義の台頭」。

【図書館の新刊棚に置かれていて、著者、訳者、出版社も初めて目にする一冊であった。イヴァン・イリッチの『脱病院化社会』（金子嗣郎訳、晶文社）と同様に、すべてを肯うつもりはないけれど、コロナ禍の中にあって、またポストコロナ状況を考える上で、読まれるべき本であろう。紹介や書評を見ていないので、ここでふれてみた】

〔14〕伊藤清彦、内野安彦『本屋と図書館の間にあるもの』（郵研社）が刊行された。

【『出版状況クロニクルⅥ』で、『盛岡さわや書店奮戦記』の伊藤の急逝を既述しておいたが、追悼本のようなかたちで、この対談集が刊行されたことになろう。タイトルも彼にふさわしい】

〔15〕『スペクテイター』の赤田祐一から『サン出版社史 since 1972』を恵投された。

【思いがけない社史で、すばらしい一冊ゆえに、1970年代からのもうひとつの出版史が想起された。かつて前田俊夫『血の罠』（全6巻、ジョイ・コミックス）を読んでいたことも。それにここには前回の野田開作が「作家・当年１００歳・鎌倉在住」として登場しているのだ。島田雅彦「散歩者は孤独ではない」は、「創作」ではなく、まさに「実話」だったことになる】

〔16〕　論創社ＨＰ「本を読む」〈62〉は「神谷光信『評伝 鷲巣繁男』」です。

『出版状況クロニクルⅥ』は４月刊行予定。

出版状況クロニクル❹　２０２１年４月

21年３月の書籍雑誌推定販売金額は１５２９億円で、前年比６・５％増。

書籍は９７０億円で、同５・９％増。

雑誌は５５９億円で、同７・７％増。

20年12月から４ヵ月トリプル増で、かつてないプラスが続いている。

雑誌の内訳は月刊誌が４７８億円で、同10％増、週刊誌は81億円で、同４・１％減。

返品率は書籍が24・9％、雑誌は38・8％で、月刊誌は38・2％、週刊誌は42・1％。

書籍のプラスは大部数の文庫本が多かったこと、改訂新版が相次ぐ中学学参などで送品ボリュームが増え、出回り金額が同5・0％増となり、返品率が改善されたことによっている。

雑誌も週刊誌以外は返品率の改善と『呪術廻戦』や『怪獣8号』などのヒットが続き、『鬼滅の刃』による激増ほどではないにしても、プラスとなっている。

だが店頭売上はコミックを除くと、書籍も定期誌もムックもマイナスである。

送品と実売のギャップは5月以後、どうなるのだろうか。

---

〔1〕 4月25日に新型コロナウイルスの感染拡大が続く東京、大阪、京都、兵庫の4都府県に3度目の緊急事態宣言が出された。
その中で、小売業はどうなっていくのか。『日経MJ』（4／2）に衣料品・靴専門店13社の2月販売実績が掲載されているので、本クロニクル❷に続いて書店の販売動向と比較する意味であげておく。

【13社のうちで、既存店売上高は11社が前年を下回り、先の第3波の緊急事態宣言の影響をうかがわせている。プラスを確保しているユニクロとしまむらは在宅や春、夏物衣服が好調で底堅さを示したとされるが、衣料品・靴専門店の明暗は今後も続き、エッセンシャルと非エッセンシャルとに分断されていくのだろうか。ただアメリカの場合、これも本クロニクル❷で既述しておいたように、破綻した主要小売企業は40社に及び、閉店も1万1157店と過去

■衣料品・靴専門店販売実績２月　（前年同月比増減率％）

	店名	全店売上高	既存店売上高	既存店客数
カジュアル衣料	ユニクロ	1.3	0.4	0.1
	ライトオン	▲9.2	▲6.5	▲5.3
	ユナイテッドアローズ	▲30.5	▲32.1	▲29.8
	マックハウス	▲14.3	▲9.3	▲18.5
	ジーンズメイト	▲46.1	▲41.6	▲35.1
婦人・子供服	しまむら	2.1	2.2	▲2.7
	アダストリア	▲8.5	▲9.6	▲10.1
	ハニーズ	▲7.9	▲8.1	▲6.4
	西松屋チェーン	0.8	▲0.6	▲6.3
紳士服	青山商事	▲25.6	▲23.7	▲22.6
	AOKIホールディングス	▲20.1	▲19.1	▲14.8
靴	チヨダ	▲19.3	▲17.7	▲15.5
	エービーシー・マート	▲8.5	▲9.8	0.3

最高記録に至ったようだ。ちなみに、同じ『日経ＭＪ』（3／31）によれば、１月のファミレス、ファストフード、居酒屋などの外食35社のうちの30社が減収で、持ち帰りや宅配需要のマクドナルド、モスフード、ケンタッキー・フライド・チキンの３社は増収となっている。これらの衣料品・靴専門店、外食の大手はともかく、中小零細に他ならない、単店、個人店舗の苦戦はいうまでもあるまい。果たして５月以降はどうなるのか、今後も注視していきたいと思う】

〔２〕『出版月報』（3月号）が特集「文庫アンケート２０２０」を組んでいる。

その「文庫本マーケットの推移」を示す。

【新刊点数は15年ぶりに７０００点を下回り、出回り数は２０００年の半分の２億冊を割り、販売部数も同様の１億２５４１万冊、数年後は１億冊以下となるのだろう。それとパラレルに販売金額もついに900億円を下回る867億円となってしまった。本クロニクル❶の推定販売金額からわかるように、出版物売上を支えてきたのは、コミックを含む雑誌と文庫であり、それが書店の集客力の源泉であった。前回の本クロニクルで、『鬼滅の刃』などのコミックの爆発的売れ行きによる回復を伝えておいたが、雑誌のもうひとつの柱であるムックは、本クロニクル❷のそれを主力とする柑出版社の民事再生法申請に象徴されているように、週刊誌や月刊誌と同様に凋落の道をたどっている。要するに1970年代以後の出版業界を支えてきた大量生産と大量消費の文庫と雑誌の両輪がもはや役割を果たすことができなくなっているのである。それが現在の日販とトーハンの取次事業に集約されているといえよう】

〔3〕トーハンとメディアドゥは資本・業務提携契約を締結し、29億円ずつ出資し、株式を持ち合う。

この資本提携によって、メディアドゥはトーハンの株式の5・56%を保有する筆頭株主となる。

〔4〕トーハンは三菱地所などの5社と本社跡地有効活用事業に関する基本協定書を締結し、24年にオフィス棟、住宅棟の賃貸用建物を竣工予定。

【本クロニクル❷と❸で、電子出版市場規模と電子コミック市場販売金額推移を取り上げておいたけれど、電子市場の成長と紙の市場の衰退の狭間にあって、トーハンもメディアドゥとの

■文庫マーケットの推移

年	新刊点数		推定販売部数		推定販売金額		返品率
	点	増減率	万冊	増減率	億円	増減率	
1999	5,461	2.3%	23,649	▲ 4.3%	1,355	▲ 1.0%	43.4%
2000	6,095	11.6%	23,165	▲ 2.0%	1,327	▲ 2.1%	43.4%
2001	6,241	2.4%	22,045	▲ 4.8%	1,270	▲ 4.3%	41.8%
2002	6,155	▲ 1.4%	21,991	▲ 0.2%	1,293	1.8%	40.4%
2003	6,373	3.5%	21,711	▲ 1.3%	1,281	▲ 0.9%	40.3%
2004	6,741	5.8%	22,135	2.0%	1,313	2.5%	39.3%
2005	6,776	0.5%	22,200	0.3%	1,339	2.0%	40.3%
2006	7,025	3.7%	23,798	7.2%	1,416	5.8%	39.1%
2007	7,320	4.2%	22,727	▲ 4.5%	1,371	▲ 3.2%	40.5%
2008	7,809	6.7%	22,341	▲ 1.7%	1,359	▲ 0.9%	41.9%
2009	8,143	4.3%	21,559	▲ 3.5%	1,322	▲ 2.7%	42.3%
2010	7,869	▲ 3.4%	21,210	▲ 1.6%	1,309	▲ 1.0%	40.0%
2011	8,010	1.8%	21,229	0.1%	1,319	0.8%	37.5%
2012	8,452	5.5%	21,231	0.0%	1,326	0.5%	38.1%
2013	8,487	0.4%	20,459	▲ 3.6%	1,293	▲ 2.5%	38.5%
2014	8,618	1.5%	18,901	▲ 7.6%	1,213	▲ 6.2%	39.0%
2015	8,514	▲ 1.2%	17,572	▲ 7.0%	1,140	▲ 6.0%	39.8%
2016	8,318	▲ 2.3%	16,302	▲ 7.2%	1,069	▲ 6.2%	39.9%
2017	8,136	▲ 2.2%	15,419	▲ 5.4%	1,015	▲ 5.1%	39.7%
2018	7,919	▲ 2.7%	14,206	▲ 7.9%	946	▲ 6.8%	40.0%
2019	7,355	▲ 7.1%	13,346	▲ 6.1%	901	▲ 4.8%	38.6%
2020	6,907	▲ 6.1%	12,541	▲ 6.0%	867	▲ 3.8%	35.3%

提携を試みるしかなかったように思われる。ただしそれが書店の活性化を導いていくかは疑問だが。それにトーハンの筆頭株主がメディアドゥになったことは象徴的で、前回の日販がCCC＝TSUTAYAに寄り添う役員体制とともに、取次がもはや出版社や書店との三位一体のポジションからテイクオフし始めたことを告げているのだろう。楽天BNがまさにそうであるように。トーハンの不動産プロジェクトに関しては『出版状況クロニクルⅥ』や前回も書いてきたように、水面下に進められていたものであろう。しかし複雑なサブリースが張りめぐらされた長期にわたる不動産プロジェクトがトーハンを支えるものになるとは思えないし、むしろ売却し、そのキャッシュフローで取次事業のリストラを図るべきだったのではないだろうか】

〔5〕メディアドゥは「メディアドゥとトーハン、NFT活用『デジタル付録』を全国書店で展開へ／書店の来店者・売上増による出版業界の活性化を目指す」とのリリースを発表。
トーハンの業務提携の目的は書店の活性化のためで、ブロックチェーン技術を基盤とするNFT（非代替制トークン）を活用した「デジタル付録」サービスを開始する。

このサービスに関してはKADOKAWA、講談社、集英社、小学館と健闘中で、書店でのデジタルコンテンツを入手可能とするデジタルフォーメーションを実現したい。

〔6〕メディアドゥはRIZAPのグループ会社である日本文芸社の全株式を取得し、子会社化。
19年のジャイブに続くもので、ジャイブは少女漫画レーベル「ネクストF」を刊行している。

〔7〕　メディアドゥの連結決算は売上高835億4000万円、前年比26・8％増、営業利益は26億6400万円、同43・8％増、経常利益は27億2000万円、同54・4％増、当期純利益は15億1900万円、同71・7％増。

売上高における「電子書籍流通事業」は823億円、同28％増、営業利益は25億9000万円、同39％増。

取引出版社は2200社、電子書店は150店、取扱コンテンツ数は200万点以上とされる。

【トーハンと関連して、メディアドゥの動きを続けて取り上げてみた。メディアドゥのことは『出版状況クロニクルⅥ』などでトレースし、また本クロニクル❶で、藤田社長へのインタビューを紹介してきた。1でふれた衣料品・靴専門店や外食産業とは逆に、このコロナ禍、及び「漫画村」の閉鎖がメディアドゥなどの電子書籍市場を成長させる大きな要因となったようだ。また東証1部の株価は6000円台で推移し、『出版状況クロニクルⅥ』で示しておいた上場企業の書店株価の低迷を圧倒している。しかし3、4に関して前述したように、メディアドゥとトーハンの「デジタル付録」サービスの試みが書店を活性化するかは疑問だし、これも本クロニクルで繰り返し書いてきたように、電子コミックそのものが『鬼滅の刃』のような大ベストセラーを生み出していけるのかという問いに尽きるであろう。6に関しては後述する8のビーグリーのぶんか社のような位置づけに当たるのかもしれない】

〔8〕　『新文化』（4／8）がビーグリーの「吉田仁平社長に聞く」を掲載している。

同社はスマホ向け電子ストア「まんが王国」を開設し、電子コミックや電子小説を配信して急成長し、20年度は売上高123億円、今期は196億円になると予測されている。

それを要約してみる。

＊ビーグリーは2004年設立、17年に東証マザーズ上場、その翌年に東証第1部格上げ。筆頭株主は9％を保持する小学館。

＊ビーグリー単体売上高の9割を占める「まんが王国」の販売コンテンツは10万点、無料で読める「じっくり試し読み」点数は常時3000点以上ある。

＊会員数は19年10月時点で300万人が現在は450万人で、この1年半で150万人の新ユーザーを獲得。「まんが王国」の会員は半数以上が女性で、そのうち20～40代が6割を占めている。それは各種サービスやポイントなどの特典によるもので、ビーグリーのビジネスモデルとなっている。

＊ビーグリーは電子取次会社を通さず、1800の出版社や作家との直接取引によって収益性を高め、販促費やライセンサー還元費にあてることができるので、そこが強みである。

＊3ヵ年計画、コンテンツ配信会社からコンテンツプロデュースカンパニーへの移行を推進し、マンガだけでなく、ラノベ小説、ゲーム、アニメ、映像などをプロデュースしていくことをめざす。

＊リアル書店との共存は『鬼滅の刃』に顕著で、書店での紙の本を通じて大ベストセラーになったのであり、新しい作品が創出され、新人を育てなければならないし、書店と敵対しな

い関係をつくり、様々な書店と話したい。

【ビーグリーに関しては『出版状況クロニクルⅥ』で、ぶんか社グループを53億円で買収したことに言及しておいたが、それも功を奏し、21年度における60％増という高成長へと結びついたのであろう。もちろんそれが「災害ユートピア」の賜物とはいわないけれど、メディアドゥのコロナ禍におけるプラスと共通している。同じく東証1部の株価のほうはメディアドゥほど高くはないけれど、1400円前後で推移し、やはり上場書店の株価低迷とは異なっている。文教堂に至っては80円を下回ったりしているからだ。そのようなメディアドゥとビーグリーの株価推移を見ると、電子コミックの時代に入ったことを実感してしまうし、映画がビデオへと移行した1980年代が想起されてくる】

〔9〕国会図書館は21年から5年間で、100万点以上の所蔵資料をデジタル化する「NDLビジョン」を策定し、「NDLデジタルシフト推奨期間」とする。

〔10〕日本電子図書館サービス（JDLS）が提供する電子図書館サービス「LibrariE」（ライブラリエ）は401館となる。

昨年3月は155館だったので、コロナ禍を契機として一気に増え、そのうち公共図書館は168館。

〔11〕 TRCと富士山マガジンサービスは電子図書館事業と雑誌の図書館向けの定期購読サービス拡大のために業務契約を締結。
それに伴い、TRCはカルチュア・エンタテインメントが所有する富士山マガジンサービスの株式（3億円）を取得し、保有率は10・56％となった。

〔12〕 note と博報堂は業務提携契約を締結し、両社による法人向けサービス「new branding with note」を展開し、企業のオウンドメディアの立ち上げを支援する。

〔13〕 KADOKAWAの新社長にNTTドコモ出身でドワンゴの夏野剛社長が8代目として就任。

〔14〕 マガジンハウスは福祉をテーマとするウェブマガジン『こここ』を創刊。

【9から14にかけては、5から8のメディアドゥやビーグリーと同じく、コロナ禍中でのデジタル化その問題をめぐる動向として記しておくことにした。9、10、11をめぐっては前回のクロニクルで日本出版著作権協会の高須次郎の反対声明や日本ペンクラブの声明を紹介しておいたが、さらなる論議が必要なことはいうまでもあるまい。12は『出版状況クロニクルⅥ』で、note の第三者割当増資と引受先の文藝春秋の業務提携にふれているが、ここで博報堂もリンクしていくことになる。13はこれも『同Ⅵ』の「ところざわサクラタウン」や電子コミックや

電子書籍の配信、韓国のＩＴ大手のカカオとの関係も絡んでいるのだろう。14のようなウェブマガジンの創刊もこれからさらに試みられていくと推測される。いずれにしても、コロナ禍の中で起きていることに留意すべきである】

〔15〕「地方・小出版流通センター通信」（4／15）が裏面に「Ｍ＆Ｊ変更対照表」を示し、「このような大規模の取次の変更はかつてないことで、当社の最大の危機と認識しています」と書いている。

【確かに戸田書店も含んだ66店に及ぶリストはあらためて見ると、一体どのくらいの返品が押し寄せるのかという恐怖心を募らせる。いずれも書籍を多く抱える大型店であり、中小出版社にしてもものすごい返品で、逆ザヤにならなければ幸いだという声が聞こえてくるほどだ。それは多くが返品によって売上どころか、数ヵ月先の納品すらも相殺されてしまう返品状況を意味している。そして新たにトーハンや日販を通しての同量の注文は出されないであろうし、大きな書籍市場としての丸善＆ジュンク堂グループの縮小を伝えていよう】

〔16〕『選択』（4月号）がテレビ、新聞、雑誌、ラジオという「マスコミ四媒体」の広告費を超えた２兆２２９０億円に及ぶ「ネット広告が直面する『二つの壁』」、「泣く子も黙る『文春砲』の謎」、「ＮＨＫ会長『前田晃伸』」、「首都における『地方紙』ともいえる東京新聞」問題を取り上げている。

【「NHK会長、『前田晃伸』」以外は大見出し記事ではないし、大きな記事ではないけれど、コロナ禍の中にあって起きているマスコミや雑誌問題といえるし、これらのいずれもが今後の焦点として浮かび上がってくるようにも思われる。コロナ禍の影響と『選択』のような直販誌の関係は不明だが、コロナによって部数が減ったとも聞いていないので、かなり健闘しているのではないだろうか】

〔17〕 月刊誌『日本カメラ』が21年5月号で休刊し、日本カメラ社も解散する。

【『出版状況クロニクルⅥ』で朝日新聞社の『アサヒカメラ』の休刊を伝えたが、それに続くことになる。戦前のカメラ雑誌やカメラ書、写真集などについては『近代出版史探索Ⅱ』などで言及している、スマホなどのデジカメの出現を見て、カメラ雑誌の役割も終わったといえるのかもしれない】

〔18〕 『BRUTUS』（5／1）の特集「やっぱりマンガが好きで好きで好きでたまらない」と、さいとう・たかを『ゴルゴ13 200 亡者と死臭の大地』（リイド社）を一緒に書店で購入してきた。

【残念ながら、前者に挙げられたマンガはほとんど読んでいないことに比べ、後者は1968年の『ビッグコミック』連載開始から読んでいて、恥ずかしながらほぼ全巻を読破している。それに何とこの巻ではフェミニストとしてのゴルゴ13に出会えるのだ。かつて冗談で、『空手バカ一代』で空手、『キャプテン』や『プレイボール』で野球、『キャプテン翼』でサッカー、『ＳＬＡＭ　ＤＵＮＫ』でバスケットボールをめざした読者はいても、『ゴルゴ13』を読んで殺し屋になろうと思った奴はいないだろうといっていたことがあった。それはともかく、確認してみると、リイド社の創業は１９６０年で、おそらく貸本マンガプロダクション兼出版社としてスタートしたと思われる。それが60年以上続いていることは特筆すべきことだし、やはり「ゴルゴ13」の原作者の小池一夫の小池書院の失敗と対照的であることは出版史に記録されなければならない】

〔19〕　山本義隆『リニア中央新幹線をめぐって』（みすず書房）を読了。

【サブタイトルに「原発事故とコロナ・パンデミックから見直す」とあるように、福島原発事故、コロナ禍、リニア中央新幹線を一直線でむすんで、戦後の巨大プロジェクトとエネルギー問題を論じ、戦前からの大企業の既得権益と、変わることのない経済成長への過信を浮かび上がらせている。これらの三つの問題をテーマとする同書は、時宜を得た好著で、たまたま政府による福島第一原発の処理水の海洋放出方針の決定が報道される中で読んだこともあり、まさにリアルな著作として刊行されたことが了解される】

〔20〕　金彦鎬著、舘野晳監修『カラー版世界書店紀行』（山田智子・宗実麻美・水谷幸恵共訳、出版メディアパル）を、ノセ事務所の能勢仁から恵送された。

【目の保養になる一冊で、私も『ヨーロッパ 本と書店の物語』で、シェイクス・アンド・カンパニイ書店のことを書いていることを思い出す】

〔21〕『出版状況クロニクルⅥ』で紹介しておいたジェンカ・ブルータ『ノマド』（春秋社）を原作とするクロエ・ジャオ監督『ノマドランド』がアカデミー賞を受賞。

【春秋社の前社長澤畑吉和が存命であったら、さぞ喜んだであろう。早速映画も観てきた。アマゾンも出てくるけれど、『ノマドランド』はちょうど半世紀前の『イージーライダー』の現代版のように思えた】

〔22〕論創社のHP「本を読む」〈63〉は「イザラ書房と高橋巖『ヨーロッパの光と闇』」です。『出版状況クロニクルⅥ』は遅れてしまい、5月下旬発売。

出版状況クロニクル❺　２０２１年５月

21年４月の書籍雑誌推定販売金額は１０７３億円で、前年比９・７％増。書籍は５８１億円で、同21・９％増。雑誌は４９２億円で、同１・８％減。雑誌の内訳は月刊誌が４２０億円で、同０・７％減、週刊誌は72億円で、同８・２％減。返品率は書籍が27・５％、雑誌は40・３％で、月刊誌は39・３％、週刊誌は45・３％。

４月の大幅なプラスは前年同月が11・７％減、書籍に至っては21・０％のマイナスであったことが大きく影響している。その反動として書籍の21・９％増があるわけで、書籍の店頭売上も14％増となっている。

しかしこの出版科学研究所のデータは取次出荷金額から書店の取次への返品金額を引いたもので、あくまで実売金額ではないことに留意されたい。

それでも２０２０年のＧＤＰが４・６％減、21年１月から3月のＧＤＰが５・１％減とされていることからすれば、出版物はまだ健闘しているというべきかもしれない。

〔1〕　講談社、小学館、集英社と丸紅が出版流通の問題を解決し、新しい出版流通の仕組みをつくる新会社を年内に設立すると発表。

それは「AIの活用による業務効率化事業」と「RFID活用事業」の2つで、前者はAIを使っての書店配本や発行部数などの算出、後者は書籍や雑誌にICタグを付し、在庫や販売の状況管理を目的とする。

丸紅は大手出版社3社の要請を受け、新会社に参画する。

【この新会社設立に関して、『日本経済新聞』を始めとする全国紙が、丸紅と大手出版社3社が組んでデジタルトランスフォーメーション（DX）を活用し、流通事業を始めると報道したことから、新しい取次が誕生するかのように受け止められた。しかしこれが先走った誤報であることは、大阪屋栗田の失敗と楽天BNへの移行を考えればただちにわかるはずだ。『出版状況クロニクルV』でトレースしているように、2016年に大阪屋は栗田を吸収合併し、大阪屋栗田となった。それを主導したのは講談社や小学館で、集英社などとともに株主となり、社長には講談社の大竹深夫が就任した。ところが18年には第三者割当増資により、経営権は楽天に移り、その子会社となったのである。つまりそれらの事実は大手出版社3社による取次経営が失敗したことを物語り、出版社にとって取次は鬼門であることを肝に銘じたはずだ。そのことを認識していれば、今回の報道の信憑性に疑いがあることは自明だったと思われる】

〔2〕　『新文化』（4/29）が「トーハンが描く書店の未来像」と題して、トーハンの近藤敏貴社

長にインタビューしている。

【これは前回の本クロニクルでふれたメディアドゥとの資本業務提携に基づく「電子書籍」「デジタル付録」「電子図書館」に関してである。だが「電子書籍」は「詳細なスキームや販売方法は検討中」。「デジタル付録」は「付録のコンテンツをつくるのは出版社、加工するのはメディアドゥ、書店に供給するのはトーハン」だが、書店マージンは「いまの段階ではなんともいえません」。「電子図書館」は「メディアドゥ傘下のOver Drive社と、トーハンの支社・支店が、公共・学校図書館に電子図書館の導入を促進」する。「皆が同じ方向で努力すれば、道は必ず拓ける」し、「当社はルビコン川を渡りました。地域書店と出版流通の持続的発展のために、不退転の覚悟で臨んでい」く。その一方で、このままいけば、24年にグループ書店法人はすべて赤字に転落するし、今期の取次事業も10億円の赤字だと述べている。また不動産収益は13億円で、来期からさらに成長させていくと。結局のところ、3つのメディアドゥ絡みの新事業に関してだけでなく、トーハンや書店の「未来像」はコンクリートに語られておらず、本社跡地再開発事業などの不動産収益だけが浮かび上がってくるインタビューとなっている】

〔3〕 4月の書店閉店は26店、開店は12店だが、変更店として、かなり多くの書店がリストアップされている。これらは楽天BN帳合の書店で、楽天が丸善ジュンク堂のみならず、実質的に書店取次から撤退しつつあることを告げているのだろう。

【これは前回の本クロニクルでふれているように、地方・小出版流通センターの「最大の危機」との認識を示しておいたが、中小書籍出版社の返品額が次第に明らかになり、やはり「最大の危機」を迎えつつある。本クロニクル❸で予測しておいたことが現実化してしまった。どの出版社も楽天ＢＮのこれまでの年商を超えるもので、これから1年の注文によって相殺することが困難な金額に達している。それにこれらの変更店の返品を加えれば、さらに増えていくことになる。現在のところ、楽天ＢＮから逆ザヤ分を現金で相殺するようにとの要請は出されていないけれど、そのままで放置されるとは思われない。そうなると、さらなる危機が押し寄せてくる。出版社ではないにしても、取次としてのＪＲＣやトランスビューもその余波を受けているかもしれない。なお変更書店はいずれ明らかになるだろうし、ここではまだ確定されていないと思われるのでリストを示さない】

〔４〕コロナ禍で東京、京都、大阪、兵庫の4都府県に発出された政府による3回目の緊急事態宣言のために、4月25日から5月11日まで休業を強いられた書店は３００店とされる。

休業書店は取次別でトーハン１５０店、日販１１０店、楽天ＢＮ46店。

【３００坪を超える商業施設などの大型店舗の対象となるために、そこにテナント出店している書店も休業を余儀なくされ、紀伊國屋、丸善ジュンク堂、有隣堂、くまざわ書店、蔦屋書店、リブロ、大垣書店などのチェーン店も含まれている。その後、緊急事態宣言は北海道、愛知、岡山、広島、福岡、沖縄にまで及んでいるが、5月末時点における書店休業の現状は伝えられていない。『出版状況クロニクルⅥ』で既述しておいたが、昨年の5月の書店休業はトー

ハンが700店、日販が640店だったことに比べれば、今年はまだ少ないといえるであろう。ただそうはいっても、このような休業が書店の体力を衰えさせることは確実だし、トータルとしての返品の行方も気になるところだ】

〔5〕 5月11日の『朝日新聞』『読売新聞』『日本経済新聞』3紙に、「緊急事態」として、宝島社の二面の全面広告が掲載された。

コロナの拡大写真と戦時中に竹槍訓練をする児童を描いたもので、「ワクチンもない。クスリもない。タケヤリで戦えというのか。このままじゃ政治に殺される。」との見出しコピーに続いて、次のような「怒り」の一節が挙がっていた。

「私たちは騙されている。この一年は、いったい何だったのか。いつまで自粛をすればいいのか。我慢大会は、もう終わりにして欲しい。ごちゃごちゃ言い訳するな。無理を強いるだけで、なにひとつ変わらないではないか。今こそ、怒りの声をあげるべきだ。」

【『FACTA』(6月号)がこの宝島社の広告を転載、引用しながら、「COVER STORY『令和の東条内閣』」として「万骨枯る菅『五輪決行』」を発信している。宝島社の広告から、コロナ対策の現状をガダルカナル島の戦いやインパール作戦にたとえ、それらの大量の戦死者を出した後に、本土決戦を唱えた東条内閣に擬し、「もはや五輪開催国のメンツという国体を擁護し、菅首相が続投するため、国民は黙々と竹槍担いでコロナ敗戦への白骨街道をびくびくよろよろ歩くしかないのだろうか」と結ばれている。『選択』(5月号)も、「政治家の嘘で汚れた『東京五輪』」において、福島の汚染水は「コントロール」されているという安倍の嘘から始まり、嘘の連鎖が続いた「東京五輪」の内実を衝いている。いずれも直販誌ならではの記事で、購読者も増えているようで何よりだ。『選択』の21年3月期は購読料収入が11・8％増とされ、それは『FACTA』も同様だと思われる】

〔6〕 KADOKAWAの連結決算は売上高2099億4700万円、前年比2・6％増、営業利益は136億2500万円、同68・5％増、当期純利益は95億8400万円、同18・4％増の増収増益となった。
「出版事業」売上高は1295億7500万円、同10・5％増。

「映像事業」売上高は313億1400万円、同8・2％減。

「ゲーム事業」売上高は166億3600万円、同16・9％増で、「出版」と「ゲーム」は2ケタ増となっている。

〔7〕 イーブックイニシアティブジャパンの決算は売上高299億5100万円、前年比40・7％増、営業利益は9億5700万円、同20・7％増、純利益は6億6300万円、同21・7％増、売上高、営業利益ともに過去最高の実績。
「ebooksjapan」を展開する「電子書籍事業」売上高は230億1700万円、同41・8％増、紙書籍のオンライン販売「クロスメディア事業」売上高は69億3300万円、同37・4％増。

〔8〕 インフォコムの連結決算は売上高680億5500万円、前年比16・6%増、営業利益は108億1200万円、同31・7%増、純利益は62億7600万円、同13・2%増の過去最高益。「めちゃコミック」などの電子コミック配信事業のネットビジネス部門売上高は440億2700万円、同33・5%増、営業利益は79億9000万円、同59・7%増。

〔9〕 インプレスHDの連結決算は売上高140億4900万円、前年比4・0%増、営業利益は8億3600万円、同6・3%減、純利益は6億9000万円、同15・8%減の増収減益。

コンテンツ事業売上高は116億1400万円、同2・0%増で、電子出版とデジタル広告が好調に推移。

〔10〕 アルファポリスの決算は売上高77億3500万円、前年比37・4%増、営業利益は21億6300万円、同48・0%増、純利益は13億3400万円、同51・7%増と最高益。

漫画やライトノベルが好調で、ウェブサイトの月間ユニークユーザー数は436万1000人となり、過去最高を更新。

【雑誌や書籍の出版社というよりも、電子書籍、電子コミック出版社プロパー、もしくは移行しつつある出版社の決算を並べてみた。本クロニクル❸で、コロナ禍の中での電子コミックの3420億円という急増、講談社の紙媒体を上回るデジタル版権分野の「事業収集」を含む決算、同❹でメディアドゥとビーグリーの決算にもふれているが、電子コミックストレンドはさらに加速していくであろう。だがそこに2のトーハンの「電子書籍事業」ではないけれど、書店における「詳細なスキームや販売方法」はまったく見えていないに等しい。『鬼滅の刃』ブームが去った後の書店のコミック売場はどうなるのだろうか】

〔11〕丸善CHIHDの決算は売上高1716億2100万円、前年比2・6％減。コロナ拡大による臨時休業などで固定費6億円を特別損失としたことで、営業利益は38億8200万円、同12・4％増、純利益は20億9100万円、同0・7％増。

主力の書籍部門「店舗・ネット販売事業」売上高は670億4000万円、前年比9・2％減、営業利益は1億2100万円、同48・9％減。店舗数は101店。

〔12〕三洋堂HDの連結決算は売上高208億8500万円、前年比4・6％増、営業利益は6億3600万円、同319・2％増、純利益は1億8700万円、同20・7％増（前年は13億400万円の損失）の増収増益。

部門別の「書店」（雑誌、書籍）売上高は138億5000万円、同10・2％増。店舗数は74店。

【コロナ禍の中でのチェーン書店であっても、都市型大型店と郊外型複合店の明暗をダイレクトに示す決算なので、並べて挙げてみた。丸善ジュンク堂は臨時休業などのダメージが強いが、三洋堂はコミックに支えられた「書店」だけでなく、「TVゲーム」なども好調で、近年にない営業利益となっている。しかし今回の緊急事態宣言は愛知県にも及んでいるので、三洋堂も

影響を受けざるを得ないであろう】

〔13〕　アバンティブックセンターやアミーゴ書店を展開するアバンティブックセンターは、トーハン100％子会社のブックファーストに事業譲渡。

アバンティブックセンターは和歌山、大阪、京都、兵庫で15店、アミーゴ書店は大阪、京都、兵庫で18店が展開されている。

【『出版状況クロニクルⅣ』で、1988年にアバンティブックセンターはスーパーのイズミヤの子会社として設立され、2015年にイズミヤがトーハンに全株式を譲渡し、トーハン傘下に入ったことを既述しておいた。それがまたしても、ブックファーストへと転売されるのは循環取引のような印象を拭えないし、同様のことがこれからも繰り返されていくと思われる】

〔14〕　昭文社HDの決算は売上高63億1300万円、前年比21・8％減、営業損失は14億4800万円（前期は6500万円の営業損失）。

コロナ禍により事業用資産を減損、特別損失6億2600万円を計上し、純損失は23億7400万円（前期は1億2900万円の純利益）となった。

出版事業が含まれるメディア事業のセグメント売上高は39億5900万円、セグメント損失は20億1000万円だった。

コロナ禍の拡大で、海外旅行ガイドブックなどの出版物実売に大きな影響があったとされる。

【実際に書店売上は半減してしまったようで、日販売上は前期の17億4200万円に対して10億4000万円、トーハンは前期の17億4200万円に対して9億4500万円となっている。この事実から類推すれば、他の旅行書やガイドブックにしても、半減したと考えられ、『出版状況クロニクルⅥ』や本クロニクル❸でふれたダイヤモンド・ビッグ社の「地球の歩き方」シリーズの学研プラスへの譲渡が了承されるのである。またこれから出版社によっては旅行書やガイドブックから撤退するところも出てくるであろう】

〔15〕 ブックオフは相模原市とリユース推進や空き家の活用、地域産業の推進などの包括連携協定を締結。
空き家や物の処分をめぐる活用において、リサイクル業界が廃棄、収集、運搬業者とコラボしていくという趣旨だとされる。

【1990年代に郊外消費社会の隆盛に伴い、郊外型書店、ブックオフ、レンタル複合店のTSUTAYAが再販委託制から生まれた団子3兄弟のようなかたちで出揃った。しかしアマゾン、ネットフリックスなどの動画配信、電子コミックスが出現するに及んで、3兄弟の市場も変わっていかざるを得ないし、様々な試みが手がけ始められていると推測される】

〔16〕 TSUTAYAの一部店舗で、「新刊本はメルカリで意外と高く売れる！」というPOPを添えた「実証実験」キャンペーンを行ない、ネットで「転売を推奨」「作家への敬意を欠く」

「万引きを助長する」などの批判を浴び、キャンペーンを中止。

【書店の売る側の論理とPOPの自在さを考えれば、何ら咎めるに値しないと思われるし、この程度の企画しか考えられないTSUTAYAのレベルが露呈したと見なせばいいだけである。それが騒ぎになってしまうことこそ、現在の書店を取巻く販売環境を伝えているのだろう。これもTSUTAYAの最大のFCであるトップカルチャーの一部店舗ではDVDレンタルを止めたようだ】

〔17〕『みすず書房図書目録2021』の巻末「常備店一覧」を見て、ずっと参照してきた『同1997』に比べ、常備店が半減していることに気づいた。後者が6ページであったことに対し、前者は3ページになっていた。

【これはみすず書房の『現代史資料』に関して何本か書く必要があり、現在の在庫状況を確認するために取り寄せたところ、この20年の間に書店地図が大幅に変わってしまったことにあらためて気づかされた次第だ。しかもその常備店には蔦屋書店やTSUTAYAが6店も含まれていて、複雑な思いに囚われた。一方には16に記したTSUTAYAがあり、もう一方には蔦屋書店があることになる。それも現在の書店状況を示していよう】

〔18〕白取千夏雄『「ガロ」に人生を捧げた男 全身編集者の告白』（興陽館）を読了。

【同書は知らなかった『ガロ』の終刊をめぐる物語で、2019年にインディーズ本『全身編集者』（おおかみ書房）として出され、絶版となっていたが、ここに当事者の証言も付され刊行された。白取は1984年青林堂に入社し『ガロ』編集者として、創業者の長井勝一に寄り添っていく。しかし『ガロ』の部数低迷から青林堂はコンピュータ会社ツァイトの子会社となる。白取も青林堂からツァイトに移籍し、『ガロ』新編集長と『デジタルガロ』編集長を兼任するが、『ガロ』分裂騒動が起き、白取も否応なく、その渦中に巻きこまれていく。その後始末に至る経緯と事情を記し、彼は亡くなっている。まさに知られざるコミック史に他ならない】

〔19〕文弘樹『こんな本をつくってきた』（SURE）はサブタイトルに「図書出版クレインと私」とあるように、文の個人史とクレインの出版史が重なるかたちで語られている。

【ここであらためて喚起されたのは1980年代から90年代にかけての小出版社状況で、その中からクレインにしても版元のSUREにしても立ち上がってきたことだ。また映画『パッチギ』の背景も。私がクレインを知ったのはちくさ正文館で、そこにサイード『ペンと剣』や『佐藤泰志作品集』が置かれていたからだ。またこの一冊が黒川創との対談形式によっているのは、私がインタビュアーとなっている「出版人に聞く」シリーズに触発されたのではないかと思ったりもした。同書は直販なので、下記のサイトから入手してほしい。「編集グループSURE」（https://www.group.net/）】

〔20〕　ネットフリックスで映画『ヤクザと家族 The Family』を観た。

【これはヤクザと疑似家族をめぐる物語で、1999年、2005年、2019年の3部構成のヤクザクロニクルといっていい。そこに思わず疑似コミュニティとしての出版業界の解体をも重ねて観てしまった。ただ監督、脚本の藤井道人は1986年、主演の綾野剛は82年生まれで、その年齢から私たちと異なるヤクザ映画環境の中にあったことがわかる。それに対して、共演の舘ひろしは50年、企画制作／エグゼクティブプロデューサーの河村光庸が49年生まれで、私たちと同世代の2人がこの映画を支え、送り出したことを実感してしまう。なお『キネマ旬報』（1／上・下合併号）が特集を組み、河村の「一元化していく社会に対して、新しい価値観を提供する創造性、多様性がより必要」だとする言葉を引いている】

〔21〕　辛島デイヴィッド『文芸ピープル』（講談社）を読んだ。

【これは英語圏における日本の現代文学翻訳状況に言及した一冊で、村田沙耶香『コンビニ人間』（文藝春秋）の英訳 Convenience Store Woman の商業的成功をあらためて教えられた。それで想起したのは増田みず子『シングル・セル』（福武書店）で、これも日本の女性作家による先駆的小説と思われるので、独訳はあるようだが、英訳を望まずにはいられない。『シングル・セル』と『コンビニ人間』は併走するようにして、21世紀の中にある。しかし前者は本屋の店員にもなったりするが、後者はコンビニに棲息したままでいる。それも21世紀を表象しているのだろう】

〔22〕論創社HP「本を読む」〈64〉は「近代社と日夏耿之介」です。
『出版状況クロニクルⅥ』は遅れてしまい、6月半ばに刊行予定。

出版状況クロニクル❻　2021年6月

21年5月の書籍雑誌推定販売金額は775億円で、前年比0・7％増。

書籍は420億円で、同0・9％減。

雑誌は355億円で、同2・6％増。

雑誌の内訳は月刊誌が290億円で、同1・1％増、週刊誌は65億円で、同9・5％増。

返品率は書籍が37・5％、雑誌は44・3％で、月刊誌は44・5％、週刊誌は43・2％。

月刊誌はコミックスの伸びが止まり、『鬼滅の刃』に代わる超ベストセラーが出てこないかぎり、マイナス基調へと戻っていくだろう。

週刊誌のプラスは近年になかったことだが、コロナによる休刊などによるもので、前年の発行部数と販売金額が大きなマイナスだったことから生じたものである。

売上が伸びているのではなく、マイナスは続いている。ただ今回の緊急事態宣言は実売に大きな影響はなかったと伝えられている。

■出版社の実績 （単位：百万円）

	出版社	2019年	2018年	2017年	2016年
1	集英社	152,904	133,341	116,497	117,521
2	講談社	135,835	120,484	117,957	117,288
3	KADOKAWA	84,049	–	113,183	112,231
4	小学館	97,747	97,052	94,562	97,309
5	日経PB	37,000	38,000	38,000	38,130
6	東京書籍	23,381	23,663	22,784	27,411
7	宝島社	29,477	26,279	34,019	29,303
8	文藝春秋	21,915	21,915	21,698	23,887
9	光文社	20,356	20,356	21,724	22,141
10	新潮社	20,200	20,000	20,000	20,500

〔1〕　２０１６年から19年にかけての「出版社の実績」を示す。

【これはノセ事務所が帝国データバンクのデータに基づき、出版社６４３社を抽出したもので、２００７年からの「出版社の実績」ということになる。ただ２０１５年までは売上順に出版社を配列していたが、16年以後はそのまま継承したことで、売上順になっていないことをあらかじめ了承されたい。ここではそのうちの16年から19年にかけての上位10位までのデータを挙げている。それはコロナ禍に遭遇したことで、取次や電子書籍も絡み、今後の大手出版社の「実績」と動向がどのように変化していくのかという事実を踏まえておかなければならないからだ。またこれらの19年の10社の「実績」は６２２５億円に及び、19年出版物販売金額の１兆２３６０億円の半分を占めていることにもよっている。こうしたデータ提供は『出版ニュース』が担当していたが、休刊に伴い、図書館情報や海外出版ニュースなどとともに途絶えてしまった。それらに加えて、書店の年間を通じての取次別の出店と閉店、坪数と増減を始めとするデータも、アルメディアが長きにわたってレポートしてくれていたけれど、そうした仕事から撤退したようで、データが入手できなくなってしまった。つまりこれだけ出版物売上が失墜してくると、出版業界の基礎データを担う仕事に金が回らなくなってきている事実を否応なく露呈させることになったのである。幸いなことに「出版社の実績」に関してはノセ事務所が引き継いでくれているので、このように示すことが可能であることを認識してほしい】

〔2〕 日書連の組合加盟書店数は4月1日現在で2887店、前年比106店減。プラスとなったのは1店増の島根県だけで、同数が青森県などの12県。東京都などの32都道府県はマイナスで、東京都は16店減の291店、愛媛県と山梨県も2ケタ減である。

【1986年には日書連加盟店は1万2935店だったことからすれば、何と1万店が消えてしまった。20年の実質的マイナスは119店とされている。コロナ禍の中にあって、『鬼滅の刃』の神風のようなベストセラー、巣ごもり需要の学参と児童書による街中の書店の活況が伝えられているけれど、現実には3日に1店が閉店していたことになろう。『出版状況クロニクルⅥ』にアルメディアの調査による1999年から2019年の全国書店数の推移を示し、19

年が１万１０２４店、前年比４２２店減であることを伝えておいたが、全体の書店数も１万店割れが近づいている】

〔３〕『日本の図書館統計と名簿２０２０』が出されたので、公共図書館の推移を示す。

【これも『出版ニュース』で刊行告知を見なかったし、近年は図書館でも購入していないようなので、本クロニクルでも２０１９年度は落としてしまっている。それもあって２年ぶりに目にするのだが、２０２０年の公共図書館数は10館増え、３３１６館で、これも何と日書連加盟書店数の２８８７店を上回ってしまった。２で示したように、１９８６年の日書連加盟店は１万２９３５店、それに対して90年の図書館は１９２８館だったわけだから、現在から考えれば、そうした比率が書店と図書館のメルクマールだったように思えてくる。結局のところ、それは私企業と公的企業とのバランスの問題でもあり、そうした論議もなされず、図書館の蔵書と書店在庫の棲み分け問題にもほとんどふれることもなく、公が栄えて民滅ぶというかたちで増殖していった図書館がもたらした書店への影響とも見なせよう。しかし図書館現場においても、風評と異なり、資料費予算はこの10年間、それほど減少していないことに比べ、専任職員は19年に１万人を割りこみ、さらに少なくなっていくであろう。そのことは公共図書館における選書能力のさらなる劣化となって現れるであろう。またコロナ禍の中での電子書籍配信が喧伝されていたが、休館もあってか、貸出数自体は近年にない前年割れだったことを確認したのである】

■公共図書館の推移

年	図書館数	専任職員数(人)	蔵書冊数(千冊)	年間受入図書冊数(千冊)	個人貸出登録者数(千人)	個人貸出総数(千点)	資料費当年度予算(万円)
1971	885	5,698	31,365	2,505	2,007	24,190	225,338
1980	1,320	9,214	72,318	8,466	7,633	128,898	1,050,825
1990	1,928	13,381	162,897	14,568	16,858	263,042	2,483,690
1997	2,450	15,474	249,649	19,320	30,608	432,874	3,494,209
1998	2,524	15,535	263,121	19,318	33,091	453,373	3,507,383
1999	2,585	15,454	276,573	19,757	35,755	495,460	3,479,268
2000	2,639	15,276	286,950	19,347	37,002	523,571	3,461,925
2001	2,681	15,347	299,133	20,633	39,670	532,703	3,423,836
2002	2,711	15,284	310,165	19,617	41,445	546,287	3,369,791
2003	2,759	14,928	321,811	19,867	42,705	571,064	3,248,000
2004	2,825	14,664	333,962	20,460	46,763	609,687	3,187,244
2005	2,953	14,302	344,856	20,925	47,022	616,957	3,073,408
2006	3,082	14,070	356,710	18,970	48,549	618,264	3,047,030
2007	3,111	13,573	365,713	18,104	48,089	640,860	2,996,510
2008	3,126	13,103	374,729	18,588	50,428	656,563	3,027,561
2009	3,164	12,699	386,000	18,661	51,377	691,684	2,893,203
2010	3,188	12,114	393,292	18,095	52,706	711,715	2,841,626
2011	3,210	11,759	400,119	17,949	53,444	716,181	2,786,075
2012	3,234	11,652	410,224	18,956	54,126	714,971	2,798,192
2013	3,248	11,172	417,547	17,577	54,792	711,494	2,793,171
2014	3,246	10,933	423,828	17,282	55,290	695,277	2,851,733
2015	3,261	10,539	430,993	16,308	55,726	690,480	2,812,894
2016	3,280	10,443	436,961	16,467	57,509	703,517	2,792,309
2017	3,292	10,257	442,822	16,361	57,323	691,471	2,792,514
2018	3,296	10,046	449,183	16,047	57,401	685,166	2,811,748
2019	3,306	9,858	453,410	15,543	57,960	684,215	2,790,907
2020	3,316	9,627	457,245	15,045	58,041	653,449	2,796,856

■日販GHD決算

内訳	売上高	前年比
取次事業	4,792億700万円	0.7%
小売事業	621億2,100万円	1.8%
海外事業	62億8,900万円	▲8.8%
雑貨事業	24億9,500万円	29.1%
コンテンツ事業	19億4,600万円	12.5%
エンタメ事業	12億7,900万円	▲26.4%
不動産事業	30億8,900万円	4.8%
その他	89億1,800万円	68.1%

〔4〕　日販GHDの子会社34を含めた連結決算は、売上高5210億1000万円、前年比1・0%増、営業利益41億5100万円、同67・8%増、経常利益44億2000万円、同81・0%増、当期純利益は24億3900万円、同212・2%増、8期ぶりの増収。

それらの8事業の内訳を示す。

小売業の店舗数は245店。

日販単体の売上高は4201億5100万円、同1・5%増、営業利益は10億1400万円、（前年は2億5300万円の損失）、経常利益は11億5500万円（前年は4100万円の損失）、当期純利益は3億9600万円（前年は2億8200万円の損失）。

それらの商品売上高内訳を挙げておく。

〔5〕　トーハンの子会社29社を含めた連結決算は、売上高4254億6600万円、前年比3・9%増、営業利益は40億3300万円、同205・7%増、経常利益は16億8000万円（前年は14億5700万円の損失）、当期純利益は5億7600万円（前年は59億8500万円の損失）と7期ぶりの増収。

■日販　商品売上高内訳　（単位：百万円、％）

	金額	前年比	返品率
書籍	204,501	99.8	28.7
雑誌	109,170	88.4	47.1
コミックス	88,024	130.6	19.7
開発品	27,142	100.9	36.0
合計	428,839	101.5	33.6

■トーハン単体　商品売上高内訳　（単位：百万円、％）

	金額	前年比	返品率
書籍	169,653	101.5	36.2
雑誌	118,677	94.3	46.8
コミックス	62,118	131.2	19.7
MM 商品	48,573	111.9	18.1
合計	399,022	104.0	36.2

直営書店の連結対象子会社は13社で、「書店事業」売上は５８９億３６００万円、同６・８％増、店舗数は２７１店。

トーハン単体の売上高は３９９０億２２００万円、前年比４・０％増、営業利益は35億９３００万円、同81・８％増、経常利益は３億６６００万円（前年は４億７２００万円の損失）、当期純利益は２７００万円（前年は55億９２００万円の損失）。ただし、「出版流通事業」の経常損失は11億２０００万円と前年に続き赤字だが、同じく単体の「不動産事業」の経常利益は13億２６００万円で、全体を大きく押し上げている。

トーハン単体売上高内訳は上記のとおりである。

【日販もトーハンもコロナ禍の中での『鬼滅の刃』の神風的ベストセラーや巣ごもり需要を背景として、久方ぶりの増収増益決算となっている。だがそれは取次事業の回復を意味しておらず、これからの取次はどのようにしてソフトトランディングするかの道を問うていくしかないと思われる。日販とトーハンの書店事業の売上、店舗数はかつてなくふくらんでいるし、前回トーハンの近藤敏貴社長の24年にグループ書店法人はすべて赤字になるとの言を引いておいたけれど、それは日販も同様であり、すでに赤字になっているとも考えられる。太洋社、栗田、大阪屋の破綻の際にも、その根幹にあったのは芳林堂や戸田書店問題だったし、大阪屋栗田にしてもそれを引きずっていた。楽天BNはそうした書店問題にけりをつけようとしているのだろうが、スムーズにいくのだろうか。日販に至っては文教堂、フタバ図書、TSUTAYAがADR＝私的整理によるサバイバルを試みているが、単なる延命措置に終わってしまうかもしれない。また日販は楽天BNとの協業を進め、その対象は楽天と取引のある全書店とされ、楽天BNのリーディングスタイルは会社解散するというが、決算は公示されないだろう。消息筋によれば、今回の日販とトーハンの決算を閲することで、両社の合併の可能性は消えたとされる】

〔6〕CCCとMPDは21年度の「TSUTAYA BOOK方針説明会」を開催し、「TBN VISION」として、返品減少と粗利改善による書店ゼロの街をなくす方針を発表。

また「TBN中期計画」として、返品率を10％まで下げ、書店粗利益率35％を実現し、それによって国内1500店、中国1100店、アジアなど300店の3000店を目標にする計画を披露した。

【絵に描いた餅であることは百も承知での「方針説明会」発表だと誰もが思っていることであろう。CCC＝TSUTAYAとMPDの一方の柱であるDVDとそのレンタルの凋落は、これから加速していくはずで、その代わりはまだ確立されていない。次の7でふれる動画配信市場がすでに3000億円を超えるまでに成長してきているにもかかわらず。本クロニクル❸でレポートしているようにその最中に起きているCCCグループの私的整理はどのようにMPDや日販へと跳ね返っていくのか、それはFCのリストラや閉店として現実化していくし、そのことを考えれば、返品率云々すらも矛盾しているというしかない。それからMPDの昨年の決算は『出版状況クロニクルⅥ』に掲載しておいたが、今回は自ら発表すべきであろう】

〔7〕『日経MJ』（6/21）で日本の定額制動画配信サービス市場を一面特集している。そのリードは次のようなものだ。

「日本の動画配信サービス市場で覇権争いが激しくなってきた。存在感を強めているのが米ネットフリックスやアマゾンなど海外勢だ。国内のアニメ制作会社と組んで独自作品の制作に乗り出した。娯楽の主要プレーヤーが既存メディアからネットへと切り替わるなか、世界ではメディアの枠を超えた再編も起きている。動画配信は「戦国時代」を迎えた。」

日本の動画配信サービスは急拡大し、2020年の定額制配信市場規模は3238億円、前年比35％増。シェアはネットフリックスが2割、アマゾンプライムが12・6％、U-NEXTが11・1％となっている。2年前は1位がNTTドコモのdTV、2位はスポーツ専門のDAZNで、ネットフリックスは6位だったのである。

韓国ドラマ『愛の不時着』の独占配信とコロナ禍の巣ごもり需要などによって、ネットフリックスの有料会員は500万人を超えた。

■ムック発行、販売データ

年	新刊点数		平均価格	販売金額		返品率	
	(点)	前年比	(円)	(億円)	前年比	(%)	前年増減
2005	7,859	0.9%	931	1,164	▲4.0%	44.0	1.7%
2006	7,884	0.3%	929	1,093	▲6.1%	45.0	1.0%
2007	8,066	2.3%	920	1,046	▲4.3%	46.1	1.1%
2008	8,337	3.4%	923	1,062	1.5%	46.0	▲0.1%
2009	8,511	2.1%	926	1,091	2.7%	45.8	▲0.2%
2010	8,762	2.9%	923	1,098	0.6%	45.4	▲0.4%
2011	8,751	▲0.1%	934	1,051	▲4.3%	46.0	0.6%
2012	9,067	3.6%	913	1,045	▲0.6%	46.8	0.8%
2013	9,472	4.5%	884	1,025	▲1.9%	48.0	1.2%
2014	9,336	▲1.4%	869	972	▲5.2%	49.3	1.3%
2015	9,230	▲1.1%	864	917	▲5.7%	52.6	3.3%
2016	8,832	▲4.3%	884	903	▲1.5%	50.8	▲1.8%
2017	8,554	▲3.1%	900	816	▲9.6%	53.0	2.2%
2018	7,921	▲7.4%	871	726	▲11.0%	51.6	▲1.4%
2019	7,453	▲5.9%	868	672	▲7.4%	51.1	▲0.5%
2020	6,461	▲13.3%	870	572	▲14.9%	50.2	▲0.9%

またアマゾンは大手映画会社メトロ・ゴールドウィン・メイヤー（MGM）を買収したことで、4000本のコンテンツを手に入れたことになる。U－NEXTはワーナーメディアと独占契約し、上位3社の配信競争、オリジナル作品制作も、しのぎを削る状況の中にある。

【私の場合、ネットフリックス、アマゾンプライム、U－NEXTの会員になっているが、正直にいってすべてを見きれていない。ネットフリックスは『出版状況クロニクルⅥ』で書いているけれど、『愛の不時着』を始めとして海外連続ドラマが多く、見出すときりがないほどの作品に恵まれている。それに毎日のように新作入荷のメールが届くし、ネットフリックスだけでも、見ることに追われてしまうのだが、それはそれで新しい発見があるので、ついつい見てしまうのである。これは有料会員になってみないとわからないかもしれない。本当にお試しあれというしかないし、昨年に比べて、会員増加数は落ちこんでいるというけれど、すでに動画配信サービス市場は定着し、これからも成長していくことは確実のように思われる】

〔8〕『出版月報』（5月号）が特集「ムック市場2020」を組んでいるので、そのデータを示す。

【20年におけるムックの失墜がデータに歴然となり、本クロニクル❷で、ムックを主とする柤出版社の民事再生法を伝えたが、それも必然だったと思わされる。新刊点数はついに7000点を割り、販売金額も572億円で、2005年のほぼ5割になってしまった。返品率も最悪で、6年続けて50％を超えている。『出版状況クロニクルⅥ』で、九州雑誌センター（トーハン）が九州地区のムック返品を現地で古紙化しようとする九州地区返品現地古紙化推進協議会を発足させたことを既述しておいた。それはこのようなムックの現状もあり、それに柤出版社の民事再生法も続いたことになる。その後、九州地区返品現地古紙化推進協議会はどうなったのだろうか】

〔9〕ローソンは日販と連携し、本とコンビニの各商品を取り扱う「LAWSONマチの本屋さ

ん」ブランド1号店となる「ローソン狭山南入曽店」（埼玉・狭山市）を開店。ローソンの既存店舗のリニューアルオープンだが、店舗面積は85坪、そのうちの書籍・雑誌売場は21坪で、書籍雑誌は900点、1万4000冊。

【この「LAWSONマチの本屋さん」ブランド1号店から想起されたのは『エトセトラ』（2019年創刊号）の特集「コンビニからエロ本がなくなる日」であった。同特集は田房永子責任編集と銘打たれ、彼女による「かつてはコンビニにはエロ本があった」というマンガから始まり、まず「お茶ノ水のローソンはすごい本がたくさんあるよ」との小4クラスメートの言葉が引かれていた。このマンガは1985年から2019年にかけての簡略なコンビニ・エロ本通史である。その後で「コンビニからエロ本がなくなること」についてのコンビニ4社アンケート回答が掲載され、ローソンも他4社と同じく、「成人向けの雑誌取り扱い中止」と答えている。それは「LAWSONマチの本屋さん」にも引き継がれているのだろうか。なおこのフェミマガジン『エトセトラ』創刊号はエトセトラブックスの松尾亜紀子の言によれば、6000部以上売れたと伝えられている】

〔10〕 地方・小出版流通センターの決算も出された。

「同通信」（6／15）によれば、総売上高は9億7665万円、前年比3・7％減（5736万円減）、売上総利益9719万円、営業経費1億3195万円で、営業損失は3476万円となっている。最終的には営業外雑収入2422万円を加えることで、当期損失は904万円。

「大手取次店は、巣籠り需要と、鬼滅の刃で増収増益という決算を発表されていますが、当社は全くその恩恵には浴しておらず、苦しい売上げ状況です。春の教科書も前年より減っています。」

【昨年のコロナ禍による書店や図書館の休業、休館のために、4、5月の売上は52・2％減で、取次出荷も21・7％減だったという。今年も書店の休業は起きているけれど、本クロニクル❸❹などで続けてふれているように、問題なのは丸善ジュンク堂などの帳合変更による楽天BNからの返品で、最終的にどのくらいの金額になるのか。中小書籍出版社の場合、その返品は6月になってもまだ続いている】

〔11〕コミックの海賊版サイト「漫画村」運営者に懲役3年の有罪判決が下された。

その一方で、『朝日新聞』（6／1）の「フカボリ」によれば、2018年の「漫画村」閉鎖以来、他のサイト消滅も相次いでいたが、19年秋ごろより再び増加してきた。

出版社や通信事業者などが加わった海賊版対策の一般社団法人「ABJ」の調査では海賊版サイトによる被害現状に関して、「史上最悪、『漫画村』の最盛期を超えてしまった」とされる。ABJが確認している海賊版サイトは750で、上位10サイトだけで、月刊アクセス数は2万4千回を超え、「漫画村」をはるかに上回っている。海賊版サイトの多くはベトナムに拠点を置き、日本でコミックやアニメをいち早く入手し、翻訳するグループも存在しているようだ。

【本クロニクル❷で示しておいた20年の電子コミック市場の3420億円、前年比31・9％増という急成長は、コロナ禍と漫画村閉鎖によるものと見ていたし、それは出版科学研究所の見解も同様だった。このような海賊版サイトの再びの増加は知らされていなかった。こうした事実に関連して、レイバーネット日本代表の安田幸弘が細谷修平を聞き手に「東アジア・デジタル・アナキズム」(『アナキズム』第15号)を語っている。それを要約してみる。オードリー・タンはメディア活動家だけれど、要するにハッカー人種で、アジアのメディア活動家はそうした人たちが多い。彼らのデジタル化のイメージは常に境界を越えていく。オードリー・タンは「ひまわりの革命」の一人で、一種のオルガナイザーでもあり、そのベースにはインターネットで結ばれた多くのハッカーの中で自然発生的に生まれてきた自律的分散型システムの発想がある。それは中央での制御を嫌う。自律的分散型システムは中国の中央集権的監視、統制システムへの代案としてである。前者における情報というのは国境を越えていくし、日本のデジタル庁はそうしたものを殺してしまうし、失敗すると思う。これはまだ1回目だし、どのような展開になるかわからないけれど、ベトナムにおける海賊版サイトの隆盛を考えてみることに関してのヒントのひとつになるような気がする】

〔12〕『ZAITEN』(7月号)が特集2として、9ページに及ぶ「佐藤優VS佐高信『名誉毀損法廷バトル』」を組んでいる。
【これは『創』(7月号)でもレポートされているが、佐高が3月に上梓した『佐藤優というタブー』(旬報社)が、名誉毀損などの内容を含むとして、佐藤優が佐高と旬報社の木内洋育代表

取締役を相手取り、1064万円の損害賠償を求めて東京地裁に提訴した件をめぐってである。『ZAITEN』も佐高も紙上討論での応酬を望んでの企画であり、そのようなポジションで佐高もインタビューを受けている。だが佐藤のほうはそれに応じず、「第一審判決が出るまで本件について、私のほうからマスメディアで発言することは差し控え」るとの「回答」があるだけだった。その「回答」も1ページ掲載されている。私もかつて佐高を批判しているが、『出版状況クロニクルⅥ』に関して、大阪屋栗田から法的恫喝をかけられ、言論に対しては言論でと返したことがあるので、佐藤の「回答」はいただけないと思う。佐藤自身にしても、法による「国家の罠」を経験しているのに、どうしてなのかという疑念が生じてしまう。裁判はどうなるのか】

〔13〕『岩田書院図書目録2021－2022』が届き、久しぶりに「新刊ニュースの裏だより」を読んだ。

【「［1081］出先在庫の整理」（2019・09）は丸善・ジュンク堂の在庫が4200冊、正味価格合計で1600万円あったので、1000万円を目途として返品してもらうことにした話。「今年の過剰在庫を整理するにあたって、著者に買い取ってもらった分が総額で1000万円なのです。それが右から左に消えていきます。とほほ。」「［1089］過剰在庫、廃棄完了」（2020・01）は11万5843冊から約4万冊の廃棄を5枚の写真入りでレポートしている。いうまでもなく廃棄風景は無残で、「写真1の人物は、私・岩田ではありません」との注はそうした心情を伝えているのだろう。だが「出先在庫の整理」は長年にわたって「返品の垢をなめてきた」岩田ならではの決断で、なかなかできることではない。これは確か「昭和残侠伝シリーズ」での高倉健のせりふ「あっしもだてに盆茣蓙の垢をなめてきたわけじゃござんせん」をもじっている。しかしそれは正解で、丸善・ジュンク堂の帳合変更の1年前になされたわけだから、今年の返品の事前処置に相応したと思われる。岩田書院も2年後の創立30周年を待って、「さよならセール」をするかもしれないと予告もされている】

〔14〕 日本編集者学会編集発行、田畑書店発売の『Editorship』6を恵送された。同号は「特別号」で、「追悼長谷川郁夫」であった。

【長谷川の死は『出版状況クロニクルⅥ』でも記しておいたが、このような「追悼」が出されるのは、文芸書編集者、出版者として長谷川が最後であろう。それは彼が文芸書出版共同体の最後のメンバーで、彼自身が文学者たちとその共同体を支えてきたからだし、後には自ら著者、大学教師として延命することにも努力を払ってきたからだろう。それは困難ではあっただろうけれど、長谷川にとっては幸せなことだったと思いたい】

〔15〕 集英社の『月刊セブンティーン』が10月号で休刊。

【1968年に週刊誌として創刊の『セブンティーン』は、60年代初頭に発表された大江健三郎の『セブンティーン』と『政治少年死す』の2部作を連想してしまう。だが『政治少年死

す』は講談社の『大江健三郎全集』によって読むことができるようになったのに、こちらの『セブンティーン』は休刊となってしまったのである】

〔16〕溝口敦『喰うか喰われるか 私の山口組体験』（講談社）読了。
【かつて拙稿「極道ジャーナリズムとエンツェンスベルガー」（『文庫、新書の海を泳ぐ』所収）で、溝口の処女作『血と抗争』（三一書房、後に講談社文庫）にエンツェンスベルガーの『政治と犯罪』（野村修訳、晶文社）の影響を指摘したが、それが確認できた。また宮下和夫『弓立社という出版思想』（「出版人に聞く」19）で、宮下が語っていた徳間書店の雑誌『TOWM』に『血と抗争』が書かれたことを含め、その創刊や休刊事情も教えられた】

〔17〕股旅堂の『古書目録』24が届いた。
【これまでで最も厚い一冊で、5000点ほどを収録し、戦後カストリ雑誌、アブノーマル雑誌が書影とともに満載である。この号には飯田豊一『「奇譚クラブ」から『裏窓』へ』（「出版人に聞く」12）のコーディネーター黒田明も登場し、華を添えていることを付記しておく】

〔18〕論創社HP「本を読む」〈65〉は「日夏耿之介と『近代神秘説』」です。
『出版状況クロニクルⅥ』は6月中旬に刊行されました。

8月には「ゾラからハードボイルドへ」「謎の作者佐藤吉郎と『黒流』」「ブルーコミックス

論」の三本立てが『近代出版史探索外伝』として出版予定です。

出版状況クロニクル❼　2021年7月

21年6月の書籍雑誌推定販売金額は996億円で、前年比0・4％減。

書籍は490億円で、同0・2％増。

雑誌は475億円で、同0・9％減。

雑誌の内訳は月刊誌が407億円で、同3・1％増、週刊誌は67億円で、同20・0％減。

返品率は書籍が39・0％、雑誌は41・2％で、月刊誌は40・2％、週刊誌は46・8％。

書店売上は書籍の9％減に見られるように、ほとんどのジャンルでマイナスとなっている。

雑誌のほうも定期誌、ムックがともに1％減で、コミックスは『進撃の巨人』最終巻、『呪術廻戦』『ONE PIECE』新刊が出されたが、前年の『鬼滅の刃』には及ばす、前年並みとなった。

■2021年上半期 推定販売金額

月	推定総販売金額		書籍		雑誌	
	（百万円）	前年比（%）	（百万円）	前年比（%）	（百万円）	前年比（%）
2021年 1～6月計	644,519	4.2	368,625	4.8	275,895	3.5
1月	89,651	3.5	50,543	1.9	39,108	5.7
2月	120,344	3.5	71,855	0.6	48,490	8.0
3月	152,998	6.5	97,018	5.9	55,980	7.7
4月	107,383	9.7	58,129	21.9	49,254	▲1.8
5月	77,520	0.7	42,006	▲0.9	35,515	2.6
6月	96,623	▲0.4	49,074	0.2	47,548	▲0.9

〔1〕出版科学研究所による21年上半期の出版物推定販売金額を示す。

上半期の紙の出版物推定販売は6445億円、前年比4・2%増である。20年はコロナ禍による書店休業の影響もあり実売状況は見えにくいが、19年上半期と比べても、1・2%増となっている。

また21年上半期電子市場は2187億円、同24・1%増で、電子コミックは1903億円、同25・9%増で、電子コミックは1903億円、同25・9%増で、2000億円近くに及んでいる。

【しかし5月以降の書店売上は取次のPOSレジ調査によれば、頭打ちになっていて、21年下半期も上半期の動向と重なるかは予断を許さない。21年上半期占有率は書籍42・7%、雑誌32・0%、電子出版25・3%となっているので、下半期は雑誌と電子書籍のシェアが逆転してしまうことも考えられる。週刊誌の6月の返品率46・8%、売上の前年比マイナス20%は近年見たこともない数字で、週刊誌を配達していた小書店も壊滅状態になっているのだろう。そのことを告げるよ

うに、この7月に近くの商店街にあった最後の書店が閉店した。取次は中央社だった】

〔2〕 トーハンと大日本印刷（DNP）は出版流通改革に向けての全面的提携を発表。DNPグループが運営する書籍流通センター「SRC」をトーハンの物流拠点「桶川SCMセンター」内に設置し、出版社倉庫や印刷拠点とも連携することによって、マーケットイン型販売流通を構築し、返品率を大幅に削減し、書店のマージンアップをめざす。

【これらの連携による製造・物流、情報流通、商流、販促の改革がトーハンとDNPの「出版デジタルトランスフォーメーション（DX）」だとされる。たまたま『ニューズウィーク日本版』（7／20）が特集を組んでいて、「DXの本質はむしろ技術の外側にある」し、そのコアは「今の時代に合わせた変化」そのものだとされる。そのためにはどこまで「聖域なき改革ができるかにかかっている」、その「大きなDXの成功例」として、ネットフリックスが挙げられている。郵送によるDVDレンタル事業からオンデマンドによる定額制映像配信への転換が「聖域なき業務改革の結果」だったとされる。出版業界の「聖域なき改革」とは書籍に関しての再販委託制から低正味買切制と時限再販の導入に他ならず、それを抜きにした「出版デジタルトランスフォーメーション（DX）」はありえないと断言できよう】

〔3〕 CCCの第36期決算公告が『日刊工業新聞』（6／25）に出された。
連結、単体ともに最終赤字。

連結売上高は２９８２億５９００万円で、前年比15・6％減、営業の損失68億５１００万円（前期は90億３２００万円の営業利益）、経常利益42億３５００万円、同66・7％減、特別損失１０７億７４００万円。親会社株主に帰属する純損失１６３億３２００万円。

単体売上高は１１３億５００万円で、前年比11・2％減、営業利益は15億２９００万円、同43・3％減、経常利益59億２０００万円、同83・2％増、特別損失１７７億８７００万円、当期純損失１２１億５８００万円。

ＣＣＣは『文化通信』（7／5）の取材に、「２０２０年度は、コロナウイルス感染拡大防止のために休業要請があり、ＴＳＵＴＡＹＡや蔦屋書店の休業、ならびに旅行需要の大幅な低下に伴う旅行事業のマイナスなどが大きく影響した。また特別損失については一定の役割を終えた事業資産の償却等によるもの」と説明。

【本クロニクル❸で、やはり『日刊工業新聞』に出されたＣＣＣの蔦屋書店などの20社の吸収合併や解散を取り上げておいたけれど、その延長線上における決算ということになろう。その公告を知ったのは7月に入ってからのことで、もはやアクセスできず、その公告は消息筋より送られたものである。その後、東証マザーズ上場のＳＫＩＹＡＫＩの「親会社等の決算に関するお知らせ」で、それらを確認できたことも付記しておく】

〔4〕トップカルチャーは2023年10月期までにFCレンタル事業からの撤退を発表。今後は書籍、特選雑貨・文具の販売、及び新規事業に資源を集中する。

それに伴い、21年10月期第3四半期に事業撤退損として、21億円を特別損失に計上し、CCCに撤退ペナルティとして同額を支払う。ヒーズの子会社Dai、日本政策投資銀行、CCCを引

損益計算書

自　2020年4月1日
至　2021年3月31日

（単位：百万円）

科　目	金　額
売上高	11,305
売上原価	1,172
売上総利益	10,133
販売費及び一般管理費	8,604
営業利益	1,529
営業外収益	4,738
営業外費用	347
経常利益	5,920
特別利益	0
特別損失	17,787
税引前当期純損失	11,866
法人税、住民税及び事業税	1
法人税等調整額	290
当期純損失	12,158

貸借対照表

（2021年3月31日現在）

（単位：百万円）

科　目	金　額	科　目	金　額
流動資産	79,670	流動負債	76,822
固定資産	44,351	短期借入金	17,000
有形固定資産	1,348	未払金	2,549
無形固定資産	2,933	預り金	38,061
投資その他の資産	40,068	賞与引当金	73
		その他	19,137
		固定負債	44,700
		長期借入金	37,135
		繰延税金負債	6,221
		その他	1,344
		負債合計	**121,523**
		株主資本	△9,385
		資本金	100
		資本剰余金	25,371
		利益剰余金	34,214
		自己株式	△69,071
		評価換算差額等	11,869
		その他有価証券評価差額金	11,869
		新株予約権	14
		純資産合計	**2,498**
資産合計	**124,021**	**負債純資産合計**	**124,021**

連結損益計算書

自　2020年4月1日

至　2021年3月31日

(単位：百万円)

科　　　目	金　額
売上高	298,259
売上原価	171,655
売上総利益	126,604
販売費及び一般管理費	133,456
営業損失	6,851
営業外収益	11,875
営業外費用	787
経常利益	4,235
特別利益	627
特別損失	10,774
税金等調整前当期純損失	5,910
法人税、住民税及び事業税	6,301
法人税等調整額	2,358
当期純損失	14,571
非支配株主に帰属する当期純利益	1,760
親会社株主に帰属する当期純損失	16,332

連結貸借対照表

(2021年3月31日現在)　　(単位：百万円)

科　　　目	金　額	科　　　目	金　額
流　動　資　産	219,582	流　動　負　債	201,484
固　定　資　産	134,935	支払手形及び買掛金	21,625
有形固定資産	17,999	短期借入金	26,283
無形固定資産	44,083	未払法人税等	4,890
投資その他の資産	72,852	預り金	82,823
		賞与引当金	3,084
		その他	62,777
		固　定　負　債	81,667
		長期借入金	59,093
		繰延税金負債	6,425
		その他	16,147
		負債合計	**283,151**
		株　主　資　本	39,342
		資本金	100
		資本剰余金	12,447
		利益剰余金	26,794
		その他の包括利益累計額	11,813
		その他有価証券評価差額金	11,458
		為替換算調整勘定	262
		退職給付に係る調整累計額	92
		新　株　予　約　権	14
		非　支　配　株　主　持　分	20,196
		純資産合計	**71,366**
資産合計	**354,517**	**負債純資産合計**	**354,517**

受先とする第三者割当増資を実施し、損失分21億円を調達する。

特別損失計上で、21年10月期通期の業種予想は最終赤字18億1500万円。

【本クロニクル❺で、CCCの最大のFCのトップカルチャーの一部店舗でのDVDレンタルからの撤退を伝えたばかりだが、23年までに全店舗からの撤退が発表されたことになる。撤退ペナルティを払ってもということは、さらに続けるとそれ以上の欠損が生じることを告げていよう。東証一部上場のトップカルチャーはCCCのFCとして、レンタルプラス日販の特販書店の立場を有してきたが、その行方はどうなるだろうか。皮肉なことに、2の『ニューズウィーク日本版』の発売元はCCCメディアハウスであり、そこで「デジタルトランスフォーメーション（DX）」特集が組まれているかたわらで、レンタルからの全撤退の表明となった。それは日販、MPD、CCC＝TSUTAYAにどのような波紋をもたらしていくのか。ワンダーコーポレーションの行方も気にかかる】

〔5〕 芝田泰明『地主のための資産防衛術』（幻冬舎）を読了。
同書は次のように始まっている。


「三十数年前、私の叔父は、田んぼの真ん中に書店を建てました。

いわゆる「郊外大型書店」の走りでした。

そこは私の祖母（叔父の母親）名義の土地でした。開店のタイミングも、立地もよかったので、その書店は大いに繁盛しました。叔父は、テナントを借りて2号店、3号店と支店を増やし、レンタルビデオ店やインターネットカフェなど書店以外にも手を広げ始めました。

バブル景気の勢いにのって、商売は長期にわたって右肩上がりが続き、最盛期には8店舗、従業員170名を抱える大所帯になりました。

いつしか叔父は地元の名士となり、どこへ行っても「社長、社長」と下にも置かない歓待を受けるようになりました。」

【しかしこの同族会社はバブル経営の果てに、7億円の負債を抱え、著者の父は自死し、その資産は抵当に入っていたのである。この書店は大手書店のフランチャイジーで、1990年代に大手取次とナショナルハウスメーカーがタッグを組み、資産家を対象として仕掛けたフランチャイズ商法だったと推測される。ただ残念なことに取次も書店名も実名は出されていない。そうしたメカニズムによるフランチャイズ展開が全国各地で繰り拡げられ、それが芝田の著書のイントロダクションのような展開となり、そしてバブルが破裂した。その清算に悪戦苦闘しているのが、取次とフランチャイジーの近年の状況だと思われる。それらの清算の内実が書きこまれていれば、この一冊はさらに教訓的なものになったであろうが、自費出版と見なせるので、そこまでは書けなかったことがうかがえる】

〔6〕『新文化』（7／1）に実業之日本社の岩野裕一社長が「『出版物の運賃は安いもの』、無自覚だった出版界」の見出しで、旧国鉄の「特運制度」の歴史的背景と本質にふれている。

「特運制度」とは1887年に導入された、東京からどこまで運んでも運賃は同じとするもので、知識と活字文化を得るために経済的負担が異なってはならないとする公共的政策的運賃制度であった。

その制度と国鉄の特別輸送体制の恩恵は１９６０年代まで続き、70年代以後のトラック輸送へ移行後も同様だった。その「出版物の運賃は安いもの」とする帰結が、今日の物流の危機を招いたのである。

こうなってはイノベーションによって問題解決を見出すべきで、取次と印刷所の協業によるプリント・オン・デマンド（ＰＯＤ）の拠点設置、ラストワンマイルの物流・決済機能が実現すれば、出版業界全体のインフラとして成立する。残された時間は少ないが、そのようなイノベーションなくして、危機からの脱出はありえない。

【このような視座から、２のトーハンとＤＮＰの連携という発想が生まれてくるのであろう。しかしながら他ならぬ実業之日本社と『婦人世界』にしても、この「特運制度」と雑誌にベースを置く大取次の成立によって成長してきたのも自明の事実なのだ。それこそが近代出版流通システムの要でもあった。これは清水文吉『本は流れる』（日本エディタースクール出版部）が詳しい。ここで実業之日本社の岩野が啓蒙的な「寄稿」をしているのは、思いがけずにコミック『静かなるドン』のデジタル化によって、増収増益の決算を見たことによっているのだろう。それは「デジタルトランスフォーメーション（ＤＸ）」ではあっても、ここでいわれているイノベーションとは異なるように思われる】

〔7〕書籍卸ノトス・ライブが破産。
ノトス・ライブは1990年設立の書籍卸会社で、高校を中心として教養書、ビジネス書、児童書などの学校図書館用図書を販売していた。

20年には売上高が2億8000万円に落ちこみ、21年3月には事業停止となり、負債は19年7月時点で1億6100万円とされる。

【このノトス・ライブは未知の卸会社で、取次リストにも掲載がない。学校や職域を中心とする直販業者だと考えるべきではないだろうか。かつては自治会ルートなどで、料理書、実用書、ビジネス書が売られていた時代があったけれど、おそらくノトス・ライブはそれらの直販業者の中にあって、学校、それも高校を中心としていたと推測される。だがそのような直販業者の時代も終わってしまったことを伝えていよう】

〔8〕水中造形センターが事業停止。
同社は1958年に舘石昭によって創業され、月刊誌『マリンダイビング』『アイラブダイビング』『海と島の旅』などを主体とし、多くのダイビング関連本を刊行していた。

2002年には売上高11億3700万円を計上していたが、20年には3億9000万円になっていた。それにコロナ禍の中で、昨年主催している「マリンダイビングフェア」が延期となり、資金繰りも悪化していた。

負債額は2億円。

【本クロニクル❷の柑出版社の民事再生、同❺の昭文社の海外旅行ガイドブックの低迷、同❸などのダイヤモンド・ビッグ社の「地球の歩き方シリーズ」の学研プラスへの譲渡などに象徴されるように、コロナ禍の影響は旅行書やアウトドア関連書にも及び、それはマリンスポーツも例外ではなかったことになる。ダイビングの本は購入したことはなかったけれど、『海と島の旅』は何度か買ったことがあり、懐かしい】

〔9〕 角川春樹事務所はフォーサイドと資本業務提携条約を締結。
この資本提携によって、フォーサイドは角川春樹事務所の株式15・0%を保有する。

併せてフォーサイドは角川春樹事務所の子会社ホールワールドメディアの株式も取得し、子会社化した。

同じくフォーサイドの子会社モビぶっくで、角川春樹事務所が発行していた女子高生向け雑誌『Popteen』の事業を展開する。

フォーサイドは2000年2月に設立され、子会社フォーサイドメディアは女子小中学生向け雑誌『Cuugal』を発行している。


【株式の譲渡価格は非公表だし、『Popteen』発売元はそのまま角川春樹事務所で、しかもそれぞれの子会社が絡み、よくわからない印象がつきまとう。フォーサイドは『Cuugal』と連動するイベントなどを推進するとされているが、おそらくこれもデジタルトランスフォーメーション絡みと考えるべきだろう】

〔10〕広済堂は連結子会社の広済堂あかつきの全株式譲渡と同社に対する債権放棄を決議。
広済堂あかつきは20年の売上高が9億円、純損失約2億円の2年連続赤字で、教科書事業も採算確保できないと判断し、株式譲渡に踏み切った。

これにより、広済堂あかつきは広済堂グループから除外されるが、株式売却先と譲渡金額は公表されていない。

【これはとても錯綜しているので、簡略な説明を加えておく。広済堂あかつきは1947年に長野市で暁教材社として創業し、学参、教科書、学校用教材などを手がけ、その後は暁教育図書としてムックにも進出し、「日本発見」というシリーズを刊行していた。ところが90年代に破綻し、広済堂印刷による新会社が設立され、2008年には広済堂出版を吸収合併して広済堂あかつきとなっていたのである。つまり今回の処置によって、広済堂は出版から撤退したことになろう。幻冬舎の見城徹は広済堂を出自としている。古い話だが、暁教育図書にも広済堂にも旧知の人たちがいた。彼らはどうしているのだろうか】

〔11〕『出版月報』(6月号)が「ビジネス書」特集を組んでいる。
【1990年代から始まる「ビジネス書の歴史」チャートが掲載されているが、私見によれば、その流れは日本実業出版社の1970年代後半の四六判並製のビジネス書から始まっているように思える。それまでは経済書や法律書にしても、専門出版社の函入A5判上製が主流で、気軽に買えるビジネス書とはいえなかった。現在では当たり前だが、それゆえに当時としては日

本実業出版社の戦略は画期的であり、ポピュラーなビジネス書の世界を築くことになった。一方で78年にTBSブリタニカのガルブレイス『不確実性の時代』がベストセラーとなり、新しいビジネス書販売の時代が迫りつつあった。それに鈴木健二を中心とする人生論的ビジネス書が大和出版によって引き継がれ、90年代へと至ったと考えられる。そしてチャートにあるような90年代の経済入門書、寓話本、自己啓発書ブームが続き、今世紀を迎えるわけだが、当初の役に立つ実用書としてのビジネス書から人生論的なビジネス書の色彩が強くなってきているのではないだろうか。特集に21年前半のビジネス書ベストセラーが挙げられているので、そのタイトルを示すと、『人は話し方が9割』『本当の自由を手に入れる お金の大学』『よけいなひと言を好かれるセリフに変える言いかえ図鑑』『1日1話、読めば心が熱くなる ３６５人の仕事の教科書』『リーダーの仮面』となる。コロナ禍とデジタルの進行の中で、これらのビジネス書はどのような方向へと進んでいくのだろうか】

〔12〕 大和書房の創業者大和岩雄が93歳で亡くなった。

【11のところで、大和出版が80年代にビジネス書と人生論を組み合わせるかたちで、鈴木健二のベストセラー本を送り出したことを既述しておいたが、大和出版は大和書房の子会社で、大和が設立している。戦後にも人生論の時代があって、大和書房もその代表的な一社だった。櫻井秀勲に「売れる本づくりを実践した鬼才たち」のサブタイトルを付した『戦後名編集者列伝』（編書房）があり、そこには大和岩雄も登場し、大和書房と人生論の関係もレポートされて

いる。なお1991年までの全出版目録は『大和書房30年の歩み』(1991年)に収録がある。私にとっての大和は出版者以上に古代史研究家としてで、『秦氏の研究』(大和書房、1993年)を始めとする著書には多くを教えられたことを付記しておこう】

〔13〕立花隆が亡くなり、偉大なジャーナリストとしての追悼の言葉があふれるように続いている。

【しかしそれだけでいいのだろうか。拙著『出版社と書店はいかにして消えていくか』や『ブックオフと出版業界』を初めてまともに書評してくれたのは立花であることもふまえているが、『立花隆の書棚』(中央公論新社)における『血と薔薇』に関する発言は思いこみによる間違いだらけである。それは『血と薔薇』を創刊編集した内藤三津子の『薔薇十字社とその軌跡』(「出版人に聞く」10)を参照していないことを浮かび上がらせている。このことは『出版状況クロニクルⅣ』で既述している。それから『田中角栄研究』(講談社)を労作だと認めるにやぶさかではないけれど、大宅壮一文庫、及び梶山季之とそのスタッフたちの田中金脈に関するデータ集積も不可欠であったことを忘れてはならないように思う。前者に関しては折しも阪本博志編『大宅壮一文庫解体新書―雑誌図書館の全貌とその研究活用』(勉誠出版)が出たばかりだ。先人の仕事を抜きにして、「知の巨人」も成立しないことを教えてくれるし、私なども何よりも自戒しなければならないと思う】

〔14〕　オリンピックに関して、ジュルース・ボイコフの『オリンピック 反対する側の論理』（井谷聡子他監訳、作品社）や『オリンピック秘史―120年の覇権と利権』（中島由華訳、早川書房）が刊行され、相次いでの書評も見ている。
【しかしここではオリンピック基礎文献として、ジョン・J・マカルーンの『オリンピックと近代―評伝クーベルタン』（柴田元幸、菅原克也訳、平凡社、1988年）、同編『世界を映す鏡―シャリヴァリ・カーニヴァル・オリンピック』（光延明洋他訳、平凡社、1988年）を挙げておきたい。ただ出版されたのが30年以上前なので、絶版品切のはずで、この機会を得て、平凡社ライブラリーなどでの再版が望まれる】

〔15〕　みすず書房から『みすず書房図書目録』とともに「2021謝恩企画」の案内が届いた。それは7月30日を期限とする20％割引であった。
【せっかくの案内であるので、買いそびれていたM・プラーツ『生の館』とG・C・スピヴァク『スピヴァク 日本で語る』の2冊を注文した。あらためて『目録』を見て、「品切書目」が44ページ、3千点近くに及ぶことに驚いた。みすず書房は翻訳書が多いことから、版権問題も関係していると推測される。また3ページの「電子書籍」案内の方は150点ほどで、紀伊國屋書店やアマゾンなどの8の電子書店が挙げられている。だがそのタイトルや点数が書店名からいっても、それほど売れているようには思われない。人文書と電子書籍は11や12のビジネス書や人生論の売れ方とはまったく異なっていることがうかがわれよう】

〔16〕駒場の河野書店から、明治古典会の『七夕古書大入札会』の目録を恵送された。

【といっても、私はこれらの初版本や稀覯本などに門外漢なので、目の保養をさせてもらうだけだが、「文学」部門に昭和26年メトード社、限定120部の塚本邦雄『水葬物語』があった。しかもそれは「三島由紀夫様」と書かれた塚本による献本で、いささか驚いてしまった。この塚本の処女歌集は、島崎博、三島瑤子共編『定本三島由紀夫書誌』（薔薇十字社、1972年）の「蔵書目録」にも見えていなかった。とすれば、三島がこの一冊を誰かにプレゼントしたもので、それが出品されたとも考えられる。でも真相は教えてもらえないであろう】

〔17〕『月の輪書林古書目録十八 特集・堀柴山傳』が届いた。

【これは月の輪書林創業三十周年記念号で、全ページフルカラーという大冊となっている。最初のところに伊藤整の『日本文壇史2』の一節が引かれ、それは次のように書き出されている。「文士の生きる社会は、文学史にその名前を明らかに辿られる者のみで形成されているのではない。どの世代においても、その名もその仕事も失われ忘れられて行く無数の文士の渦巻いている混沌の中から僅か数人の者のみが、文学史の上に明確な存在を残すのである。」そして柴山の紹介が続いていく。堀柴山は尾崎紅葉の弟子にして、二人の妹の為子と保子が、革命家の堺利彦と大杉栄の妻となったことで知られていると。この目録を閲し、あらためて故黒岩比佐子『パンとペン―社会主義者・堺利彦と「売文社」の闘い』（講談社）を読むと、リアルな堀柴山と二人の妹の姿に出会うことになる。黒岩もこの一冊を著したことで、近代社会主義史と文

学史に「明確な存在を残す」であろう】

〔18〕論創社HPの「本を読む」〈66〉は「日影丈吉『市民薄暮』と『饅頭軍談』」です。『近代出版史探索外伝』は8月下旬刊行予定。

出版状況クロニクル❽　2021年8月

21年7月の書籍雑誌推定販売金額は820億円で、前年比11・7％減。

書籍は426億円で、同4・6％減。

雑誌は394億円で、同18・2％減。

雑誌の内訳は月刊誌が328億円で、同19・0％減、週刊誌は65億円で、同14・3％減。

返品率は書籍が41・4％、雑誌は43・9％で、月刊誌は43・3％、週刊誌は46・7％。

書店売上はコロナ禍と東京オリンピック開催もあり、全体的に低調で、学参や児童書はプラスだったが、コミックは『鬼滅の刃』の爆発的売れ行きも収まり、月刊誌の大幅なマイナスとなった。

いずれにしても、販売金額の大きなマイナス、高返品率を前提として、秋へと向かっていくことになろう。

〔1〕『日経MJ』（8／11）の「第49回日本の専門店調査」が出された。

そのうちの「書籍・文具売上高ランキング」を示す。

【『出版状況クロニクルⅥ』の20年のところで、「来期はかつてないほどのマイナスになるだろう」と予測しておいたが、まさにそうなってしまった。それに前回の本クロニクルでCCCの赤字も伝えたばかりだ。CCCの15・6％減を始めとして、14社がマイナスであり、プラスの6社にしても、出店とコミック特需がなければ、マイナスに転じるであろう。ヴィレヴァンの30・5％減も象徴的だ。1990年代の書店パラダイムチェンジは、80年代の郊外店ラッシュに続いて、ヴィレヴァンのセレクト複合化、CCCのFCによる大型レンタル複合書店化であった。しかし今期のCCCとヴィレヴァンの大幅なマイナスは、そのトレンドが急速な失墜に見舞われていることを告げていよう。とりわけCCCの場合、FCとしてのトップカルチャー、オー・エンターテイメント、ブックエース、精文館も傘下にある。一方でネットフリックスなどの動画配信市場の成長は続いている。それらに直結するのは日販とMPDで、1990年代に日販はCCCのFC展開に連動し、危機をむかえたが、それが再現するのではないかと思われる。トーハンの『書店経営の実態』の発行は19年度版を最後にして、発行を中止

■書籍・文具売上高ランキング

順位	会社名	売上高（百万円）	伸び率（%）	経常利益（百万円）	店舗数
1	カルチュア・コンビニエンス・クラブ（TSUTAYA、蔦谷書店）	298,259	▲15.6	4,235	−
2	紀伊國屋書店	98,141	▲4.0	813	68
3	丸善ジュンク堂書店	67,191	▲9.2	−	−
4	有隣堂	51,497	▲4.0	168	52
5	未来屋書店	50,184	▲1.3	450	244
6	くまざわ書店	41,768	▲2.3	−	240
7	トップカルチャー（蔦屋書店、TSUTAYA）	29,453	▲3.5	456	73
8	ヴィレッジヴァンガード	23,019	▲30.5	634	−
9	三洋堂書店	20,819	4.8	521	74
10	精文館書店	20,787	7.1	616	52
11	文教堂	20,182	▲7.7	390	101
12	三省堂書店	19,840	▲18.7	−	28
13	リブロプラス（リブロ、オリオン書房、あゆみBOOKS他）	16,550	▲8.4	▲62	80
14	リライアブル（コーチャンフォー）	15,762	12.6	1,079	10
15	明屋書店	14,946	8.2	494	83
16	大垣書店	11,979	5.7	60	38
17	キクヤ図書販売	9,941	▲8.6	−	36
18	オー・エンターテイメント（WAY）	9,875	▲0.6	215	63
19	ブックエース	9,622	2.5	216	30
20	京王書籍販売（啓文堂書店）	6,046	▲0.7	141	24
	ゲオホールディングス（ゲオ、ジャンブルストア、セカンドストリート）	328,358	7.6	4,795	1,956
	ワンダーコーポレーション	42,949	▲9.4	1,334	−
	テイツー（古本市場他）	24,009	11.9	783	105

■コンビニ全店舗売上高ランキング

順位	社名（店名）	全店舗年間売上高	売上高前年度比増減率（%）	店舗数	店舗数増減率（%）
1	セブンイレブン・ジャパン	4兆8,706億円	▲2.8	2万1,167店	1.0
2	ファミリーマート	2兆9,452億円	▲6.8	1万6,646店	0.2
3	ローソン	2兆5,433億円	▲9.8	1万4,476店	0.2
4	ミニストップ	2,909億円	▲7.4	1,999店	0.1
5	セコマ（セイコーマート）	1,837億円	1.4	1,170店	▲0.6
6	山崎製パン（デイリーヤマザキ）	1,542億円	▲11.4	1,420店	▲1.6
7	JR東日本クロスステーション（NewDays）	660億円	▲34.0	496店	▲0.2
8	ポプラ	345億円	▲25.5	368店	▲22.2

する。1973年から出されていたが、これも象徴的だ。今期はブックオフからの回答がなかったようで、初めてランキングからもれている。これにも何らかの事情があるのだろう】

〔2〕これも『日経MJ』（8/18）に「20年度コンビニ調査」も発表されている。
その「コンビニ全店舗売上高ランキング」を示す。

国内の全店舗売上高は11兆886億円、前年比6・1％減。

1981年度以降、全店舗売上高がマイナスとなったのは初めてである。

平均日販は45万円、同10・8％減、来店客数は743・5人、同18・3％減。

【コロナ禍による影響を受けているにしても、コンビニの成長も止まったと考えるべきであろう。出版業界の1980年代から90年代にかけての成長は、コンビニの隆盛に負うところが大だった。それゆえに、80年代の雑誌とコミックのパラダイムはコンビニと郊外型書店によって支えられていた。しかし21世紀に入り、1と同じくアマゾンの上陸、動画配信や電子コミックの隆盛、コロナ禍の襲来などによって、80年代以降のパラダイムは失墜し始めたといえよう。20年のアマゾン売上高は2兆1848億円、前年比25・22％増という勢いで、成長し続けている。本クロニクル❻で、「LAWSONマチの本屋さん」ブランド1号店の開店をレポートしておいたが、出版状況から見て、多店舗化は難しいと判断せざるをえない】

〔3〕『文化通信』（8／2）が「電子書籍特集2021」を4面にわたって組んでいる。
文春による佐伯泰英の時代小説123作品の電子化、青弓社の紙書籍と電子書籍の同時発売、ベネッセの「電子図書館まなびライブラリー」、TRCの電子図書館サービスの拡大がまずレポートされている。
それに続き、ブックウォーカー、パピレス、モバイルブック・ジェーピー（MBJ）の電子事業の海外も含めた展開と現在が各1ページ、チャート入りで紹介され、啓蒙的に電子書籍の現在の内容と立ち位置を伝えている。

【前回の本クロニクルでもふれたように、21年上半期電子市場は2187億円、前年比24・1％増となっていて、そうした背景をふまえて、この特集が組まれたといっていいだろう。しかしここに出版社とコンテンツと読者はあっても、取次と書店はすっぽり抜けている。取次や書店を視野に収めない特集が組まれる時代を迎えていることを痛感させられる。これも前回書いておいたが、雑誌売上高は2758億円だから、下半期には電子市場と逆転してしまう可能性すらあることも認識しておくべきだろう】

〔4〕中央社の決算は売上高225億5794万円、前年比8・0％増、営業利益3億9020万円、同65・1％増、当期純利益7952万円、同97・7％増。7年ぶりの増収増益となった。雑誌売上は134億円、同10・3％増、書籍は74億円、同2・1％増と、雑誌書籍ともに、コロナ禍の巣ごもりによるコミックのブームに支えられている。それに合わせて、27・6％という低返品率、及び販管費と一般管理費の11・5％減も相乗し、今期の決算となった。

【前回の本クロニクルで、中央社帳合の商店街の書店の閉店を伝えたが、今期の書店閉店は32店で、大型店は少なく、ダメージとならなかったことが了承される。やはりコミックに特化した取次の強みは、雑誌と書籍売上のバランスにもうかがえるし、それに低返品率が中央社の利点であり、栗田、太洋社、大阪屋と異なり、サバイバルを可能にしてきたことを示していよう。しかしコミック特需はずっと保証されるわけではないし、3の電子コミックの影響も出てくるであろう】

〔5〕文部科学省の2020年度「学校図書館の現状に関する調査」によれば、公立学校の1人当たりの年間貸出冊数は小学校49冊、中学校9冊、高校3冊。

【本クロニクル❻で、「公立図書館の推移」を示し、2010年から2020年の間の個人貸出登録者数は5300万人から5800万人と増えているにもかかわらず、個人貸出冊数が7・1億冊から6・5億冊まで減少していることを見てきた。その要因は高齢化社会の進行、スマホの普及、児童の少子化と様々に考えられるけれど、学校図書館のこのようなデータから何を引き出せるだろうか。この数字からすると、高校図書館はほとんど使われていないようにも思える。大学進学率が60％に達しようとしているのに、貸出冊数はマイナスの一途をたどっているのかもしれない。ちなみに2018年の大学図書館貸出冊数を見てみると、大学図書館の年間平均貸出冊数は1万9720冊であり、これも1人当たりの貸出冊数に当てはめれば、高校と変わらない数字になってしまうかもしれない】

〔6〕『週刊文春』と『週刊新潮』が電車の中吊り広告を中止。

【『週刊新潮』の創刊は1956年、『週刊文春』は59年で、同年には私たちの世代に馴染み深い『朝日ジャーナル』『週刊少年マガジン』『週刊少年サンデー』『週刊平凡』も創刊され、1960年代が週刊誌の時代となることを告げていた。そして70年代は週刊誌売上は1000億円を越え、2300億円に達し、80年代から90年代にかけては4000億円、97年には5000億円に届こうとしていた。しかしそれからはつるべ落としのようで、2020年には1600億円と3分の1になってしまったのである。そのような21世紀における週刊誌の衰退に伴い、出版社系週刊誌としての『週刊文春』や『週刊新潮』の電車中吊り広告が消えていくのも、必然的な歴史というべきだろう。だが雑誌の寿命ではないけれど、出版社系週刊誌として、両誌が半世紀以上刊行されてきたことは特筆すべきことのように思われる】

〔7〕インプレスHDがイカロス出版の全株式を取得し、完全子会社化。

買収価格は仲介経費も含め、13億6600万円で、同社のグループ会社は15社となった。

イカロス出版は1980年設立で、月刊誌『エアライン』を始めとして、航空関連本、陸海空、旅行、防災などの分野の専門書を刊行し、20年売上高は13億2700万円。

【インプレスHDの連結決算は本クロニクル❺でふれておいたように、売上高140億円、純利益7億円と好調である。一方でイカロス出版はブランド力やコンテンツがあるとはいえ、実質的に赤字であり、本当にインプレスHDにとってシナジー効果と事業への有効な展開をもたらすのかどうか、見極め難い。もちろん特異な専門出版社の買収であるし、純資産も算定した上でのM&Aだと目されるけれど、相性はどうなのか、気になるところだ】

〔8〕『FACTA』（9月号）が「『ロック』錬金術師 渋谷陽一の背信」というレポートを掲載している。

【それによれば、1972年創刊の『ロッキング・オン』によった渋谷は思想と理念を持ち、ロックを「規制秩序に異議を申し立てる革新的な文化と位置づけ、その論調は新左翼的ですらあった」。しかし赤字だった『ロッキング・オン』が80年代になって10万部に乗ると、86年に兄弟誌『ロッキング・オン・ジャパン』を創刊し、40万部のマス雑誌となる。それを背景に、渋谷は音楽フェスティバル事業へ参入し、興行家となり、現在のロッキング・オングループは雑誌ではなく、フェス事業が主体で、売上高は100億円に達し、ロック財閥と化している。このような批判は紋切り型で驚かないが、ミュージシャン小山田圭吾の差別主義のカミングアウトが『ロッキング・オン・ジャパン』94年1月号で、それを受けて『クイック・ジャパン』95年8月号がさらにそれをエスカレートさせたという事実は初めて知らされた。それで「あまりに残酷なため大手マスコミは具体的に言及」せず、なぜオリンピック辞退の背景が語られなかったかが判明したことになる。確かに『ロッキング・オン・ジャパン』や『クイック・ジャパン』の編集者の神経を疑ってしまうが、そうした人物がえてして雑誌編集長を務めていることも事実なのである】

〔9〕『神奈川大学評論』（第98号）が特集「コロナ終焉後の世界」を組んでいる。

【國分功一郎、白井聡の対談「ポスト・コロナを考える」を始めとして、充実した特集で、大学発とはいえ、「ポスト・コロナ」状況に関して様々に啓発される。実はこの2年近く、コロナ禍のために、近隣の大学の図書館を利用できず、教師たちとも話す機会がなく、コロナ状況の中での大学の現在が不明でもあった。『神奈川大学評論』はかつて寄稿したことから、ずっと献本されているのだが、コロナ禍状況の中にあって、大学発信の場として、このような雑誌メディアの必要性を強く実感している。他の大学にも同様の試みをと勧めている。とりわけコロナ禍を受けてからの数号は、特集として充実し、編集の意志を浮かび上がらせている。それぞれの特集だけを挙げる。「AIとシンギュラリティー知識基盤社会の行方」「揺れ動くアメリカーコロナと人権をめぐって」「『学問の自由』を考える」である】

〔10〕 萩尾望都『一度きりの大泉の話』（河出書房新社）読了。
【石田美紀『密やかな教育〈やおい・ボーイズラブ〉前史』（洛北出版、2008年）以来の〈少女マンガ革命〉についての疑問が、この一冊によって解明された。そしてその背景には『血と薔薇』と薔薇十字社、『JUNE』とサン出版というリトルマガジン、及び小出版社が存在していたことを確認できる。いってみれば、この2誌は〈やおい・ボーイズラブ〉における『奇譚クラブ』と『裏窓』の役割を果していたことになる。薔薇十字社や『奇譚クラブ』に関しては、内藤三津子『薔薇十字社とその軌跡』（「出版人に聞く」10）、飯田豊一『「奇譚クラブ」から「裏窓」へ』（同12）を参照されたい】

〔11〕 加藤敬事の『思言敬事』（岩波書店）を読み終えると、ほぼ同時にその死が伝えられてきた。
【これは「ある人文書編集者の回想」と付されているように、みすず書房の編集長、社長も勤めた加藤による出版回想録である。6で1960年代が週刊誌の時代だったと記したが、それは百科事典、文学全集、個人全集の時代でもあり、大部の資料集も刊行されていた。その代表的なものは『現代史資料』で、加藤はこの編集に携わっていた。現在から考えれば、このよう

な大部にして長期にわたる企画を完結させた小出版社の編集力と営業力は信じられないように思われるけれど、60年代とはそのような時代だったし、出版の黄金時代であったかもしれない。加藤の筆はそのような『現代史資料』の編集、及びみすず書房を取り巻く著者や訳者のニュアンスをよく伝え、時代と出版物の誕生を映し出している】

〔12〕　ドメス出版の鹿島光代の死亡記事を見た。92歳であった。

【かつて彼女とドメス出版に言及する機会を得たのだが、情報提供者から関係者も多いので、止めてほしいとのことで、これまでふれてこなかった。しかし出版史にとってドメス出版も記録されるべきだと考えられるので、ラフスケッチを提供しておく。ドメス出版は1969年に医歯薬出版をスポンサーとして設立された。それは鹿島の夫が医歯薬出版に勤めていたからで、彼は多和田葉子の父の多和田英治と親しく、二人は早大露文科の同窓だった。多和田のほうも1975年にドイツ語の人文社会科学書を輸入販売するエルベ書店を立ち上げている。鹿島の夫は医歯薬出版で家庭問題や歴史部門をスタートさせていたが、亡くなってしまい、それらを鹿島光代が引き継ぎ、ドメス出版として始まった。これがドメス出版の誕生に至る前史である。当時、私はドメス出版の『今和次郎集』全9巻に注視していたので、関心が生じていたことになる】

〔13〕　『出版状況クロニクルⅥ』で既述しておいたように、去年の夏はネットフリックスの『愛

の不時着』で乗り切ったが、今夏はU－NEXTの動画配信がそれに代わった。

【たまたまマキノ雅弘監督、大友柳太朗主演『江戸の悪太郎』（1959年）を観たが、すっかり楽しませてもらった。この映画はマキノ自身も言及していないし、B級映画としてもほとんど語られないが、戦後のプログラムピクチャーとして、芸達者な俳優を揃え、江戸の長屋の光景を描いて秀逸だと思う。半世紀後に観ても、充分に楽しめるのだ。出版物に例えれば、プログラムピクチャーは文庫新書に当たるけれど、半世紀後に現在の文庫新書が読むに耐えうるかどうかは疑問であるというしかない。なおU－NEXTは「見放題」の日本映画に力を入れていて、観ていなかった大島渚『飼育』もあり、何と山下耕作『総長賭博』、加藤泰『明治侠客伝　三代目襲名』も観ることができる。さらに新東宝までラインナップしてくれれば有難い】

〔14〕『近代出版史探索外伝』は9月初旬発売。
「外伝」にふさわしい「ゾラからハードボイルドへ」「謎の作者　佐藤吉郎と『黒流』」「ブルーコミックス論」の三本立て、文芸批評の「飯綱落とし」や「変移抜刀霞切り」をお目にかけよう。
論創社HP「本を読む」〈67〉は「ジャン・ド・ベルグ『イマージュ』」です。

出版状況クロニクル❾　2021年9月

21年8月の書籍雑誌推定販売金額は811億円で、前年比3・5％減。

書籍は433億円で、同0・1％減。

雑誌は377億円で、同7・2％減。

雑誌の内訳は月刊誌が314億円で、同6・1％減、週刊誌は62億円で、同12・2％減。

返品率は書籍が37・4％、雑誌は43・6％で、月刊誌は43・6％、週刊誌は43・7％。

書店売上も厳しく、書籍、文庫本、新書はいずれも10％減、ビジネス書は15％減、雑誌も定期誌、ムックが10％減、コミックスも1％減で、『鬼滅の刃』ブームも終息しつつあるのだろう。


秋を迎え、出版業界はどこへ向かっていくのだろうか。


【1】『日経MJ』（9／1）の2020年度「卸売業調査」が発表された。

そのうちの「書籍・CD・ビデオ部門」を示す。

■書籍・CD・ビデオ卸売業調査

順位	社名	売上高（百万円）	増減率（%）	営業利益（百万円）	増減率（%）	経常利益（百万円）	増減率（%）	税引後利益（百万円）	粗利益率（%）	主商品
1	日販グループホールディングス	521,010	1.0	4,151	67.8	4,420	81.1	2,439	13.2	書籍
2	トーハン	424,506	4.0	4,033	205.8	1,680	－	576	14.9	書籍
3	図書館流通センター	49,781	7.6	2,155	▲ 0.4	2,332	▲ 1.6	1,463	18.7	書籍
4	日教販	27,681	3.9	503	39.3	351	53.3	294	10.9	書籍
8	春うららかな書房	3,075	▲ 19.0	51	▲ 66.2	20	▲ 82.5	12	27.3	書籍
－	MPD	166,849	6.1	91	▲ 53.3	93	▲ 54.2	10	3.4	CD
－	楽天 BN	51,991	－	－	－	－	－	－	－	書籍

【卸売業調査の全14業種合計は減収減益で、売上高と営業利益は02年以来、最大の落ちこみを示している。それに対して、「書籍・CD・ビデオ・楽器」は巣ごもり需要によって、前年比2・2％増となったとされる。確かに日販GHD、トーハン、TRC、日教販もTRCだけは減益だが、増収増益となっている。しかしとりわけ日販とトーハンの数字は、コロナ禍と『鬼滅の刃』の神風的ベストセラーによって生み出されたもので、21年度も同様だとは考えられない。それに『出版状況クロニクルⅤ』で示しておいたように、19年度はトーハンにしても赤字だったのである。20年度はランク外のMPDにしても、営業利益、経常利益ともに半減し、実質的に赤字と見ていいだろう。楽天BNに至っては、決算期変更ゆえにしても、160億円近い減少である。さらに現在の楽天BNはネット書店専門取次へと転換し、600の帳合書店は日販へと移行するという。21年の「卸売業調査」の「書籍・CD・ビデオ部門」は

どうなるだろうか】

〔2〕講談社とアマゾンが取次を経由しない直接取引を開始。

当面の対象は「現代新書」「ブルーバックス」「学術文庫」の既刊本とされる。

大手出版社のアマゾンとの直接取引はKADOKAWAに続くものだが、すでに直接取引出版社は3600社に及んでいて、アマゾンの取次兼ネット書店のシェアは高まるばかりだ。

【これは本クロニクル❹でふれたトーハンのメディアドゥの筆頭株主化、同❺の丸紅とのDXを通じてのコラボ化などを契機として進められてきたことであろう。それは講談社にしても、大手取次や大手書店に対して、もはや遠慮も忖度もしないという立場を自ずと表明したことになる。いずれ小学館も集英社も続くはずだ。日本通信販売協会によれば、2020年の国内通販市場規模は10兆6300億円、前年比20・7%増で、1982年の調査開始以来、初めて2割を超えたという。そのうちのアマゾン売上高は2兆1848億円で、同25・2%増となっている。20年の取次経由の出版物推定販売金額は1兆2237億円だから、アマゾン市場のモンスターとしてのポジションがわかる】

〔3〕『週刊東洋経済』(8/28)が特集「物流頂上決戦」と題して、「アマゾンのヤマト外しで異次元突入」した物流状況をレポートしている。

そこでまずアマゾンジャパンのジェフ・ハヤシダ社長の退任が伝えられている。彼は2012

年から「物流部門を直接統括してきた業界有数の実力者」で、そのナンバー2もすでに退任しているという。

それに伴い、「ヤマト外し」が進められ、「日本における物流・小売りの勢力図を一変させるきっかけになるかもしれない」として、「アマゾンが火をつけた物流の陣取り合戦」「〝自前物流〟を進める小売業界」チャートも提出されている。

【最も教えられたのはアマゾンによる中小物流企業の囲い込みで、ファイズHD、遠州トラック、丸和運輸機関、ロジネットジャパン、SBS即配サポート、札幌通運、ヒップスタイル、若葉ネットワークなどが挙げられ、ファイズHDはアマゾン依存度が69・9%に及んでいる。そうした「物流頂上作戦」をたどり、検証しながら、特集は「エピローグ」として、「アマゾン化」した世界に待っているものを問い、アマゾンは「あまたの競合を退け、圧倒的な支配力を獲得した。ただ、消費者や社員の幸せは保証されていない」と結ばれている】

〔4〕 集英社の決算は売上高2010億1400万円、前年比31・5%増の過去最高額を記録。

売上高のうちコミックスは617億1300万円、同43・1%増。

デジタル・版権などの事業収入は936億3900万円、同35・6%増。

書籍は178億円、同72・4%増、雑誌は199億8800万円、同3・8%減。

返品率はコミックス8・2%、書籍が18・7%、雑誌が38・1%となり、全体で17・7%。

【『鬼滅の刃』『呪術廻戦』に象徴される、コロナ禍におけるすさまじいばかりのコミック景気による最高の決算というべきだろう。コミックスの伸びもさることながら、突出しているのはデジタル・版権などの事業収入で、2011年には138億円だったので、10年で6倍になったことになり、全売上の46・6％と過半数に近づいている。デジタルは449億円、同42・5％増、版権は367億円、同25・6％増で、電子コミックと映画関連の活況による。それに対し、書籍と雑誌は合わせて377億円で、版権収入とほぼ同じ売上高である。これがコロナ禍と『鬼滅の刃』の神風版ベストセラーがもたらした大手出版社の現在の姿ということになろう。おそらくそれを範として、講談社も小学館も続いていこうとしているのだろう】

〔5〕 文藝春秋のニュースサイト「文春オンライン」の8月の純PV（ページビュー）が月間6億3094万PVに達し、17年のサイト開設以来、最高となった。これまでの最高は21年6月の4億3117万PVだった。

また外部配信先での閲覧を含めた総PVは10億9187万PV、UV（ユニークユーザー）は月間5553UVとなり、純PV、総PV、UVとも開設以来、最高の数字を記録した。

【ケタが大きすぎて、ただちにそれらの最高の数字のイメージがわかないけれど、大手出版社の雑誌の世界も、こうしたデジタル分野へと限りなく接近していくであろう。しかしアマゾンではないが、そこでは取次も書店も必要とされず、もはや従来の読者もおらず、ユーザーだけになってしまうのかもしれない。だが出版業界は否応なく、そうした世界へと向かっていくしかないのだろう】

〔6〕光文社の決算は売上高168億5100万円、前年比8・8％減。経常損失7億1600万円、当期純損失8億700万円。2期連続の赤字決算。

内訳は雑誌・書籍が84億5100万円、同4・6％減、広告収入が36億1200万円、同36・6％減、電子書籍・版権事業その他が41億9900万円、同25・6％増となっている。

【書籍は巣ごもり需要で文庫が堅調で、33億2500万円、19・6％増だが、雑誌と広告は20年6月のコロナ禍による主要女性誌2誌の発売中止の影響を受け、マイナスを余儀なくされた。しかし4の集英社と同じく、電子書籍・版権事業は大幅なプラスで、すでに書籍売上を超え、51億2500万円の雑誌にも迫っている。おそらく来期は電子書籍・版権事業がトップに躍り出るだろう。それでも赤字決算の中で、書籍が前年を上回ったことは慶賀で、まだ光文社新訳文庫も続けられていくだろう】

〔7〕『新文化』（9／2）が「日本文芸社黒字体質転換への軌路」と題し、吉岡芳史社長に取材している。そのストーリーを要約してみる。

日本文芸社は1959年に夜久勉によって創業され、その死に伴い、1976年にADK（当時は旭通信社）の傘下に入った。2016年にADKは日本文芸社全株式を20億円でRIZAPグループへ売却した。そのためにグループ関連の実用書を刊行する一方で、神保町の自社ビルを売却し、錦糸町へと移転する。社員の反発は強く、退職者も出た。

そして今年3月RIZAPグループは全株式をメディアドゥに15億円で譲渡するに至り、日本文芸社は同じく子会社となったジャイブとともに、メディアドゥのインプリント事業の強化を担うことになった。

そのかたわらで、日本文芸社は編集・営業体制の変革によって、昨年は黒字決算、今年もそれを上回る数字で推移している。

【メディアドゥが注目したのは日本文芸社の『週刊漫画ゴラク』を中心として生み出されたコミックコンテンツであろう。長編コミックとして永井豪『バイオレンスジャック』や雁屋哲作／由起賢二画『野望の王国』をただちに思い出す。だがコミック関連で最も印象的なのは、1980年代に創刊された『comic ばく』、及びそこに連載されたつげ義春『無能の人』『隣の女』、つげ忠男『ささくれた風景』、近藤ようこ『夕顔』『ラストダンス』、ユズキカズ『枇杷の樹の下で』などである。これらも電子コミックとして配信されていくのだろうか】

〔8〕三省堂書店は神保町本店がある本社・本社ビル、及び隣接する第2、3アネックスビルを建て替えると発表。

総敷地面積は530坪で、神保町本店は22年3月下旬に営業を停止し、4月から解体工事が始まる。神保町本店は仮店舗で営業予定。

【現在の神保町本店は1050坪の店舗面積を持ち、1981年に竣工し、それに合わせ、『三省堂書店百年史』を刊行している。それから40年が経過し、設備などの老朽化が進んだことで建て替えになったと説明されている。しかし真意は一等地にある530坪という所有不動産の有効活用であろう。だが1050坪の店舗面積の本店の仮店舗は周辺に見出すことはできないだろうし、相当量の返品が発生することになると、取次や出版社は覚悟すべきかもしれない。それに新ビル竣工は25年から26年頃とされているので、4、5年先の出版や書店状況は予想もできない。新ビルが何階建てになるのか、書店坪数はどのくらいになるのか、何も決まっていないことはそうした事柄を象徴している】

〔9〕東京都古書籍商業協同組合の『東京古書組合百年史』が届いた。

【A5判682ページ+口絵写真16ページの大冊で、1974年の『東京古書組合五十年史』に続くものである。こちらはずっと座右に置き、拳々服膺させてもらってきたが、今後は『同百年史』も加わることになる。理事長として、「刊行のことば」を記しているのは、駒場の河野書店の河野高孝で、20年ほど前に、彼と浜松の時代舎の田村和典と共著『古本屋サバイバル』（編書房）を刊行している。ちなみに付記すれば、田村も浜松で古書市を主催し、驚くほどの出来高になっているようだ。第一章の鹿島茂による「鹿島流・古本屋はいかにして生き続けてきたか」を始めとして、「右肩上がりの時代」「全国古書籍商組合連合会の設立と活動」「見よ、古本屋の豊穣なる世界」「支部及び交換会の歴史」、それに「資料編」が続いている。出版業界において、広く読まれてほしい一冊として推奨する次第だ】

〔10〕海竜社は事業を停止し、自己破産。

同社は1976年に設立され、佐藤愛子や曽野綾子などのエッセイを始めとして、実用書や自己啓発書にも及び、1600点の書籍を刊行してきた。

2013年のピーク時は売上高8億1000万円を計上していたが、今期は1億6000万円までに落ちこんでいた。負債は2億2000万円。

【佐藤愛子が200万を携え、支援に駆けつけたと伝えられているが、焼け石に水だったであろう。1980年代に友人が海竜社の営業を手がけていて、人生論は本当によく売れると語っていたことを思い出す。当時、人生論は大和書房や青春出版社も刊行していたけれど、海竜社は版元も含め、女性による女性のための人生論という趣があり、書店人気も高かった。しかし本クロニクル❼で既述しておいたように、今世紀にはいって、ビジネス書に至るまで、人生論的色彩が濃くなり、そうした中で、経営者の下村夫妻の80歳代後半という高齢とともに、海竜社のカラーが埋没していったと考えられる。それが今回の事態へと追いやられた一因でもあろう】

〔11〕 看護の科学社が事業継続困難として、法的整理に入ると公表。

看護の科学社は1976年創業で、雑誌『看護実践の科学』を発行していた。

【『出版状況クロニクルⅥ』で20年の医学書のベクトル・コアの破産を伝え、一般書と異なる流通販売の医学書の世界にも、近年危機がしのびよってきていると記しておいた。それが雑誌の世界に露呈してしまった例であろう。それも皮肉なことに、コロナ禍において、『看護実践の

科学』の版元が破綻するわけだから】

〔12〕『新文化』（9／2）に「50年を迎えた工作舎の歩み」が掲載され、「工作舎50周年記念出版」として、『最後に残るのは本』という一冊が出されている。これは工作舎の新刊案内「土星紀」に寄せられた67人の書物エッセイをまとめたものである。

【いずれ工作舎のことも書くつもりでいるが、現在の編集長米澤敬の「土星と標本」によって、工作舎が1971年に雑誌『遊』のために設立され、その社名が谷川雁の『工作者宣言』と「ワークショップ」の和訳に由来することを知った。それに雑誌『室内』と単行本を刊行する山本夏彦の工作社もあって、当時はややこしかったのである。また当初の発売元が仮面社だったことも初めて教えられた。どこで仮面社と工作舎が結びついたのかは何となく想像できる。だが私も『遊』に一文を寄せていることは想像できないだろう。そのことも含め、あらためて工作舎のことを書く機会を見つけよう】

〔13〕ワイズ出版の岡田博の72歳の死が伝えられてきた。

ワイズ出版は1989年に設立され、多くの映画書やコミックなども刊行し、岡田は映画プロデューサーも兼ねていた。

【最初の出版物の石井輝男・福間健二『石井輝男映画魂』を、新潮社を通じて献本されたことはよく覚えている。そのカバー写真は『網走番外地・望郷編』で、高倉健が斬り込みにいくシーンを使っていたのである。私は中学時代にいずれも石井監督の『網走番外地』『続網走番外地』『網走番外地・望郷編』を映画館でリアルタイムで観ていたので、そのシーンがすぐに思い出された。相手は「カラスなぜ鳴くの」を口笛で吹く杉浦直樹だった。同時代の出版人が次々と亡くなり、ハーベスト社の小林達也も死んだという。ハーベスト社は社会学専門出版社で、同様にアンソニー・ギデンズの『社会学』などを刊行していた而立書房の宮永捷も引退してしまった。それに『出版状況クロニクルⅥ』でふれたように、『マルセール・モース著作集』を企画していた平凡社の松井純も亡くなり、それらは社会学の翻訳に関係する編集者たちが不在となってしまった事実を伝えている。そのようにして、ひとつの分野の出版が否応なく衰退していくのだろう】

〔14〕『近代出版史探索外伝』は9月下旬に発売された。

異色の三本立て構成で、楽しめることは保証するけれど、例によって少部数で高価なために、図書館へリクエストをお願いできたら幸いだ。

論創社HP「本を読む」〈68〉は「アナイス・ニン『近親相姦の家』と太陽社」です。

出版状況クロニクル⑩　2021年10月

21年9月の書籍雑誌推定販売金額は1102億円で、前年比6・9％減。

書籍は659億円で、同3・8％減。

雑誌は442億円で、同11・1％減。

雑誌の内訳は月刊誌が372億円で、同12・1％減、週刊誌は70億円で、同5・6％減。

返品率は書籍が31・6％、雑誌は41・2％で、月刊誌は40・6％、週刊誌は44・0％。

前年のコロナ禍巣ごもり需要や『鬼滅の刃』の神風的ベストセラーの余波も止んだようで、再び6月から前年比マイナスが4ヵ月にわたって続いている。

10月から緊急事態も蔓延防止処置も解除され、年末へと向かっていくが、果たしてどうなるであろうか。

〔1〕　出版科学研究所による21年1月から9月にかけての出版物販売金額の推移を示す。
【幸いにして、9月までは9179億円で、前年比0・5％増となっているが、6月からは連

■2021年1月～9月 推定販売金額

月	推定総販売金額		書籍		雑誌	
	（百万円）	前年比（%）	（百万円）	前年比（%）	（百万円）	前年比（%）
2021年 1～9月計	917,926	0.5	520,557	2.4	397,370	▲2.0
1月	89,651	3.5	50,543	1.9	39,108	5.7
2月	120,344	3.5	71,855	0.6	48,490	8.0
3月	152,998	6.5	97,018	5.9	55,980	7.7
4月	107,383	9.7	58,129	21.9	49,254	▲1.8
5月	77,520	0.7	42,006	▲0.9	35,515	2.6
6月	96,623	▲0.4	49,074	0.2	47,548	▲0.9
7月	82,077	▲11.7	42,677	▲4.6	39,400	▲18.2
8月	81,109	▲3.5	43,333	▲0.1	37,776	▲7.2
9月	110,221	▲6.9	65,922	▲3.8	44,299	▲11.1

続4ヵ月マイナスであることからすれば、21年も前年比減は避けられないだろう。そうなると1兆2000億円を割ってしまうことになるかもしれない。それに加えて、コロナ禍とコミックの好調の中にあって、一時的に保たれていた書店状況が、さらにドラスチックに悪化していく可能性もある。その要因は本クロニクルでもたどってきたように、大手出版社を中心とするコミックのデジタル化とその配信、アマゾンとの直取引なども相乗していくだろう。またすでにアマゾン直取引は3600社に及んでいるとされるので、取次ルートの数字に基づく出版物販売金額の数字に強くはね返っていくかもしれない。9月の書店閉店は40店を超え、またしても増え始めたように感じられる。今年も余すところ2ヵ月となった】

〔2〕インプレス総合研究所によれば、2020年度電子書籍市場規模は4821億円、前年比28・

6%増。

その内訳はコミックが4000億円を超える83・0%に及ぶが、写真集なども含む非コミックも556億円、同14・9%増となっている。

【本クロニクル❷で、出版科学研究所による20年電子出版市場が3931億円であることを既述しておいたが、インプレス総合研究所データは20・4・1から21・3・31と時期が異なるにしても、900億円近くの上乗せとなる。それは「kindle ストア」（アマゾン）、「楽天 kobo 電子書籍ストア」（楽天グループ）、「ebookjapan」（イーブックイニシアティブジャパン）などの大手電子書籍ストアの成長、200を超えた電子図書館の増加も影響しているのだろう。これも本クロニクル❶で、20年の出版物推定販売金額として、書籍が6661億円、雑誌が5576億円であることを示したが、インプレス総合研究所の電子書籍市場規模に従うならば、おそらく数年内に雑誌だけでなく、書籍も上回ることになる。前回、集英社の決算にふれ、書籍雑誌の売上高380億円に対して、デジタル・版権収入が936億円に及んだことをレポートしていた。それに小学館や講談社も続いていくであろうことも。そうなれば、取次と書店はどうなるのか。そうした電子書籍市場に、取次と書店は対峙していかざるを得ないところまできてしまったのである】

〔3〕精文館書店の決算は売上高220億9500万円で、前年比6・3%増と過去最高で、当期純利益4億900万円、同17・3%増の2期連続増収増益決算。

〔4〕　大垣書店の決算は売上高132億5000万円で、前年比9・3%増で、3と同様に過去最高とされる。

〔5〕　11月に丸善が大阪松原市にセブンパーク天美店を282坪、紀伊國屋書店が山口県下松市にゆめタウン下松店を250坪オープン。

〔6〕　日本経営センター子会社のフローラル出版の姉妹会社BRCが、ふたば書房の京都駅八条口店を共同運営。
　BRCは55坪のうちの10坪を「売場の広告化」し、同店の家賃や人件費などを負担し、売上はBRCに計上する。ふたば書房は日販から仕入れ、BRCに卸す2次取次という立場になる。

〔7〕　楽天BN帳合の一般書店が日販へと変更。
　その書店数が800に及ぶ「楽天→日販への移行表」は地方・小出版センターの「取引出版社様」にあるので、ダウンロードできる。

〔8〕　那須ブックセンターが12月末で閉店。

〔9〕　日書連は加盟書店に対する21年度一般賦課金7400円を5400円に減額。

【明暗こもごもの書店状況を列挙してみた。3、4、5の大手書店、及び取次傘下グループは出店を続け、異業種も組みこむことで、売上を維持し、伸ばすという構図だが、どこまで続くのか。6は他業種とのコラボレーションだが、立地の問題が大きく、どの書店にも応用できるものではない。おそらく店舗貸借契約期間がまだ残っているので、その間のつなぎのようなかたちで試みられたのであろう。7の日販への帳合変更が数も多く、すべての書店がスムーズに移行するのかが気にかかる。日販にしても、取引選別は不可欠だと考えるからだ。8の那須ブックセンターは『出版状況クロニクルⅥ』で危惧しておいたとおりの結果となった。同センターは株式会社書店と本の文化を拡める会が栃木県那須市で55坪のコンビニ閉店店舗を安く借り、2017年に開店している。代表取締役を務めるベレ出版の内田眞吾会長が私財から3000万円の初期費用を負担して始まったが、赤字続きで、さらに持ち出しとなったと推測される。当初はマスコミの取材や露出も多く、売れると思いこんでしまったのだろう。『本の雑誌』（5月号）が「本屋がどんどん増えている！」という無責任な特集を組んでいたが、「本屋」と「書店業」の区別も弁えていないことは明白である。9は現在の日書連加盟書店の窮状を示す象徴的な減額であろう。2000円といえば、1万円の売上の粗利だから、そこまで追いつめられていることになろう。コロナ禍の中で、書店閉店は減少気味であったけれど、9月はTSUTAYAを始めとして増加しつつある。それはこれからも続いていくだろう】

〔10〕出版物貸与権センターは20年度分貸与権使用料として、17億円を54の契約出版社に分配し

た。出版社を通じて、著作権者にさらに分配される。

昨年の分配額は14億9000万円だから、前年比14％増、レンタルブック店は1781店で、こちらは同75店減。

【レンタルブック店は減っていても、貸与権使用料は増えたわけだから、コロナ禍の巣ごもり需要とコミック人気が結びつき、このような増になったのだろう。レンタルブック市場規模はわからないけれど、貸与権使用料17億円を考えれば、かなりの規模になるし、現在のDVDなどのレンタル複合店にしても、動画配信の影響によるDVDの落ち込みに対し、コミックは前年を上回っているので、他の売場に替えられることはないはずだ。だがこれ以上電子コミック配信が増えていけば、当然のことながらレンタルコミックにも影響が出てくると思われる】

〔11〕 新聞や出版などのマスコミ業界専門誌『新聞展望』が休刊。

同誌は1952年創刊で、令和とコロナ禍を迎え、「真実・自由・勇気」を信条とする業界紙としての一定の役割を終えたとの判断からとされる。

【かってはよく『新聞展望』も見かけたが、近年はまったく目にしていなかった。『出版ニュース』に続く「業界紙」の休刊で、これまでの所謂「業界」すらも消滅していくことを問わず語りに伝えているように思われる。いずれにせよ、近代出版業界は終焉しようとしている】

〔12〕 岩波書店の坂本政謙社長が『文化通信』（10／19）のインタビューに応じているので、それ

を要約してみる。
＊これまで通りでは立ち行かなくなるので、「岩波書店」の看板以外はすべて変えるという思いがなければ、外部環境に対応できず、淘汰されていく。
＊「岩波書店」の看板を裏切らずに、書籍をトータルにプロデュースし、営業も編集者もそれを実践していく。
＊電子書籍化は文庫、新書が中心で、単行本はほとんどなかったけれど、コロナ禍で電子版ニーズもあるとわかったので、その対応も進めていく。
＊新卒採用はしばらくやっておらず、社員の年齢は日本社会と同じ高齢化だが、自分が56歳、編集、製作、営業担当の各執行役員の3人は40代である。
＊昨年は『宮崎駿とジブリ美術館』、桐野夏生『日没』、梨木果歩『ほんとうのリーダーのみつけかた』、『岸惠子自伝』がよく売れた。
＊買切はこの出版状況下で積極的に変えなければならないと思っていない。
【結局のところ、新社長として何も言っていないに等しい。現在の出版状況下において、看板と買切制は変えずに、営業も編集も一丸となって、現在に見合う書籍を送り出し、売っていくしかないということに尽きる。とても「業界全体の問題として対応を考えて」いるとは思えない。この一年間に二度、岩波文庫が棚一本分、ブックオフで売られているのを見た。一方は青帯の哲学系、他方は緑帯の日本文学系で、いずれも110円であった。それはもはや驚くべきことでもないが、それだけの分量が地場の古本屋に売られず、ブックオフに持ちこまれてし

まったことに問題が凝縮しているのではないだろうか。かつての岩波文庫の読者であれば、親しい古本屋がいるのが当たり前で、読者、書店、古本屋の三位一体が成立していた。しかしもはやそのようなコミュニティは崩壊してしまったのである。これからはそれが常態になるだろうし、そのことも淘汰の原因となるかもしれない】

〔13〕「岩波ブックレット」(No．1052)の駒込武『「私物化」される国公立大学』を読んだ。【私はアカデミズムに属していないので、日本学術会議問題にしても、ほとんど関心がなかった。しかし直販誌などでは毎月のように法人化された大学と病院の不祥事がレポートされ、それにこのブックレットが提起している問題を重ねると、私がこれから出していくつもりのいくつかのコモン論とリンクする病巣のように見えてきた。ここではこうした国公立大学の「私物化」が政府自民党による新自由主義的改革に起因すると述べられているけれど、グローバリゼーションとインターネット環境に包囲されつつある中での、日本社会の大政翼賛会化と見なすべきではないだろうか】

〔14〕アマゾンが個人の紙の書籍をネットの「キンドルストア」で出版・販売できるサービスを発表。
サービス名は「キンドル・ダイレクト・パブリッシング」で、これまでは電子書籍だけが可能だったが、コミックも含む全ジャンルが紙でもできるようになる。

注文に応じての印刷であり、著者は在庫を抱えることはなく、販売価格も自分で決められ、印税も最大60%受け取れる。

【これはアマゾンによる自費出版の取りこみということになろう。自費出版市場規模は不明だが、大手出版社の場合、その経費は数百万円に及ぶらしく、誰でも出すことができるものではないようだ。それは地方新聞社も含めて、新聞社の自費出版も同様で、ブランド料が高いのである。そうした自費出版だけでなく、学術書、研究書、翻訳書などにしても、助成金付きのものが多いので、それらを含めると、トータルとしての自費出版市場はかなり大きなものになると推測される。それらのすべてをアマゾンが囲い込んでいけば、そうした自費出版の分野でも、アマゾンが一人勝ちということになってしまうかもしれない】

〔15〕 落合博『新聞記者、本屋になる』（光文社新書）を読了。

【私はこうした本を読むことはほとんどないのだが、書店で見て、巻末の「本屋を始めるにあたって参考にした本と雑誌」リストに、このような本にしてはめずらしく、拙著と「出版人に聞く」シリーズ6冊が挙がっていたので、購入してきたのである。この本を読み、現在の「本屋」をめぐる状況と環境、情報と人脈が、私が試みた「出版人に聞く」とはまったく異なることを教えられた。そしてまた本屋にはイベント、カフェ、雑貨がつきもので、それでいてどのように採算がとれているのか不明であることも。台東区寿の落合が店主を務めるReadin' Writin' BOOKSTOREは2017年に始まり、現在まで営まれている。ご自愛をと祈るしかいいようがない。この本にも出てくるマルジナリア書店の小林えみが『人文会ニュース』（No．138）に、「置いてある本が売れる」という一文を寄せ、2021年1月に開店した同書店で、100冊以上販売した書籍が7点あると書いていた。それはどのような本なのであろうか】

〔16〕『東京人』（11月号）が特集「谷口ジロー」を組んでいる。

【谷口が2017年に亡くなった際には、『出版状況クロニクルⅥ』において、『LIVE！オデッセイ』（双葉社）のレゲエシーンを引き、追悼に代えたことがあった。この特集でも夏目房之介によって『LIVE！オデッセイ』は「ロックやレゲエの音に満ちた場面を、擬音や動線・効果線も入れずに描く試みを成功させた。これは音楽描写の革新であった」と評されている。谷口がフランスの「バンド・デシネ」を愛し、また彼がフランス語圏の「バンド・デシネ」作家として著名であることも知られていて、この特集でも原正人「バンド・デシネ作家として欧米で愛される理由」が寄せられ、フランス語訳された書影も掲載されて楽しい。『遥かな町へ』はフランスで映画化され、私もDVDで観ている。そのフランス語訳は25ユーロながら30万部を超えているという。これは今年になって読んだのだが、やはり原訳、グヴィッド・ブリュドム『レベティコ』（サウザンブックス）の一冊がある。これはギリシャのスラム街のブルースをテーマとするものだが、『LIVE！オデッセイ』の音楽シーンを彷彿とさせた。私は「バンド・デシネ」のファンというわけではないけれど、すっかり感心してしまった。ブリュドムも谷口を読んでいたかもしれないのだ。今年は『ベルセルク』（白泉社）の三浦建太郎、『ゴルゴ13』（リイド社）のさいとう・たかをも鬼籍に入ってしまった。かつて私は船戸与一＝外浦吾郎原作の『ゴルゴ13』を論じてもいたのである（拙著『船戸与一と叛史のクロニクル』所収）この二人も谷口のような特集が組まれるといいのだが。ここまで書いている時に白土三平の死が伝えられてきた。拙著『近代出版史探索外伝』のタイトルの「外伝」が『カムイ外伝』に由来するのはいうまでもないだろうし、私は戦後の漫画として、白土の『忍者武芸帳』を一番に挙げたいと思う。いずれ「神話伝説シリーズ」も含んだ白土論を書くつもりだ】

〔17〕『韓流スター完全名鑑2022』（コスミック出版）を購入。
【これは1211名の男優、女優の詳細データを収録した一冊で、2000円のムックとして、高い平積みとなっていたことからすれば、初版は10万部ちかかったのではないだろうか。本クロニクルでも既述してきたけれど、昨年ネットフリックスで『愛の不時着』を観て以来、すっかり韓国の映画とラブコメドラマにはまってしまい、DVDと動画配信で毎日のように楽しんでいる。するとわかってきたのは、韓国の映画やドラマはかつて日本の映画全盛時代のプログラムピクチャーのように生み出され、それを多彩な主演男優、女優たちだけでなく、きわめて層の厚いバイプレイヤーたちが支えているという事実だった。その典型が『愛の不時着』であろう。ところがなかなか俳優名を覚えられないので、格好の一冊をと思っていたところに『韓流スター完全名鑑2022』が出されたのである。これを手元に置き、俳優名をたどっていく

のは楽しい。私は映画の確認のために、キネマ旬報社の『日本映画俳優全集・男優編』『同女優編』のシリーズを常備しているが、それにこの一冊を加えることにしよう】

〔18〕 書店のバーゲン雑誌コーナーに21年の『映画秘宝』（双葉社）2月号と5月号があったので、購入してきた。

前者は50％ＯＦＦ、後者は20％ＯＦＦからさらに80％ＯＦＦとなっていたけれど、いずれも１００円だった。

【定価は１３２０円だから、１２２０円引きとなる。返品されたバックナンバーがＴＳＵＴＡＹＡ系傘下書店に放出されたのであろうが、出版社出し正味は定価の10％ほどなのであろうか。同じコーナーには十種類以上の雑誌が並んでいたが、『映画秘宝』のような趣味性の強い雑誌であればともかく、一般的な雑誌などは安くとも売ることは難しいだろう。それで思い出したのは塩澤実信の『倶楽部雑誌探究』（「出版人に聞く」13）における証言で、双葉社は返品された十種類以上の「倶楽部雑誌」をすべて全国卸商業協同組合へと放出し、特価本として全国で売り捌かれていたというエピソードである。何か時代が巻き戻されていると思うのは私だけだろうか】

〔19〕 『近代出版史探索外伝』に続いて、中村文孝との対談集『全国に30万ある「自治会」って何だ！』が11月中旬に刊行予定。

さらにコモン論第二弾としての『私たちが図書館について知っている二、三の事柄』の対談も終えているので、来年早々に出せるであろう。

論創社HP「本を読む」〈69〉は「あぽろん社と高橋康也『エクスタシーの系譜』」です。

出版状況クロニクル⓫　2021年11月

21年10月の書籍雑誌推定販売金額は914億円で、前年比8・7％減。

書籍は514億円で、同4・1％減。

雑誌は399億円で、同14・0％減。

雑誌の内訳は月刊誌332億円で、同13・1％減、週刊誌は67億円で、同18・2％減。

返品率は書籍が32・8％、雑誌は43・9％で、月刊誌は43・4％、週刊誌46・3％。

雑誌のマイナスは大きく、返品率も高く、前年の『鬼滅の刃』の神風的ベストセラーの反動であろう。

だがさらなる問題は1月からの累計が1兆93億円、前年比0・4％減とマイナスに転じたこ

――とで、コロナ巣ごもり需要はもはや見られず、21年の推定販売金額も前年マイナスが確実になったことだ。

【1】『新文化』(11／8)が東京調布市の真光書店の矢幡秀治社長、日書連会長にインタビューしているので、それを要約抽出してみる。

＊20年4、5月の売上はコロナ禍の巣ごもり需要などにより、19年に比べ50％増となった。その後も20年はコミックが貢献して微増で推移したが、21年以降は徐々に売上は下がり、10月期は19年比で10％減となっている。

＊今年に入ってからは巣ごもり需要を感じられず、緊急事態宣言が解除され、街には人が戻ってきているが、店の客数は減っている。

＊その結論は出ないけれども、商圏内にあるくまざわ書店、パルコブックセンター、TSUTAYAとの競合の影響によるのかもしれない。実際に17年のくまざわ書店出店後、売上は20％落ちた。

＊真光書店は1968年創業で、調布駅周辺では最も古い書店である。77年には南口店、2015年には八王子にも出店したが、前者はブックオフの開店、後者は近隣スーパーの閉店で売上が落ちたために撤退している。

＊現在の真光書店は調布パルコがオープンした1989年に竣工した自社ビルに入店している。真光書店ビルは全7階で、1階と地下1階が書店、6階が事務所で、その他の階はマク

ドナルド、クリニック、学習塾などがテナントとして入っている。

＊書店売場面積は各60坪で、1階が雑誌、一般書、文庫、新書、地下がコミック、学参、理工書で、地元の水木しげるの常設コーナーもあり、また昨年まではパソコン教室も開いていた。

＊書店売上はここ5、6年赤字が続き、不動産経営、役員報酬の削減、外商部門の売上で補塡している。従業員は社員、パート、アルバイト25人で、2000年代は35人だった。これ以上の人員削減は店舗運営に支障をきたす。2000年代前半は店売と外商比率が2対1だったが、現在は外商が店売をやや上回っている。

＊外商は閉店した他の書店の取引先を引き継ぎ、手を広げてきた。店舗を維持していることで、図書館や行政施設との関係を保てているし、調布の老舗書店として、店舗運営を止めるつもりはない。

【矢幡社長の率直なレスポンスによって、今世紀に入っての東京近郊の老舗書店の具体的な動向とポジション、現在状況が浮かび上がってくる。自店の出店と閉店の繰り返しの中でのさらなる競合店の開店、それに巣ごもり需要とコミックによる疑似回復、しかし21年に入るとそれらも失速し、19年比マイナスに追いやられていることになる。救いなのは自社ビルと不動産収益、店売を上回る外商売上であるが、どこまで赤字に耐えられるのか、ここ数年が正念場とも考えられよう。真光書店の側から見ると、自社ビルを持たず、テナントで、しかも外商もないとすれば、それこそ書店の「店舗運営」が成り立たないことが歴然となってしまうのである】

〔2〕文教堂GHDは18年に債務超過となり、19年に再建のためのADRが成立し、その計画に基づき、アニメが事業譲渡、保有財産売却、30店の不採算店閉店、希望退職者募集などを経てきた。

そうした中での2021年8月期決算は売上高187億8200万円、前年比11・8％減、営業利益3億6500万円、同11・8％減の減収減益だが、財務改善がなされつつあると発表。

〔3〕ワンダーグーチェーン48店が楽天BNからトーハンへ帳合変更。

〔4〕大垣書店が広島の廣文館をグループ会社化。

〔5〕CCC＝TSUTAYAが名古屋の名鉄百貨店本店に出店。

〔6〕神戸市の三宮ブックスが解散。同社の村田耕平社長は1997年から2003年にかけて、兵庫県書店商業組合理事長を3期務めていたが、21年3月に死去していた。

〔7〕作家の今村翔吾を代表とする株式会社京国（滋賀県大津市）が9月に閉店した大阪市箕面市のきのしたブックセンターを引き継ぎ、11月1日リニューアルオープン。京都のふたば書房のFC店としてである。

〔8〕ノンフィクション作家の田崎健太の（株）カニジルはさきごろ米子市の鳥取大学医学部附属病院内に、小説家の鈴村ふみを店長とする「カニジルブックストア」を開店。ノンフィクション、医療、クオリティ・オブ・ライフをテーマとした15坪のセレクトショップで、俵万智や最相葉月など100人の選書委員が選んだ本を中心とする。店内レイアウトは日販のリノベーション推進部による。

【書店の出店や閉店も含め、まだ他にもあるけれど、10月状況はこのぐらいにとどめておこう。1に象徴される書店売上動向の中において、これらの事象が起きていることになる。2からは大手書店の状況だが、2の文教堂に株式市場は反応しておらず、株価はついに60円を割りこんでいる。それは3のワンダーコーポレーションも同様である。4の大垣書店にしても、『出版状況クロニクルⅥ』で、特別清算と新会社発足にふれた廣文館を傘下に収めるメリットがあるとは考えられない。トーハンの要請による、とりあえずの「囲い込み」と見なすしかない。それは本クロニクル❷でふれたTSUTAYAのフタバ図書のFC化と酷似している。これも紛らわしいが、7のふたば書房によるFC化とも通底し、前回の本クロニクルでも、その実例を挙げておいたばかりだ。5のTSUTAYAだが、近くにある300坪ほどの店舗に12月閉店が告知されていた。すみやの店舗を引き継ぎ、合わせて30年ほど営業していたことになるが、ついに閉店となった。雑誌やコミックはともかく、書籍に関してはまったく売れているようではなく、レンタルに支えられていたことは明らかだった。しかしネット配信の隆盛を受け、文具や雑貨売場を新設しても、ほとんど効果はなかったと見なせよう。それにすみやを引き継いだテナント契約にしても、日販が介入していた可能性が強いし、この跡地はどうなるのか、それも追跡し、レポートするつもりだ。6は経営者が亡くなると立ちゆかなくなり、後継者もいないことを浮かび上がらせている。それに負債はどう処理されたのだろうか。7と8はこれも前回の本クロニクルで言及した落合博『新聞記者本屋になる』のラインにつながる動向で、これからも出版業界関係者によって続いていくだろう。こうした素人による本屋開店をあおった「シロサギ」本屋ライターたち、及び『本の雑誌』(5月号)の特集「本屋がどんどん増えている!」は罪が重いことを自覚すべきだ】

〔9〕『創』(12月号)が特集「街の書店が消えてゆく」を組み、永江朗「とめどなき書店減少と流通再編」、田口久美子「本と書店を生かす道を考えたい」など11本のレポートが掲載されている。

【『出版状況クロニクルⅥ』で、2019年の岩波書店『世界』(8月号)の特集「出版の未来構想」に関して、そのあまりの不毛な内容にあきれてしまったことを既述しておいた。このような『創』の恒例の特集にしても、本クロニクル❶などで「床屋談議」にすぎないと批判してきている。それは寄稿者たちの出版状況認識の歴史的欠如、思いこみによるバイアス、データの捉え方の錯誤などに起因しているだけでなく、篠田博之編集長自身がそれらのすべてを体現しているからに他ならないだろう。特集の前ふりとして、「街に書店が一軒もないという地域が拡大していることが何年か前から指摘されてきた。本や雑誌との新たな出会いや発見の機会が失われるという、それは深刻な意味を持っている」と書いている。本当に今さら何をか言わんやである。それに加えて、準出版業界誌に位置づけられる『本の雑誌』が本屋が増えていく特集、『創』が書店が消えていくという相反する特集を同じ2021年に組んでいるわけだから、これらも「シロサギ」特集といってかまわないだろう】

〔10〕『文化通信』（11／16）がビジネス書要約サービスのフライヤーをレポートしているので、ここでも紹介しておこう。

フライヤーは出版社や著者の許諾を得たビジネス書を10分ほどで読める分量に要約し、ウェブやスマホ上で配信している。月額2200円のゴールドプランだと2600冊が読み放題となる。主な利用者は30～40代で、現在の累計会員数は86万人、法人採用は410社を超えている。

このフライヤーが選書したビジネス書常設棚がコロナ禍もあって、書店チェーンでも広く採用され、877店に及んでいる。フライヤー棚は10冊から100冊が目安で、拡材POP、パネルのデータが提供される。フライヤーが書店と組むのは「ウィンウィンの関係」、及び出版社や著者にとっても「三方よし」の価値を提供したいからだ。

フライヤー棚を常備しているチェーン書店は未来屋書店が100店、トップカルチャーが68店、ゲオ、三洋堂、明屋書店、金高堂、啓文社、附家書店、平惣である。

【ウェブネット上のビジネス書要約プロジェクトがチェーン書店のビジネス書売場と連携したということになろうか。かつてTSUTAYAがバッハと組み、人文書セットを平積みも含め、均一的に全店舗で展開し、大失敗したことを記憶しているが、フライヤー棚はビジネス書のプレゼンテーションとして手軽なので、まだ増えていくように思われる。それが常態化するとビジネス書担当者もいらなくなるだろう】

〔11〕九州の雑誌センターと沖縄県書店商業組合は、九州地区と沖縄組合加盟店のムック返品受け入れと現地で古紙化をスタート。

164社の出版社が承諾し、21社が協議中とされる。それらの返品は現地で古紙化されるか、古紙化できないムックなどは従来通り、取次の物流拠点に返品される。

【この問題は書店の返品運賃高騰に起因し、『出版状況クロニクルⅥ』でも取り上げ、本クロニクル❻でもムックの発行と販売データ、及びムックを主とする柑出版社の民事再生法にもふれておいた。しかし164社という多くのムック版元が承諾したということは、ムック自体がもはや返品されても再出荷率も低く、リサイクルなどの二次流通の対象ともならず、多くが断裁されている事実を示しているのかもしれない。協議中の21社の実名は挙げられていないが、高定価のムック類に関しては承諾できるはずもない。例えば、平凡社の「別冊太陽」シリーズにしても、現地での古書化は認められないだろうし、他社の同様のムックにしてもしかりであろう。それにしても、ここまできてしまえば、次に返品率の高いその他の雑誌、書籍も対象となっていくことも考えられる。そのことによって、返品ゼロが実現することになったら、まさに出版社にとっての既刊書も、実質的に価値どころか、資産としての意味すらも消滅してしま

うだろう】

〔12〕岩波書店は自社の倉庫業を担ってきた後楽園ブックセンターを解散し、それらをポプラ社ロジスティクスへと委託。

【筑摩書房が倉庫用地も売却し、在庫を昭和図書へと委託したように、アウトソーシングへと移行せざるをえない状況にあるのだろう。他の人文書出版社にしても、水面下で同じ状況となっていると伝えられている】

〔13〕ＫＡＤＯＫＡＷＡは中国テンセントグループと資本業務提携を結び、その完全子会社Sixjoyを引受先とした第三者割当増資によって、３００億円を調達する。

それは発行済株式総数の６・８６％に相当する４８６万２２００株の発行となる。

【楽天のテンセントとの資本業務提携、第三者割当増資と同じスキームであり、それとＫＡＤＯＫＡＷＡの中国、アジア戦略も連動しているように見受けられる。私たちとは金額から無縁であるけれど、その行方はどうなるであろうか】

〔14〕やはり『文化通信』（10／26）にＫＡＤＯＫＡＷＡの代表取締役に就任した夏野剛のインタビューが掲載されている。

それを要約してみる。

＊昔から角川文庫で慣れ親しんでいるKADOKAWAの社長になれて感慨深く、しかも業績がぐっと上がり始めた時期であったので、僕は幸せ者だ。

＊僕は出版業界のことを全く悲観していない経営者で、テクノロジー系の出身でもあり、KADOKAWAを世界で一番テクノロジーをたくさん使っている出版社にしたいし、グローバルにメディアミックスを進めていきたい。

＊英語圏、中国、その他アジア圏の3つのカテゴリーの中で、コミックやライトノベルなどの海外部門を現在の全売上高10％から20％までもっていくのが目標です。世界観がしっかりしていて、日本のマーケットで良い反応があれば、海外でも受け入れられる。

【まだ続いているのだが、これで打ち止めにしておきたい。前回の本クロニクルで岩波書店の新社長の同じく『文化通信』のインタビューを引いておいた。そして何もいっていないに等しいとのコメントを添えておいたが、夏野の場合もそれが当てはまる。『ZAITEN』（11月号、10／1発売）で、ジャーナリスト幅耕平によって実績不明の「炎上男」「チーママ」と批判されたことに対する、内実を伴わない弁明のように受け止められてしまうであろう】

〔15〕『週刊読書人』（11／12）が「角川歴彦×高井昌史×野間省伸」の鼎談「いつでも、どこでも、読みたい本を読める社会に」を特集掲載している。

【この鼎談は「日本電子図書館サービス（JDLS）「LibrariE」を中心に」とあるように、図書館向け電子書籍貸出サービスのJDLSが2013年に角川書店、講談社、紀伊國屋書店の提唱によって設立され、電子書籍と図書館の関係の始まりとその後の展開、現在状況が語られている。それにJDLSの二俣富士雄も加わり、大学図書館131館、学校図書館128館、公共図書館223館に及び、現在のLibrariEの電子書籍は7万5000点で、KADOKAWA1万5000点、講談社6000点と2社で3分の1を占め、出版社はトータルで250社となっていることを伝えている。しかしこの鼎談は我田引水的であり、『出版月報』(10月号)の特集「電子図書館の現状と課題」と合わせ読まれるべきだろう。そこに収録された「電子図書館サービスに関する主な歴史」と「公共図書館向け電子貸出サービスの主な商流」チャートは啓蒙的で、とても参考になることを付記しておこう】

〔16〕『朝日新聞』(11/16)が日本の漫画の最大級海賊版サイト「漫画BANK」についての記事を発信している。

それによれば、アメリカの裁判所が運営者の氏名、住所、アドレスなどを開示するように、グーグルなどに命令を出していることが判明した。

「漫画BANK」は2019年12月に存在が確認され、今月上旬に閉鎖されたが、『鬼滅の刃』『名探偵コナン』などの人気作品も無料で読め、月間8000万のアクセスがあり、被害額は2082億円に上るとされる。

集英社、講談社、小学館、KADOKAWAは顧問弁護団と対策を協議し、カリフォルニア州裁判所にグーグルなどへの開示命令を出すように求め、それが12日に出されたが、運営者の拠点は日本国外という可能性もあるようだ。

【本クロニクル❻で、海賊版サイトは多くがベトナムに拠点があること、インターネットにおける自律的分散型システムをコアとしているので、国境を越え、対策を講じても増殖していくのではないかとの観測を示しておいた。そのひとつが「漫画ＢＡＮＫ」であり、閉鎖に追いやられても、また新たなサイトが出現するであろう】

〔17〕『ビッグコミック』(10／10)が「さいとう・たかを追悼特集」を組み、１９７４年の「ゴルゴ13」シリーズ「海へ向かうエバ」83ページを再録している。

【この追悼特集を読み、あらためて「ゴルゴ13」の起源を考えさせられた。１９６０年代はイアン・フレミングの００７ブームの時代であり、ハヤカワミステリや創元推理文庫とともに、映画もブームとなり、確かさいとうも『ボーイズ・ライフ』で００７をマンガ化していたはずだ。私もご多聞にもれず、中学生だったが、『ロシアより愛をこめて』を始めとする００７の小説と映画に入れこんでいて、それでさいとうのマンガも立ち読みしたのだと思う。００７シリーズはエラリー・クイーンやヴァン・ダインなどのミステリーと異なり、スパイ小説という新しいジャンル、世界を開示してくれたし、それはさいとうの劇画にとっても大いなる刺激となったにちがいない。ゴルゴ13もその延長線上に誕生し、そこからさいとう番の編集者長崎尚志と浦沢直樹の『ＭＡＳＴＥＲキートン』、浦沢の『ＭＯＮＳＴＥＲ』、それから私がファンである真刈信二作、赤名修画『勇午』なども派生していったと思われる。それらの作品をスピン

アウトさせたことも、さいとうの「ゴルゴ13」シリーズの隠れたる功績だったのではないだろうか】

〔18〕『月刊MOE』（12月号）が「ゴールデンカムイとアイヌの物語」の特集を組み、野田サトルにもインタビューしている。

【これは『カムイ伝』の白土三平の死去をうけ、その後継者としての物語である『ゴールデンカムイ』にスポットを当てようとする企画とも見なせよう。カラーページによる紹介と野田へのインタビューは楽しく読めるし、好特集で、ロングセラーとなっている中川裕『アイヌ文化で読み解く「ゴールデンカムイ」』（集英社新書）とともに手元に置いておこう。17の「ゴルゴ13」ではないけれど、『ゴールデンカムイ』もまた白土の『カムイ伝』を揺籃の地として生み出されてきたのである。まだ23巻までしか読んでいない。続きを読まなくては】

〔19〕映画評論家の西脇英夫が亡くなった。

【私は『読売新聞』の訃報記事で知ったが、他には見ていないので、まだ知られていないのかもしれない。西脇は『三一新書の時代』（「出版人に聞く」16）の井家上隆幸の編集で、1976年に東京白川書院から『アウトローの挽歌』を刊行している。同書はサブタイトルに「黄昏にB級映画を見てた」とあるように、初めてやくざ映画・任侠映画の総体を「B級映画」として論じた一冊で、その後のノンジャンルのB級物の走りだったと思われる。彼はまた東史朗名で

の漫画原作者で、かわぐちかいじの『牙拳』（日本文芸社）を始めとする多くの作品が残されたことになる】

〔20〕『近代出版史探索Ⅵ』は遅れてしまい、22年の年明けとなるが、表紙カバーは山本芳翠「浦島図」を使うので、ご期待下さい。

論創社ＨＰ「本を読む」〈70〉は「ルイ・アラゴン『パリの神話』と『イレーヌ』」です。

出版状況クロニクル⑫　２０２１年12月

21年11月の書籍雑誌推定販売金額は９５５億円で、前年比０・６％増。

書籍は５４２億円で、同11・０％増。

雑誌は４１２億円で、同10・４％減。

雑誌の内訳は月刊誌３４４億円で、同10・８％減、週刊誌は68億円で、同８・１％減。

返品率は書籍が33・６％、雑誌は41・３％で、月刊誌は40・７％、週刊誌44・２％。

■2021年1月～11月 推定販売金額

月	推定総販売金額		書籍		雑誌	
	（百万円）	前年比（%）	（百万円）	前年比（%）	（百万円）	前年比（%）
2021年 1～11月計	1,104,900	▲0.4	626,285	2.5	478,616	▲3.9
1月	89,651	3.5	50,543	1.9	39,108	5.7
2月	120,344	3.5	71,855	0.6	48,490	8.0
3月	152,998	6.5	97,018	5.9	55,980	7.7
4月	107,383	9.7	58,129	21.9	49,254	▲1.8
5月	77,520	0.7	42,006	▲0.9	35,515	2.6
6月	96,623	▲0.4	49,074	0.2	47,548	▲0.9
7月	82,077	▲11.7	42,677	▲4.6	39,400	▲18.2
8月	81,109	▲3.5	43,333	▲0.1	37,776	▲7.2
9月	110,221	▲6.9	65,922	▲3.8	44,299	▲11.1
10月	91,407	▲8.7	51,459	▲4.1	39,949	▲14.0
11月	95,567	0.6	54,269	11.0	41,297	▲10.4

書籍の2ケタ増は、前年同月の9・1%という大幅なマイナスに加え、10年ぶりの改訂『総合百科事典ポプラディア第三版』（ポプラ社、全18巻セット）が12万円で刊行されたことによっている。

雑誌は3ヵ月連続の2ケタ減で、定期誌、ムック、コミックスのいずれもが大きくマイナスである。

【1】出版科学研究所による21年1月から11月にかけての出版物販売金額の推移を示す。

【21年11月までの書籍雑誌推定販売金額は1兆1104億円、前年比0・4%減である。この5年間でマイナス幅は最も小さいけれど、12月はどうなるのか。20年はかろうじて1兆2000億円台をキープしたが、21年は難しいかもしれない】

〔2〕日販の『出版物販売額の実態2021』が出された。

【これらに対して、タッチポイント市場規模上位3位は書店（構成比40・6％）、電子出版物は前年比33・5％増の4744億円（同22・6％）、インターネット（同12・6％）である。書店は販売ルート、タッチポイント市場の双方がマイナスで、インターネットと電子出版物が大幅な伸びを示している。出版科学研究所による2020年の出版物推定販売金額は1兆2237億円、前年比1・0％減だったので、販売ルート別も出版社直販1810億円を引けば、1兆2811億円となり、同じ1兆2000億円台となる。いずれにしても、コロナ禍の巣ごもり需要とベストセラーコミックの恩恵も失速し、マイナス基調へと戻っていったことが浮かび上がってくる】

■販売ルート別出版物推定販売額2020年度

販売ルート	推定販売額（億円）	前年比（%）
1. 書店	8,519	▲ 0.7
2. CVS	1,231	▲ 4.3
3. インターネット	2,636	20.5
4. その他取次経由	425	▲ 9.8
5. 出版社直販	1,810	▲ 7.9
合計	14,621	0.9

〔3〕日販GHDの中間決算は連結売上高2463億9900万円、前年比1・5％増、営業利益16億4500万円、同17・4％増、中間純利益9億8200万円、同236・1％増の増収増益。

日販単体は売上高2010億6500万円、同3・5％増、営業利益は4億3700万円（前年同期は1億1000万円の損失）、純利益は3億4800万円（同8400万円の損失）と黒字転換。

〔4〕トーハンの連結中間決算は売上高2130億4100万円、前年比9・6%増、営業利益は11億2600万円、同43・7%減、中間純利益は4億7800万円、同52・8%減の増収減益。トーハン単体は売上高1994億9800万円、同10・1%増、営業利益は5億200万円、同73・7%減、純利益は2億7100万円、同70・6%減。

〔5〕日教販の決算は売上高272億5700万円、前年比1・5%減、営業利益は5億4700万円、同8・8%増、当期純利益は2億2480万円、同23・2%減の減収減益。

売上高内訳は書籍191億6000万円、同2・9%増、教科書68億6600万円、同15・1%減、教科書は前年の改訂に伴う指導書の大幅伸張の反動で、返品率は13・5%。

【1の2021年出版物販売金額推移状況の中においての取次の中間決算、及び決算となる。3の日販、4のトーハンも取次事業の黒字化によるものとされるが、いずれも返品率の低下、出版社の書籍と雑誌の運賃協力金などが作用しているのだろう。しかし日販の小売事業のグループ書店は8社240店で、売上高291億6400万円、前年比5・6%減、営業損失1億00万円(同営業利益2億8100万円)、新規店5店、閉店10店、トーハンは265店で売上高260億9800万円、同9・2%減、新規店1店、閉店6店、黒字4社、赤字4社となっている。これらの数字は取次事業が黒字化してもグループ書店が苦戦しているのは明白で、それらの赤字が加速すれば、取次の黒字化にしても、たちまち消えてしまうはずだ。トーハンの増収にしても、丸善ジュンク堂との新規取引が寄与しているので、取次のグループ書店も出店と

閉店のバランスが狂ってしまえば、どうなるかわからないところまできていよう。それにしても、ＭＰＤや楽天ＢＮの決算はどうなっているのだろうか。日教販の場合はデジタル等が６億９５００万円、同55・０％増に加え、例年のことながら不動産５億９６００万円、同０・１％減が大きく寄与しているとわかる。だが文部科学省は来年から英語のデジタル教科書を小中学生に無償での提供を決めている。これもどのような影響をもたらすであろうか。また日販やトーハンのデジタル事業のほうはどうなっていくのだろうか】

〔６〕紀伊國屋書店の決算は連結売上高１１５５億８７００万円、前年比１・１％増、営業利益は11億３８００万円、同１２７・３％増、純利益15億７０００万円、同１０１・６％増の増収増益。その内訳は「店売総本部」４５０億４８００万円、同３・０％増、「営業総本部」４７５億６３００万円、同２・７％減、「海外」１７１億９００万円、同９・８％増。
単体売上高は９７８億９０００万円、同０・３％減、営業利益は７億７３００万円、同３・８％増、純利益６億８８００万円、同15・９％増の14年連続黒字決算。

〔７〕有隣堂の決算は売上高６６８億６６００万円、前年比29・８％増、営業利益は８億４５００万円、同２２８・１％増、純利益は３億７４００万円（前年は３億６０００万円の損失）と増収増益で、書籍や雑誌などの13部門中、11部門で前年実績を上回り、過去最高の売上高。
【６の紀伊國屋は２店閉店に対して３店出店というバランス、及び「海外」の伸びが寄与した

ことは歴然である。7の有隣堂黒字化は前年のコロナによる音楽教室の休業の反動、外商部門の「GIGAスクール構想」によるタブレット端末案件の獲得、新規出店のSTORY STORY YOKOHAMAなどによると見なせよう】

【8】『週刊東洋経済』(12/11)が産業レポート「稼ぐ集英社と消える書店 出版界であらわになる格差」を発信している。

インタビューに応じているのは「手を取り合って出版流通改革を進める」奥村景二日販社長、「出版ビジネスはもう限界 書店の役割を再定義せよ」との松信健太郎有隣堂社長である。

【3、4、5と取次、6、7と書店の決算を見てきたが、本クロニクル❾の集英社の決算に示されているように、デジタルや版権収入が全売上高の半分を占めつつある出版社と異なり、取次と書店は出版ビジネスの限界へと追いやられている。書店にとっては再販委託制の末路というべきで、有隣堂にしても、HIBIYA CENTRAL MARKETや誠品生活日本橋などの複合店は利益の大半を書店以外の飲食やアパレルで稼いでいることが伝えられている。また松信の講演も『新文化』(12/9)に掲載されている。しかし前回の『創』(12月号)の特集「街の書店が消えてゆく」ではないけれど、『週刊東洋経済』のレポートにしても、今さら何をか言わんやである。『出版状況クロニクルⅣ』の2015年のところで言及した特集「TSUTAYA 破壊と創造」(10/31)よりも問題意識や取材力ははるかに後退している。日販の奥村にインタビューしているのだから、ここでこそMPDとCCC=TSUTAYAの現在と行

方を問うべきだったのである】

〔9〕ＣＣＣは２０２０年度の書籍雑誌販売金額が過去最高の１４２７億円に達したと発表。店舗数は１０６０店。

〔10〕ＣＣＣは代官山蔦屋書店の新業態、時間制有料シェアオフィス兼ラウンジ「ＳＨＡＲＥ ＬＯＵＮＧＥ」を首都圏１００ヵ所で展開していく。現在は第1号店のＴＳＵＴＡＹＡ ＢＯＯＫＳＴＯＲＥ渋谷スクランブルスクエアを始めとする13ヵ所で営業。

〔11〕ＣＣＣのＦＣのトップカルチャーの決算は売上高２６４億７００万円、前年比12・３％減、純損失は19億３９００万円（前期は3億７１００万円の純利益）。レンタル事業撤退による違約金などの特別損失21億４４００万円を計上したのが大きい。蔦屋書店事業売上高は２５７億２７００万円、同12・７％減、レンタル部門は同35・６％減。

〔12〕ヤフーは主力ＥＣ「ヤフーショッピング」、ニュースサイト「ヤフーニュース」などの10以上のサービスで、ＣＣＣのＴポイントと連携してきたが、２０２２年3月で終了し、ペイペイポイント「ペイペイボーナス」へと移行。

【これも前回の本クロニクルで、近隣にあるＴＳＵＴＡＹＡの閉店を既述しておいたが、レンタル複合店とFCシステムを主とするCCC＝TSUTAYAも次のビジネスモデルの模索へと向かっているし、それを続けて挙げてみた。**9**は本クロニクル❶ですでにふれているが、この時のTSUTAYA BOOK NETWORK加盟店は779店とされていたので、店舗数の誤差が大きい。1060店とすれば、1店当たりの年商は1億3000万円、月商は1100万円であり、売上の悪い店舗を含めての書籍雑誌推定金額と見なすべきだろう。レンタルに加えて、出版物売上の落ちこみがわかる。**10**は日本橋高島屋のドリームリンクの「Cafe 黒澤文庫」や日販の文喫を想起させるが、**11**のトップカルチャーも連動し、蔦屋書店／TSUTAYAの「リモデル」としてのコワーキングスペース事業、特選雑貨文具ジャンルの拡大、リシーリング強化の組み合わせで進められていくとされる。トップカルチャーは東証1部上場企業であり、株価を気にしていようが、300円を下回り、市場は反応していないように思える。それは前回の文教堂も同様で、終に株価は50円割れのところまできている。**12**のヤフーのTポイントからの離脱も、そうしたCCC＝TSUTAYAの動向とリンクしているはずであり、おそらく水面下ではさらに様々な事柄が起きているし、22年はそれらが次々と浮かび上がってくると推測される】

〔13〕 三洋堂書店はインターネットで注文した書籍を、店員を介さずに受け取るコーナーを全店に設け、セルフレジ台数を増やし、店名を「スマ本屋三洋堂」に変更する。

21年7月に先行開店した「スマ本屋名鉄神宮前店」は原則1人の従業員で営業し、同じシステムを愛知と岐阜を中心とする75店の全店に広げる。店名は「スマートな買い物ができる」に由来する。

【三洋堂も10のトップカルチャーと同様に、レンタル複合店から様々な事業との組み合わせを推進してきたが、ポストレンタル、事業複合店として、「スマ本屋」をモデルとして打ち出していこうとしているのだろう。三洋堂は上場していても、トーハンの傘下にあることも作用してか、株価も900円台と安定している。しかし22年売上高は130億円、前年比6％減とコロナ禍以前の数字へと戻りつつあるので、新たなビジネスモデルの提出を迫られていたことになる】

〔14〕ブックオフが「ブックオフで⁉新品コミックが買える！」とのポスターを表示し、新刊コミックを販売している。その数は144店に及び、全794店の2割近くとなり、内訳は直営店77店、FC加盟店67店。取次は日販。

【近隣にあるブックオフはそうではないけれど、『鬼滅の刃』や『呪術廻戦』などの新刊棚を設けている。それは新刊コミックベストセラーによる集客力を期待してのことであろうが、そこに取次からのプレゼンテーションと入荷が約束されれば、さらに増えていくようにも思われる】

〔15〕『朝日新聞』（12／12）が「漫画家発掘もネットの時代」という記事を発信している。

それらは集英社のアプリ・サイト「少年ジャンプ+」と『月刊コミックゼノン』の「コアコミックス」の試みである。

前者はデジタル時代の才能を発掘し、『週刊少年ジャンプ』を超える漫画作品をつくることを目標として開設された。

オリジナル作品に力を入れ、『SPY×FAMILY』『怪獣8号』『ダンダダン』などの閲覧数1日100万を超える作品を要している。その新人発掘の要となるのが、関連の漫画投稿サイト「ジャンプルーキー!」で、毎月投稿者1千人、3千作品ほどの応募がある。

後者は昨年から熊本県の高森町で漫画家志望者たちが共同生活しながら学ぶ「アーティストビレッジ阿蘇096区」を運営し、制作スタジオと参考書籍も揃え、東京の編集部とリモートでつながり、現在2人が修行中とされる。

またコアコミックスの協力で、地元の県立高森高校に漫画学科の新設が決まり、同社の取締役の『北斗の拳』の原哲夫や『シティハンター』の北条司が講師を務め、作画や表現方法を教える予定だという。

【コミックも紙の時代からデジタル化へと向かっている中で、コミックを生み出す現場もまた変容しつつあることを伝えていよう。私などはそれらを享受する世代ではないけれど、やはり次世代のコミックはそうした新しいトポスから生まれてくるのは必然のように思われる。だが私たちの記憶にある居酒屋や喫茶店や定食屋などにおかれていた、シミがつき、汚れた漫画雑誌はその時にはもはや存在していないであろう】

〔16〕『選択』（12月号）が前号（11月号）に「小室眞子さんの乱という政治事件」を掲載したところ、11月2日にまったく同誌とは関係ない中高年ユーチューバーがその記事をネタにして配信したことで、次のような出来事があったとして、編集付記といえる「裏通り」で述べている。

「祭日を挟んで四日の朝、社員が出社してびっくり。『ユーチューブを見て』の購読がドッと舞い込んできたのです。その数は、朝日、中日、東京新聞に小誌広告を出した十一月一日と二日の申し込み合算に倍するものでした。この現象、分析すると興味深い傾向が見えてきた。

まず、ユーチューブ経由の申し込みの多くが、女性だったこと、それも六十歳以上が大半というから、たまげました。開拓したいと常々願っていた層です。それが、紙媒体とは相性が悪いと思い込んでいたインターネットの、深夜の動画で叶うとは。電話対応した社員によると、どなたも「ネット配信で『選択』を初めて知った」と口を揃えたそうです。」

【少しばかり長くなってしまったが、編集人兼発行人の驚きのほどがうかがえるので、省略せず、そのまま引用してみた。しかも『選択』は年間予約購読誌であり、それが3紙の倍の新規購読者に及んだというのは本当に意外だし、その大半が60歳以上の女性だったということは所謂「ミッチーブーム」以後に形成された皇室ファンやマニアの層の厚さを告げていることになろう。古来からの王女伝説や神話生成などにも連想が及んでしまう】

〔17〕岩波ジュニア新書の黒瀧秀久『森の日本史』（10月刊行）、『榎本武揚と明治維新—旧幕臣の描いた近代化』（17年12月刊行）が著作権侵害にあたるとして、絶版回収となる。

【この新書の絶版回収を知り、かつて現代新書編集長を務めた故鷲尾賢也から聞かされた話を思い出した。パソコンが普及する以前は原稿用紙もほとんど手書きで、テーマを決め、著者に依頼すると、定期的に飲食を共にし、原稿の進行状況や問題点の意見支援、著者の悩みなども聞き、それなりの付き合いもあり、どのようにして一冊が書かれたかも推測できた。ところがパソコン時代になり、著者に会わないまま原稿依頼をするようになると、通過儀礼としての飲食の付き合いもないままに、ある日突然パソコンで完成原稿が送られてくる。それもあって、編集者は著者がどのようにして一冊を書き上げたのか不明のままで出版せざるをえないことも生じるようになった。すると無断引用、剽窃問題が多々起きるようになり、編集者としての悩みの種であったという。具体的な例は聞かなかったけれど、そうした著者と編集者の関係、パソコン、ネット時代はさらに加速するばかりであったから、現在ではそれに類するトラブルが絶え間なく起きていると推測されるし、今回の岩波書店の例はまさに氷山の一角であろう】

〔18〕『キネマ旬報』(11／下)の「REVIEW日本映画&外国映画」欄に松浦弥太郎監督『場所はいつも旅先だった』が次のような紹介を添え、挙がっていた。

「雑誌『暮しの手帖』元編集長で文筆家や書店オーナーなどさまざまな顔を持つ松浦弥太郎が自ら旅をし、アメリカ、スリランカ、フランス、オーストラリア、台湾の6都市で主に早朝と深夜に撮影、人々の日常の営み、かけがえのない日々を飾らない言葉で語る。」

それに対して、映画監督、脚本家の井上淳一が評している。

「『世界ふれあい街歩き』とか『世界の窓から』とかテレビと見紛う作り。飛行機の機内誌に書かれているようなナレーションが延々と。そこには新しい視点も切り口も批評性もない。何のために作ったの？　動くガイドブック？　仕事だから最後まで観たけど、映画館なら途中で出てる。いや、そもそも観に行かない。映画を作るならちゃんと映画を作って欲しい。配給宣伝、これをいいと思って売っているのか。映画館が可哀想。もう何年も底が抜けたと思ってきたが、底なし底の底はなお暗く深い。」

【前回の本クロニクルで、「シロサギ」本屋ライターを批判しておいたが、松浦もその一人に他ならない。井上の映画評が伝えるとおりで、その松浦がどのようにして『暮しの手帖』編集長にすえられたのかも不明だし、何もできなかったことは河津一哉、北村正之『「暮しの手帖」と花森安治の素顔』（「出版人に聞く」20）にも明らかである。映画ばかりでなく、出版業界にしても、「底なし底の底はなお暗く深い」のである】

〔19〕　澤田精一『光吉夏弥　戦後絵本の源流』（岩波書店）読了。

【光吉の名前は岩波書店の『ちびくろさんぼ』『ひとまねこざる』（「岩波の子ども本」シリーズ）などの訳者として知ってはいたが、この評伝によって、その知られざる謎多き人生を教えられたことになる。小著ながら、児童書も含めて編集、出版史における労作である。著者の澤田は福音館の元編集者で、「岩波の子どもの本」を担ったもう一人の編集者兼訳者石井桃子の「かつら文庫」のシークレットに関してもふれている。岩波書店もよく出したと思う。私もいずれ

謎にみちた編集者として光吉について一編を書くつもりだ】

〔20〕 村山恒夫『新宿書房往来記』（港の人）が届いた。
【多くの知っている人々、書籍が登場し、とても懐かしいし、巻末の「新宿書房刊行書籍一覧1970〜2020」によって、原秀雄『日没国物語』と立木鷹志『虚霊』を読んだのが1982年であったことを確認した。現在、中村文孝との対談『私たちが図書館について知っている二、三の事柄』を手がけているのだが、図書館において本はシステムの部品、もしくはチップにすぎないのに、出版社にあっては常に一冊ずつの物語があることをあらためて認識させてくれる】

〔21〕 アダム・プシェヴォスキ『それでも選挙に行く理由』（粕谷祐子、山田安珠訳、白水社）読了。
【原文タイトルは Why Bother with Elections?『どうして選挙に思い悩むか？』だが、邦訳名のほうが通りがいいので、そのようになったのであろう。選挙もさることながら、ロクな本しか読んでいない私のガラではないのだけれど、ひとつの正当な民主主義論として考えさせられたことを記しておこう】

〔22〕 股旅堂『古書目録』25が出された。
【「特別付録」として、黒田明による「飯田豊一インタビュー（2009〜2013）」が収録され、

2000冊近い目録とで、双方が楽しめる。かたわらに飯田豊一『「奇譚クラブ」から「裏窓」へ』（「出版人に聞く」12）を置くとさらに楽しめることを付記する次第だ】

〔23〕 論創社HP「本を読む」〈71〉は「バンド・デシネとマックス・エルンスト『百頭女』」です。

２０２２年度

出版状況クロニクル⑬　2022年1月

21年12月の書籍雑誌推定販売金額は1030億円で、前年比10・2％減。

書籍は541億円で、同2・0％減。

雑誌は489億円で、同17・8％減。

雑誌の内訳は月刊誌427億円で、同18・4％減、週刊誌は62億円で、同14・0％減。

返品率は書籍が30・0％、雑誌は38・5％で、月刊誌は37・2％、週刊誌46・2％。

雑誌売上の大幅なマイナスは前年同月に『鬼滅の刃』最終巻の初版395万部が発行され、『呪術廻戦』とともに、全巻が爆発的に売れたことによる反動である。

書店のコミックス売上は30％減とされている。

---

〔1〕　出版科学研究所による1996年から2021年にかけての出版物推定販売金額の推移を示す。

【21年の出版物推定販売金額は書籍が15年ぶりにプラスとなったこともあり、1兆2079億

■出版物推定販売金額　　（単位：億円）

年	書籍		雑誌		合計	
	金額	前年比（%）	金額	前年比（%）	金額	前年比（%）
1996	10,931	4.4	15,633	1.3	26,564	2.6
1997	10,730	▲ 1.8	15,644	0.1	26,374	▲ 0.7
1998	10,100	▲ 5.9	15,315	▲ 2.1	25,415	▲ 3.6
1999	9,936	▲ 1.6	14,672	▲ 4.2	24,607	▲ 3.2
2000	9,706	▲ 2.3	14,261	▲ 2.8	23,966	▲ 2.6
2001	9,456	▲ 2.6	13,794	▲ 3.3	23,250	▲ 3.0
2002	9,490	0.4	13,616	▲ 1.3	23,105	▲ 0.6
2003	9,056	▲ 4.6	13,222	▲ 2.9	22,278	▲ 3.6
2004	9,429	4.1	12,998	▲ 1.7	22,428	0.7
2005	9,197	▲ 2.5	12,767	▲ 1.8	21,964	▲ 2.1
2006	9,326	1.4	12,200	▲ 4.4	21,525	▲ 2.0
2007	9,026	▲ 3.2	11,827	▲ 3.1	20,853	▲ 3.1
2008	8,878	▲ 1.6	11,299	▲ 4.5	20,177	▲ 3.2
2009	8,492	▲ 4.4	10,864	▲ 3.9	19,356	▲ 4.1
2010	8,213	▲ 3.3	10,536	▲ 3.0	18,748	▲ 3.1
2011	8,199	▲ 0.2	9,844	▲ 6.6	18,042	▲ 3.8
2012	8,013	▲ 2.3	9,385	▲ 4.7	17,398	▲ 3.6
2013	7,851	▲ 2.0	8,972	▲ 4.4	16,823	▲ 3.3
2014	7,544	▲ 4.0	8,520	▲ 5.0	16,065	▲ 4.5
2015	7,419	▲ 1.7	7,801	▲ 8.4	15,220	▲ 5.3
2016	7,370	▲ 0.7	7,339	▲ 5.9	14,709	▲ 3.4
2017	7,152	▲ 3.0	6,548	▲ 10.8	13,701	▲ 6.9
2018	6,991	▲ 2.3	5,930	▲ 9.4	12,921	▲ 5.7
2019	6,723	▲ 3.8	5,637	▲ 4.9	12,360	▲ 4.3
2020	6,661	▲ 0.9	5,576	▲ 1.1	12,237	▲ 1.0
2021	6,803	2.1	5,276	▲ 5.4	12,079	▲ 1.3

円、前年比1・3%減となり、ぎりぎりのところで1兆2000万円台を保ったことになる。電子書籍は4662億円、同18・6%増で、紙と合算すると1兆6742億円、同3・6%増となっている。しかし紙のほうの書籍はかろうじてプラスになったものの、雑誌は5000億円を下回る寸前のところまできている。近代出版流通システムは雑誌をベースにして、書籍が相乗りするかたちで稼働してきた。それが2016年に逆転し、6年目を迎えたことになる。もはや限界といっていい流通状況にあると思われるが、今年はどのように進行していくのであろうか】

〔2〕 日販とトーハンの12月29日から1月3日までの書店売上調査が出されている。日販は総合で前年比6・2%減、トーハンは同1・4%減。調査は日販が1607店、トーハンが1519店。

【取次のPOS実績によれば、21年下半期書店売上は続けてマイナスで、11、12月は二ケタ減となっている。とりわけ12月のコミックとMM商品の落ちこみは激しく、30~40%減となっている。コロナ巣ごもり需要とコミック神風バブルは終焉したと見なせよう。もちろんオミクロン株第6波が長期化した場合、再現も考えられるけれど、コロナ禍において、出版状況も想像以上に変わってしまったはずで、その只中へと22年の出版業界はドラスチックに突入していくと判断すべきであろう】

〔3〕　くまざわ書店の連結決算は総売上高450億2000万円、前年比7・2％増。創業以来の過去最高額。

純売上高は447億8000万円、同7・2％増、経営利益は14億円、同40・1％増。営業利益と当期純利益は非公表。

店舗数は228店、法人別ではくまざわ13店、くまざわ書店105店、神奈川くまざわ書店77店、東京ブックセンター開発25店、球陽堂（田園書房）6店、パペレーリア・イケダ（文具）15店。

【前回のクロニクルで、CCCのFCで東証1部上場のトップカルチャーの売上高が264億円、純損失19億円であることを既述しておいた。くまざわ書店はトーハン系列に移行して以来、増殖と膨張を繰返し、上場企業のトップカルチャーを上回る売上高に至ったことになる。しかも経常利益は公表しているにもかかわらず、営業利益と当期純利益は非公表なのは、コロナ巣ごもり需要とコミックバブルをふまえてのことで、実質的には赤字であるのかもしれない。本クロニクル⓫において、やはり日販系列の文教堂が売上高187億円、営業利益3億円で、財務改善がなされつつあるとのリリースを引いておいたが、その後、株価も40円を下回り、またしても22年度第1四半期は赤字になったと伝えられている】

〔4〕　三省堂書店の決算は3億5700万円の純損失。

コロナ禍によりターミナル店を中心とするマイナスが大きく影響したとされる。

前期は神保町本店の土地評価替の計上で、純利益23億円だった。

また神保町本店は建て替えのために3月下旬閉店予定だったが、5月8日まで延ばし、6月上旬解体開始予定。

【赤字の中での本店の閉店と解体、25、6年には新たな神保町本店がお目見えするとのことだが、本当にその頃は出版状況がどうなっているのだろうか。折しも東急百貨店本店内のジュンク堂渋谷店の閉店も伝えられてきたし、大型書店状況も予断を許さないところまできているように思われる】

〔5〕映画館「岩波ホール」が7月で閉館。

コロナ禍による急激な経営環境の変化を受け、劇場運営は困難との判断による。

同ホールは1968年に岩波書店社長の岩波雄二郎が多目的ホールとして創設し、74年には高野悦子総支配人のもとで、「エキプ・ド・シネマ」として、名作映画を上映し、65ヵ国271作品を手がけてきた。

【2016年に破産した信山社（旧岩波ブックセンター）と岩波ホールは隣接し、岩波文化を象徴していたところがあった。しかし岩波ホールも閉館し、三省堂書店も解体に入ることからすれば、神田の風景も変わってしまうしかない。後はどうなるのか】

〔6〕昭文社HDは連結子会社の昭文社の希望退職者を募集。

対象者は41歳以上の正社員で、退職日は3月31日。

19年2月に続く2度目の希望退職の実施で、前回は80人の募集に対し、96人が応募。昭文社HDの22年3月期連結予想は売上高53億円、純損失8億6000万円とされていたが、希望退職者募集による影響は避けられないだろう。

【コロナ禍によって、旅行需要がほとんど消失し、主要ガイド「まっぷる」が苦戦したことが大きいとされる。しかしそれは旅行ガイド書を刊行している他の出版社にも共通しているはずで、やはり本クロニクル❸で、ダイヤモンド・ビッグ社の「地球の歩き方シリーズ」の学研プラスへの譲渡にも言及している。そうしたコロナ禍における旅行ガイドブックの不振に加え、もはや紙のガイドや地図もデジタル化され、これから書店の地図ガイド売場も縮小化されていくであろう】

〔7〕ディスカヴァー21は純損失2億7800万円の決算を発表。

【ディスカヴァー21は大手取次を経由しない書店との直取引で返品率も低く、『ニーチェの言葉』などの相次ぐベストセラーによって好調だと目されていたが、コロナ禍もあってなのか、いきなり赤字となってしまったようだ。取次を介在していない独自の直取引、それに基づく在庫、データ管理下においても、流通はともかく、書店販売は難しくなっていることを示していよう。直取引でないにしても、同様の流通によっている多くの小出版社の状況はどうなっているのだろうか】

〔8〕看護の科学社が破産。負債は1億6000万円。
【本クロニクル❾で、同社が1976年に設立され、月刊誌『看護実践の科学』の他に、看護、医療、介護書などを刊行していたが、法的整理に入ったことを既述しておいた。だが破産するしかなかったようだ】

〔9〕講談社の女性誌『with』は3月発売の5月号をもって、適時刊行へと移行する。今後はウェブサイト「with Online」を中核とし、従来の紙版に加え、次世代のコミュニティとサービスを伴う次世代事業モデルを構築するとしている。
【『with』の創刊は1981年で、光文社の『cancan』も同様だった。それに先行して、75年には光文社の『JJ』、77年には平凡出版の『クロワッサン』、集英社の『MORE』、78年には婦人生活社の『素敵な女性』、後の83年には集英社の『LEE』、青春出版社の『SAY』、講談社の『ViVi』などが創刊され、まさに70年代後半から80年代前半にかけては女性ビジュアル誌創刊のディケードであった。それからすでに半世紀近くを経ているし、このようにして女性ビジュアル誌の時代も終わっていくのだろう】

〔10〕小学館と演劇出版社は歌舞伎専門誌『演劇界』を4月号で休刊。
『演劇界』は演劇出版社によって1943年に創刊され、2007年に同社は小学館の傘下に入っていたが、継続は困難となっていた。

【『演劇界』は１９０７年創刊の『演芸画報』の系譜を引く商業演劇と歌舞伎を主とする専門雑誌であった。残念ながらすでに役割を終えたというしかない。ただ知人が同誌による演劇評論家だったので、次のメディアが見つけられるだろうかと気になる】

〔11〕トーハンとメディアドゥは宝島社と共同で、人気占い師シウマの『あなたの居場所がすべて開運スポットになる琉球秘術』ＮＦＴデジタル特典「デジタル御守」付特装版を販売すると発表。

ＮＦＴデジタル特典とはブロックチェーン技術を基盤とするＮＦＴ（非代替性トークン）を活用し、ユーザーが購入した出版物などの特典として入手できる、資産的価値を持つデジタルコンテンツの総称とされる。

【もちろん不案内で、どのようなものかわからないけれど、このトーハン、メディアドゥ、宝島社のトリオのＮＦＴデジタル特典の販売が成功すれば、続々と出されていくことになろう。『文化通信』（１／１）にメディアドゥの藤田恭嗣社長へのインタビューが掲載されているが、本クロニクル❶ですでに一度取り上げている。必要であれば、同じインタビュー内容ではないし、メディアドゥ史も付されていることもあり、ダイレクトに参照されたい】

〔12〕『人文会ニュース』（Ｎｏ．１３９）が巻頭の「15分で読む」において、中条省平の「現代社会とマンガ」を掲載している。

【中条文は適格にして簡略な戦後マンガ史であり『マンガの論点』（幻冬舎新書）などの著者にふさわしく、『人文会ニュース』の読者にも、ここで挙げられたコミックを再考してほしいと思う。それに加え、１９７３年創刊の『人文会ニュース』がようやく正面からコミックを取り上げたことを寿ぎたい。続けての三崎絵美・信濃潔の「マンガ専門図書館の現場から」も時宜を得ている。実は私も『近代出版史探索外伝』に最も長い「ブルーコミックス論」を収録しているし、中村文孝との対談『私たちが図書館について知っている二、三の事柄』（近刊）でも公共図書館とコミックの問題にふれているからだ。それにまた論創社ＨＰ「本を読む」では続けて「バンド・デシネ」にふれたので、次回からは日本の「バンド・デシネ」的コミックに関して連載するつもりでいることを付け加えておこう】

〔13〕『フリースタイル』〈50〉が恒例の特集「ＴＨＥ ＢＥＳＴ ＭＡＮＧＡ ２０２２このマンガを読め！」を組んでいる。

【今回の「ＢＥＳＴ10」は一冊も読んでおらず、そこでただちに1の松本大洋『東京ヒゴロ』（小学館）を買い求めた次第だ。松本の前作『ルーブルの猫』はあまり買わなかっただけに、『東京ヒゴロ』は現在のコミック出版状況と重なる登場人物の描き方に関して、題材、ストーリーともに魅せられた。この作品が12ではないけれど、戦後コミック史を踏まえていることは明らかだ。どおくまんの『嗚呼!!花の応援団』からの引用も見られて楽しい。出版関係者必読のコミックとして推奨したい。それはともかく、編集・発行人の吉田保が「from EDITOR」

で、「ユーザー」という言葉について書いているが、まったく同感である。私も図書館の「ユーザー」に言及したばかりだからだ。吉田は「ユーザー」と「ファン」は異なり、前者には本や映画に対する「リスペクト」が欠けているのではないかと述べているけれど、それは図書館関係者も同様のように思われる】

〔14〕『現代思想』（2022年1月号）も特集「現代思想の新潮流 未邦訳ブックガイド30」を組んでいる。

【30年以上前に、やはり『現代思想』（1986年4月号）で特集「未邦訳ブックガイド 現代思想の22冊」が編集され、そこにはフーコー『性の歴史』、ドゥルーズ・ガタリ『千のプラトー』、ベンヤミン『パサージュ論』などが並んでいた。幸いにして、現在ではそれらのほとんどは邦訳を見ているが、今回の特集の翻訳はどれほど読めるであろうか。それでもマーティン・ヘグルンド『この生』（Martin Hägglund. This Life : Secular Faith and Spiritual Freedom, Pantheon, 2019）は身近なところで翻訳が始められていくようなので、意外と早く読むことができるかもしれない。名古屋大学出版会近刊予定】

〔15〕ジャーナリスト、作家の外岡秀俊が亡くなった。

【私は中原清一郎『未だ王化に染はず』（福武書店、1986年）に関して、拙稿「『未だ王化に染はず』の真の作者は誰か」（『古本探究』所収）で、それが外岡の作品であることを明らかにしている。それが彼にどのような影響をもたらしたかは詳らかにしないが、作家として『未だ王化に染はず』のテーマを深化させていったならば、まったく別の地平へと至ったように思えてならない。68歳という現在にあっては早すぎる死が惜しまれる】

〔16〕 未知の女性名義での訃報が届いた。開けてみると、叔母竹内幸子、83歳にて他界の知らせであった。【竹内は三笠書房創業者竹内道之助の夫人で、拙稿「竹内道之助『わが生』」(『古本屋散策』所収)でふれた彼の遺稿集の刊行者である。面識はなく、電話で話しただけであったけれど、『わが生』を拝借し、読むことができた。彼女の死もあり、今年は引き延ばしてきた戦前の三笠書房史にとりかからなければと思う】

〔17〕 『近代出版史探索Ⅵ』は3月刊行予定。中村文孝との対談『私たちが図書館について知っている二、三の事柄』はゲラも出てきたので、4月中に刊行できればいいのだが。

論創社HP「本を読む」〈72〉は12、13と関連して、「ダヴィッド・プリュドム『レベティコ』」です。

出版状況クロニクル⓮　2022年2月

22年1月の書籍雑誌推定販売金額は853億円で、前年比4・8％減。

書籍は510億円で、同0・9増。

雑誌は343億円で、同12・3％減。

雑誌の内訳は月刊誌が275億円で、同14・4％減、週刊誌は67億円で、同2・3％減。

返品率は書籍が30・2％、雑誌は43・3％で、月刊誌は43・8％、週刊誌は41・0％。

書店売上は実質的に書籍もマイナスで、雑誌はコミックスが28％のマイナスとなり、22年は1月から幸先がよくない。

取次POSレジ調査でも二ケタ減が3ヵ月続いている。

---

〔1〕　出版科学研究所による21年度の電子出版市場販売額を示す。

【21年の電子出版市場は4662億円で、前年比18・6％増。それらの内訳は電子コミックが4114億円、同20・3％増、電子書籍449億円、同12・0％増、電子雑誌は99億円、10・

■電子出版市場規模　（単位：億円）

年	2014	2015	2016	2017	2018	2019	2020	2021	前年比（%）
電子コミック	882	1,149	1,460	1,711	1,965	2,593	3,420	4,114	120.3
電子書籍	192	228	258	290	321	349	401	449	112.0
電子雑誌	70	125	191	214	193	130	110	99	89.9
合計	1,144	1,502	1,909	2,215	2,479	3,072	3,931	4,662	118.6

1%減。電子コミックの占有率は18年の80・8%から90%に迫る88・2%で、日本の電子出版は電子コミック市場に他ならないことがあからさまになっている。「縦スクロールコミック」が好調のようだ。それに対し、電子雑誌は4年連続のマイナスとなり、ついに100億円を割ってしまった。電子書籍はコロナ禍の中にあって、新規ユーザーが増えているとされるが、500億円までに達するであろうか。紙と電子を合わせた出版市場は1兆6742億円で、同3・6%増となり、電子出版シェアは27・8%と3割近くを占めている。22年度は確実に3割を超え、紙の雑誌を上回るであろう】

〔2〕講談社、集英社、小学館、KADOKAWAの4社がアメリカのIT企業クラウドフレア社に4億6000万円の損害賠償を求め、民事で提訴。

クラウドフレア社は多くの海賊版サイトに「コンテンツ・デリバリーネットワーク」（CDN）サービスを提出している。そのために出版社4社は海賊版コンテンツの公衆送信、複製の差し止め、及び各社1作品、計4作品の被害総額の一部として算出されたものを損害賠償額として求めている。

【本クロニクル❻や⓫で、コミックの海賊版サイト「漫画村」や「漫画BANK」に関して既述しておいたが、大手4社がついに提訴に及んだことになる。これらの4社とメディアドゥなどで組織される海賊版対策の一般社団法人ABJによれば、アクセス数の多い上位10の海賊版サイトで読まれたコミックの小売価格は21年だけで1兆円を超えると試算されている。それは21年の電子コミック市場の2倍以上で、デジタル化が必然的に伴う自律的分散型システムの内包性からいって、こちらもさらに増えていくと予想されよう】

〔3〕 国会図書館は5月からデジタル資料のうちの絶版などで入手困難なもの153万点の「個人向けデジタル化資料送信サービス」を開始。

サイト「国会図書館デジタルコレクション」の画面から、スマホ、パソコンなどの端末によって閲覧でき、1年後には印刷機能も提供予定。

「図書」55万点、「雑誌」82万点などが対象となる。

【中村文孝との3冊目の対談集『私たちが図書館について知っている二、三の事柄』の仕上げに入っているのだが、ひとつの焦点は1980年以後の図書館の増殖、そのことによって起きた2010年に至っての書籍販売部数と図書館貸出冊数の逆転で、その後ずっと後者のほうが上回る事態が続いている。その事実とパラレルに出版社の書籍にしても、既刊在庫＝ストックではなく、新刊＝フローのほうの出荷が多くなってしまったこととリンクしている。そのような図書館貸出状況は、これまで書店によって支えられてきた書籍販売という生態系を変貌させてしまったのではないかという問題を直視することになった。国会図書館の「個人向けデジタル化資料送信サービス」もまた、古本屋も含んでの出版物の生態系を否応なく変えていくだろう】

〔4〕TSUTAYAやゲオのレンタル市場に肉薄してきたネットフリックスやディズニープラスなどの動画配信市場も、急成長から減速しつつあるようだ。

【藤村厚夫「先読みウェブワールド」(『日経MJ』2／7)によれば、ディズニープラスもネットフリックスも会員数の伸びが鈍化し、アマゾンプライムビデオ、HBOマックス、Hulu、ピーコックと群雄割拠状態になり、動画配信市場のそれぞれの成長余地は限られていることが明らかになった。この成長の壁に対して、ネットフリックスなどは海外市場でのオリジナル作品の開発だけでなく、どのようにゲームやアニメの品揃え強化を進めていくかが課題となっている。このような構図は1の電子コミックス配信市場にも当てはまるであろうし、やはり品揃えとコンテンツにより、淘汰されるところも出てくると考えられる。ネットフリックスなどの海外市場ではないけれど、NHNコミコ運営の電子洋画アプリ「comico(コミコ)」は英語や中国語の他にフランス語、ドイツ語の電子コミック配信も手がけていくと発表されている】

〔5〕コミック物流が破産手続き開始。

同社はリトバの関係会社として、2011年に設立され、運営サイト「全巻漫画com」など書籍保管や物流を手がけていたが、販売の低迷と過剰在庫で苦戦していた。
リトバが同時期に破産したことに伴う負債額は1億3000万円。

【電子コミック市場の成長の背後で、従来のコミックの物流や在庫のパラダイムチェンジが起きているのであろうし、しかもそれは始まったばかりだと考えられる。それは出版倉庫会社にしても同様で、最大手の大村紙業は春日部市の庄和物流センターに物流拠点を集約し、従来の新刊在庫、出荷から返品処理、改装、断裁などに加え、受注情報のデータ化、受注代行、プリントオンデマンド（POD）にも対応する機能を完備させたという。その取引出版社は390社、出庫は月400万冊に及び、出版倉庫会社のシステムの進化もサバイバルを含め、必然的な方向へと絶えず更新されていくのだろう。それは出版社系の昭和図書なども同じであろう。そうした中で、唯一変わらないのが再販委託制ということになる】

〔6〕山形の書物屋ほんべいが破産。

【この書店は1990年代の記憶からすると、太洋社帳合のショッピングセンターなどに出店する雑誌中心の小書店であった。この時期に至っての破産には何らかの事情が秘められていると推測される】

〔7〕角川春樹事務所、河出書房新社、筑摩書房、中央公論新社の4社は王子製紙と共同で、「文庫用のオリジナル本文用紙」を開発し、2月の新刊から順次使用し、生産効率の改善とコス

ト削減をめざす。

【かつてNR出版協同組合が印刷や用紙仕入れの共同化を試みていたが、文庫用紙を共通化するのは初めてとされる。そうはいっても、各社の文庫特有の問題もあり、開発までに3年を要したという。文庫用紙の共通化によって、それぞれの文庫がどのように変わっていくのかの検証を怠らないようにしよう。新書も続いていくかもしれないので】

〔8〕『選択』（2月号）の「マスコミ業界ばなし」が、岩波書店の内紛を伝えている。

岩波書店の坂本政謙社長が『文藝春秋』（2月号）に「創業の精神」を寄稿し、改革の決意を語っていることから、『世界』をめぐる騒動への言及に加え、21年度3月期の赤字決算にもふれている。

【本クロニクル⑩で、坂本新社長のインタビューを取り上げ、何もいっていないに等しいし、「業界全体の問題として対応を考えて」いるとは思えないと記しておいた。「創業の精神」にしても、『文藝春秋』の巻頭エッセイで、「明らかに岩波社内にいる旧派を牽制する内容」とまではいかないであろう。要するに『選択』にしても、『文藝春秋』と岩波新社長の組み合わせ、そこから派生する『世界』編集長問題へと誘導していく意図が透けて見える。しかしもはや『世界』は岩波の「看板雑誌」とはいえないし、そのような時代はすでに終わっていることを自覚すべきであろう】

〔9〕『芸術新潮』(3月号)が特集「楳図かずおの大いなる芸術」を組んでいる。

【手元に2005、6年に小学館クリエイティブが「楳図かずおデビュー50周年記念出版」として復刻した『姿なき招待・続姿なき招待』『別世界・幽霊を呼ぶ少女』がある。それらの中でも『別世界』(トモブック社)は1951年、楳図が高校3年の時のデビュー作で、何と70年近く前の作品に他ならない。それらが現在にあって、「大いなる芸術」として昇華したことを今回の特集はまざまざと示している。私は1970年代前半の『イアラ』(小学館)に愛着を覚えるのだが、この特集を前にして、当時読んでいた美術出版社のA5判函入の翻訳書シリーズ、ルネ・ホッケ『迷宮としての世界』(種村季弘、矢川澄子訳)を始めとする一連の美術書を想起してしまった。楳図とそれらの美術書が重なり、彼もまた読んでいたのではないかと思ったりもしたのである。それから2008年の映画化に伴い、『おろち』(小学館集英社プロダクション)が大判で出され、この特集と相通じるクローズアップされた楳図の世界を垣間見せてくれた。これからもそのような企画を願って止まない。なお今月から1年ほど続けて、論創社HPの「本を読む」で日本の「バンド・デシネ」的な大判コミックなどに関して連載する予定であることも付記しておく】

〔10〕『昭和の不思議プレミアム　裏社会の顔役』(「ミリオンムック」09、大洋図書)を購入してきた。

【それは大八木一輝「日本初の「ヤクザ雑誌」を立ち上げ、権力に歯向かった武闘派編集長伝説」なる一文が掲載されていたからである。この雑誌は1985年に創刊された『月刊実話時代』で、最盛期には20万部を超えたとされる。私も本クロニクル❻などで書いているけれど、1980年代は極道ジャーナリズムの時代でもあり、それらの中でも『月刊実話時代』はエディターシップが突出していた。その事情と内実がこの大八木文によって明らかになった。創刊したのはその後、20年にわたって編集長の座にあった酒井信夫と相棒の渡辺豊だった。2人はブント出身で、小出版社を経て、編集プロダクションの創雄社を立ち上げ、ヤクザは門外漢ながらも『月刊実話時代』を創刊するに至る。しかし酒井の権力に対する挑発もあってか、東日本大震災後、創雄社に税務署の査察が入り、最終的に酒井が自己破産申請して、第一線から退くことになったようだ。その後別の編プロが引き継ぎ、刊行は続けられたが、17年に酒井は糖尿病が悪化、69歳で逝去し、19年に『月刊実話時代』も廃刊となっている。大洋図書の「昭和の不思議」シリーズは売れているようで何よりだが、新左翼と極道ジャーナリズムの併走も終わっていくのだろう】

〔11〕 元弓立社の宮下和夫が亡くなった。

【「出版人に聞く」シリーズの著者の死は宮下で8人目である。彼の『弓立社という出版思想』は残されたので、それだけでもよかったと思う。私たちの世代にとって、宮下が1970年代前半に弓立社を立ち上げ、吉本隆明の著書をベースとして、インディーズ出版の試みに挑んでいったことは大いなる刺激と範になったのである。それは「出版人に聞く」番外編の鈴木宏『風から水へ』にも明らかだ。弓立社の最初の出版物である吉本の『敗北の構造』は忘れられない一冊だし、宮下もまた近代出版史の掉尾を担った一人だったといえよう。報道もされていないので、まだ彼の死は知られていないと思われるが、謹んでご冥福を祈る】

〔12〕中田耕治の死も伝えられてきた。

【中田には少年時代に早川書房のポケットミステリの翻訳者として大いに恩恵にあずかった。とりわけロス・マクドナルドの初期から中期にかけての『人の死に行く道』など5作の翻訳は、ロス・マクドナルドの世界のイメージが確立したように思える。私も「ゾラからハードボイルドへ」(『近代出版史探索外伝』所収)において、『運命』を論じ、そのトマス・ハーディの詩も含んだ訳文を引用させてもらっている。しかし翻訳者としてはともかく、作家や研究者としてはよくわからないところがあり、薔薇十字社から『ド・ブランヴィリエ侯爵夫人』も出されていたので、内藤三津子『薔薇十字社とその軌跡』(「出版人に聞く」10)のインタビューの際に尋ねてみるつもりでいたが、聞きそびれてしまった。でもよく考えてみると、ポケットミステリや創元推理文庫の翻訳者たちは詩人を始めとして多くの才に富んだ人々がいて、それらの翻訳を通じて外国文学に馴染んできたことを実感してしまう。そのような戦後の翻訳出版の時代も終わろうとしている】

〔13〕作家、西村賢太が急死した。

【『週刊読書人』(1/14)の新庄耕との対談「なぜ小説を書いているのか」を読んだばかりだっ

たので、その死には少しばかり驚かされた。そこで彼は「あと十年でしょうね。体力がもつのは」と語っていたのに、わずか1ヵ月ほどしかもたなかったことになる。西村のように、古本屋、同人誌、私小説というインフラとアイテムで登場してくる作家は彼が最後であり、そうした意味において、西村こそは最後の近代文学者だったのかもしれない。このようにして近代文学も終わっていくのだろう】

〔14〕　ブックオフ創業者の坂本孝が死去した。
【ブックオフと坂本に関しては拙著『ブックオフと出版業界』で言及しているので繰り返さないが、それでもブックオフと日販、CCC＝TSUTAYAとの関係はその後どうなったのかは判明していない。いずれ明らかになる日もくるであろう】

〔15〕　東京子ども図書館理事長、『くまのパディントン』の訳者の松岡享子も亡くなった。
【松岡の石井桃子、慶應義塾大学図書館学科などとの関係は、中村文孝との『私たちが図書館について知っている二、三の事柄』でふれているので、これも偶然の暗合のようにも思われなかった。そればかりか、山本まつよも亡くなっている。彼女は子ども文庫の会を主宰し、『季刊子どもと本』を刊行し、絶版となった『ちびくろさんぼ』も『ブラック・サンボくん』として出版してきた。今月は多くの死が伝えられたこともあって、物故者のクロニクルの色彩が濃くなってしまった。だが私たちの世代はこれからもそうした状況に立ち会っていくことになる

だろう】

〔16〕 論創社ＨＰ「本を読む」〈73〉は「つげ義春『夢の散歩』」です。
『近代出版史探索Ⅵ』は３月下旬、『私たちが図書館について知っている二、三の事柄』は４月下旬刊行予定。

出版状況クロニクル⓯　２０２２年３月

22年２月の書籍雑誌推定販売金額は１０７９億円で、前年比10・３％減。

書籍は６７７億円で、同５・７％減。

雑誌は４０２億円で、同17・０％減。

雑誌の内訳は月刊誌が３３５億円で、同18・８％減、週刊誌は67億円で、同６・４％減。

返品率は書籍が29・５％、雑誌は39・８％で、月刊誌は38・９％、週刊誌は43・７％。

雑誌は６ヵ月連続二ケタマイナスで、コミックス売上の落ちこみが大きい。

■コミック市場全体（紙版＆電子）販売金額推移　（単位：億円）

年	紙			電子			合計
	コミックス	コミック誌	小計	コミックス	コミック誌	小計	
2014	2,256	1,313	3,569	882	5	887	4,456
2015	2,102	1,166	3,268	1,149	20	1,169	4,437
2016	1,947	1,016	2,963	1,460	31	1,491	4,454
2017	1,666	917	2,583	1,711	36	1,747	4,330
2018	1,588	824	2,412	1,965	37	2,002	4,414
2019	1,665	722	2,387	2,593		2,593	4,980
2020	2,079	627	2,706	3,420		3,420	6,126
2021	2,087	558	2,645	4,114		4,114	6,759
前年比（%）	100.4	89.0	97.7	120.3		120.3	110.3

書店売上も書籍、雑誌の定期誌はいずれも10％減で、今後の書店動向もコミックス売上次第という状況を迎えつつあると考えられる。

それもあって、1と2のコミック市場も注視すべきであろう。

---

〔1〕『出版月報』が特集「コミック市場2021—変遷から読み解く読者とコミック」を組んでいる。
その「コミック市場全体（紙版＆電子）販売金額推移」と「コミックス・コミック誌推定販売金額推移」を示す。

【21年のコミック市場全体の推定販売金額は6759億円で、前年比10・3％増。4年連続プラスで、その内訳は紙のコミックスが2645億円、同2・3％減、電子コミックスが4114億円、同20・3％増。前年比マイナスだった2017年の4330億円に比べれば、2429億円のプラスとなり、それは紙のコミックスの売上に相当するものであり、20、21年のコロナ禍、電子コミックの成長、『鬼滅の刃』の神風的ベストセラーに続

■コミックス・コミック誌の推定販売金額推移　（単位：億円）

年	コミックス	前年比（%）	コミック誌	前年比（%）	コミックス コミック誌 合計	前年比（%）	出版総売上に占めるコミックのシェア（%）
1997	2,421	▲4.5%	3,279	▲1.0%	5,700	▲2.5%	21.6%
1998	2,473	2.1%	3,207	▲2.2%	5,680	▲0.4%	22.3%
1999	2,302	▲7.0%	3,041	▲5.2%	5,343	▲5.9%	21.8%
2000	2,372	3.0%	2,861	▲5.9%	5,233	▲2.1%	21.8%
2001	2,480	4.6%	2,837	▲0.8%	5,317	1.6%	22.9%
2002	2,482	0.1%	2,748	▲3.1%	5,230	▲1.6%	22.6%
2003	2,549	2.7%	2,611	▲5.0%	5,160	▲1.3%	23.2%
2004	2,498	▲2.0%	2,549	▲2.4%	5,047	▲2.2%	22.5%
2005	2,602	4.2%	2,421	▲5.0%	5,023	▲0.5%	22.8%
2006	2,533	▲2.7%	2,277	▲5.9%	4,810	▲4.2%	22.4%
2007	2,495	▲1.5%	2,204	▲3.2%	4,699	▲2.3%	22.5%
2008	2,372	▲4.9%	2,111	▲4.2%	4,483	▲4.6%	22.2%
2009	2,274	▲4.1%	1,913	▲9.4%	4,187	▲6.6%	21.6%
2010	2,315	1.8%	1,776	▲7.2%	4,091	▲2.3%	21.8%
2011	2,253	▲2.7%	1,650	▲7.1%	3,903	▲4.6%	21.6%
2012	2,202	▲2.3%	1,564	▲5.2%	3,766	▲3.5%	21.6%
2013	2,231	1.3%	1,438	▲8.0%	3,669	▲2.6%	21.8%
2014	2,256	1.1%	1,313	▲8.7%	3,569	▲2.7%	22.2%
2015	2,102	▲6.8%	1,166	▲11.2%	3,268	▲8.4%	21.5%
2016	1,947	▲7.4%	1,016	▲12.9%	2,963	▲9.3%	20.1%
2017	1,666	▲14.4%	917	▲9.7%	2,583	▲12.8%	18.9%
2018	1,588	▲4.7%	824	▲10.1%	2,412	▲6.6%	18.7%
2019	1,665	4.8%	722	▲12.4%	2,387	▲1.0%	19.3%
2020	2,079	24.9%	627	▲13.2%	2,706	13.4%	22.1%
2021	2,087	0.4%	558	▲11.0%	2,645	▲2.3%	21.9%

く『呪術廻戦』や『東京卍リベンジャーズ』のブーム、アニメ化も相乗している。それに加えて、コミック市場のピークは1995年の5864億円であることを考えれば、数年のうちに電子コミックスはそれすらも凌駕していくことになろう。その95年には『週刊少年ジャンプ』は600万部、『週刊少年マガジン』は400万部台を誇り、コミック誌販売だけでも13億4301万冊に及んでいた。それが21年には1億4878万冊と10分の1になってしまったことになる。その事実はコミック誌の主要な販売インフラがキヨスク、コンビニ、書店から電子コミック市場へとドラスチックに移行したことを物語っていよう。21年の紙の出版物推定販売金額は1兆2079億円であり、コミック市場全体の6759億円はその半分を超えるところまできている。そのことを含め、取次と書店の行方を注視しなければならない】

〔2〕コミックスの新刊点数の推移も見てみよう。

【これは念のために書いておくが、コミックスは雑誌コードが付され、雑誌として配本されるもの、そうではなく書籍として流通するものの2種類がある。かつては大手出版社と中小出版社、大部数と少部数、ハードカバーとソフトカバー、取次における雑誌コード取得問題など、様々なファクターによって選別されていたが、現在ではそれらの境界の詳細は伝えられていない。ただこの表から歴然なのは雑誌扱いにしても、書籍扱いにしても、コミックス新刊点数はいずれも四半世紀で2倍に及んでいることで、それは今世紀に入っての20年がコミックスの時代であったことを告げている。書籍新刊点数のほうを見てみると、1995年6万1302点

■コミックス新刊点数

年	雑誌扱い		書籍扱い		合計	
	点数	前年比（％）	点数	前年比（％）	点数	前年比（％）
1995	4,627	103.9	2,094	156.3	6,721	116.0
2011	9,128	103.1	2,893	92.5	12,021	100.4
2012	9,376	102.7	2,980	103.0	12,356	102.8
2013	9,481	101.1	2,680	89.9	12,161	98.4
2014	9,937	104.8	2,763	103.1	12,700	104.4
2015	9,701	97.6	2,861	103.5	12,562	98.9
2016	9,762	100.6	2,829	98.9	12,591	100.2
2017	9,608	98.4	2,853	100.8	12,461	99.0
2018	9,596	99.9	3,381	118.5	12,977	104.1
2019	9,295	96.9	3,510	103.8	12,805	98.7
2020	9,023	97.1	3,916	111.6	12,939	101.0
2021	9,272	102.8	4,148	105.9	13,420	103.7

に対して、20世紀に入ると7万点台を推移し、20年には6万8608点と下回り始め、21年の雑誌、書籍扱いコミックスは合わせて1万3420万点で、単純比較すれば、その5分の1に及んでいることになろう。これに電子コミックス新刊点数を加えれば、書籍の新刊点数を上回ってしまうかもしれない。今後の国際的な電子コミックスの普及とアニメ化などと関連して、これらの紙のコミックス新刊点数がどのように推移していくのか予断は許さないにしても、**1**で示したようにコミック誌の販売部数のドラスチックな落ちこみからすれば、これ以上増えるとはないように思われる】

〔3〕講談社の決算は売上高1707億7400万円、前年比17・8％増。営業利益217億円、同35・6％増。当期純利益155億5900万円、同43・0％増で、当期純利益は過去最高となった。

売上高の内訳は紙媒体の「製品」が662億8600万円、同4・4％増、「事業収入」910億2800万円、同27・4％増、「広告収入」70億4300万円、同27・6％増。「事業収入」の「デジタル関連収入」は704億円、同29・4％増、そのうちの電子書籍は690億円、同30・2％増で、紙媒体の「製品」売上を初めて上回った。「国内版権収入」は114億円、同38・9％増、「海外版権収入」は91億円、同4・2％増。

【本クロニクル❾や⓬で、デジタルや版権収入で稼ぐ集英社の決算を見てきているが、講談社も同様の決算で、「デジタル関連収入」が紙媒体の「製品」を超えるものとなった。おそらく小学館の決算も集英社や講談社に続くものになるだろうし、大手出版社3社が揃ってデジタル化へとさらに邁進していくことになろう。雑誌とコミック誌の大手出版社がデジタルや版権収入へと移行していく一方で、取次と書店はどのような対応を迫られてくるのか、それが焦眉の問題となっていく】

〔4〕『日経MJ』（3／7）が「トップに聞く」シリーズで、メディアドゥの藤田恭嗣社長にインタビューしている。

そこにはメディアドゥの2018年から22年にかけての連結業績が付され、22年2月の連結決算は売上高前年比20％増の1000億円、純利益が5％増の16億円とされる。それはコロナ禍による巣ごもり需要と電子書籍の拡大の寄与だが、23年には減益となる可能性も示唆されている。

それもあって電子書籍の流通だけでは長期的成長の維持は難しいので、非代替性トークン（NFT）を付与した流通プラットホーム「FanTop」、メタバースのためのVR電子書籍ビューア

「XRマンガ」の開発などが語られている。

【メディアドゥに関しては本クロニクル❶、トーハンの筆頭株主化は同❹ですでにふれてきているし、やはりNFTデジタル特典付の書籍販売も同⓭で取り上げているが、ここでも言及してみる。それはまた1の『出版月報』に「コミック関連のNFT始まる」として、コアコミックスの『北斗の拳』、ぴあの『パンダと犬V』、講談社の『code：ノストラ』、集英社の「マンガアート〈リテージ〉」としての『ONE PIECE』などの販売がレポートされていたからでもある。これらの技術や販売に無知な人間の印象を記しておく。1980年代までは小説や詩集の豪華限定版が盛んで、それらの収集家やマニアは全国で300人はいるとして、多くが出されていた。その一社に成瀬書房があったが、それらの30冊ほどが500円で売られているのをブックオフで見たばかりだ。もちろん投資の意味が異なってきていることも承知しているが、当時は誰も予想していなかったはずだ。コミック関連のNFTもそのようなイメージを否めない】

〔5〕トーハンとDNPは出版流通改革の一環として、東京都北区のDNP書籍流通センター（赤羽SRC）をトーハン桶川センター内へ移設し、桶川書籍流通センター（桶川SRC）とし、関連する取り組みを拡大する。

赤羽SRCはDMPと丸善ジュンク堂が共同整備したDNPグループ書店のための流通拠点だが、埼玉県桶川市の桶川SRC5F、1200坪へと移設となる。

桶川ＳＲＣはＤＮＰグループ書店（丸善ジュンク堂など）、トーハングループ書店（ブックファースト、八重洲ＢＣなど）、新規参画の三省堂書店、未来屋書店との共同施策により、共同仕入れ、在庫とメンテナンス、迅速な出荷、ＰＯＤ製造などの環境を整備していく。

【このトーハンとＤＮＰの共同施策に関しては両社がニュースリリースを出しているので、詳細を必要とするのであれば、そちらを見てほしい。これにトーハンの筆頭株主となったメディアドゥも絡み、出版印刷、流通と販売、電子書籍をめぐる出版流通改革が試みられるであろう。なお桶川ＳＲＣは22年10月稼働、移設は23年1月完了予定となっている】

〔6〕『週刊ダイヤモンド』（3／12）が特集「物流危機〈上級企業〉と〈下流宅配〉」を組んでいる。そのリードを示す。

「宅配業界大手が荷物の総量規制と配達料の値上げに踏み切る「宅配クライシス」に震撼したのは２０１７年。そして昨年末、宅配大手であるヤマト運輸の配送現場は大混乱に陥っていた。クライシスは終わっていなかったのだ。ヤマトだけでもない。物流産業だけでもない。小売り、メーカーなどあまたの企業が物流危機に直面している。」

【今回の「物流危機」はインターネット通販の13年の6兆円から20年の12兆円を超えるという倍増に伴う宅配便の激増である。それはコロナ禍の巣ごもり需要と相まって、20年の宅配取り扱い数は50億個に迫りつつあり、しかも自前の物流配送は含まれておらず、隠れ荷物の10億、20億個も指摘される事態となっている。それに対してトラックドライバーの大量不足、高齢化、物流コスト大高騰、24年にはドライバーの労働時間問題も控え、物流全体が危機に追いやられているのだ。それにヤマトとアマゾンの関係が象徴的に描かれ、出版業界にしても、『出版状況クロニクルⅥ』などでもレポートしてきたように、さらに出版輸送が危機を迎えていると推測するしかない】

〔7〕富士山マガジンサービスの決算は売上高59億3000万円、前年比15・3％増。営業利益は5億2500万円、同62・5％増、当期純利益は3億4600万円、同61・6％増と増収大幅増益。

雑誌販売事業における総登録ユーザー数（一般及び法人購読者の合計数）は374万9692人、前年比23万747人増。会員数は雑誌市場の縮小にかかわらず伸びているが、ユーザーの増加率は鈍化しつつある。

デジタル雑誌関連事業は電通との合併会社magaport による雑誌読み放題サービスの成長により、売上の32・2％を占めるに至っている。

【会員数は増えているにしても、個人の紙の雑誌定期購読サービスの成長は難しくなっているだろうし、その他の事業展開、例えばTRCと共同での電子図書館業などはどうなるのだろうか。それに雑誌販売読者情報をベースとする富士山マガジンサービスとイードとの合弁会社イデアによる出版社ECサイトの運営支援事業、CCCの関連会社との雑誌情報を用いたマーケティングデータ検証事業なども、雑誌の凋落の中で企画進行しているわけだから、本当にどう

なっていくのだろうか】

〔8〕三省堂書店神保町本店は5月8日まで営業し、建替に伴い、6月11日から靖国通り沿いのヴィクトリアゴルフ御茶ノ水店を仮店舗として営業開始。

〔9〕文教堂GHはFC新規事業として、溝ノ口本店にプログラミング教室を導入し、3月にはR412店（厚木市）にも設け、30店を予定する。
また店長や仕入担当者専従を「ブックトレーナー」として、社会人自己学習を支援する「ブックトレーニング」も新規事業として進めている。

〔10〕明屋書店松山本店が閉店し、76年の歴史を終えた。
【3月の書店のいくつかの出来事を挙げてみた。取次のPOSレジ調査によれば、書店売上は昨年末から二ケタマイナスが続いていて、最悪の状況のように映る。学参期が終わる5月以降の書店状況が気になるところだ】

〔11〕『月刊CUT』（2月号）が「誰も観てないアニメ37本！」を特集し、『SPY×FAMILY』を始めとする『東京リベンジャーズ聖夜決戦篇』『ゴールデンカムイ第4期』『僕のヒーローアカデミア第6期』『チェーンソーマン』などを紹介している。

【この特集に目を通したが、『ゴールデンカムイ』は本クロニクル⓫で既述しているように、コミックは読んでいるけれど、アニメは観にいかないだろうし、他のアニメは読んでいないで、観にいく気になれないだろう。それはもちろん前期高齢者になってしまい、コミック誌連載のものを読まなくなったこともあるが、先月も『PEN』（1月号）の「CREATOR AWARDS2021」特集を読んだ時にも同じ感慨に捉われてしまった。そこでは里河内真衣子、目（mé）、武井祥平、annolab、伊藤亜紗、ヘラルボニー、wetといったCREATORが登場しているが、ほとんど知らないのである。それはまた今月の『文學界』のアナキズム特集、『中央公論』の読書特集にも感じる思いで、雑誌のほうが私から遠ざかっていきつつあるように思われた。日本の出版業界は雑誌を中心として形成され、戦後はとりわけ週刊誌やコミック誌の創刊なども加わり、編集長にしても読者に合わせて若くなければ務まらない激務ゆえに、歳をとると雑誌現場から外れざるを得なかった。それが雑誌エディターの宿命でもあり、それは書籍にしても同様だった。その功罪は現在に及んで考えると、私たちの世代が読む雑誌や書籍が少なくなってしまったことに表われているのかもしれない】

〔12〕ノーム・チョムスキー＋ロバート・ポーリン、聞き手クロニス・J・ポリクロニュー、早川健治訳『気候危機とグローバル・グリーンニューディール』を読了した。

【これは書店で見つけ、スリップに「直」とあり、「トランスビュー取引代行」で、版元は栃木県大田原市の那須里山舎、発行者は白崎一裕とあり、未知の出版社だったことから購入してきた。内容に関する言及は疑問もあるので差し控えるが、21年12月第1刷、22年2月第4刷となっているのは何よりだと思う。同書の他にも那須里山舎はやはり同じ早川訳でヤニス・バルファキス『世界牛魔人―グローバル・ミノタウロス』、アンドリュー・ヤン『普通の人々の戦い』などが刊行されているようなので、いずれ読んでみよう。ひとつだけ気になるのは近年の翻訳版権料の値上がりと出版条件のタイトさで、それらの問題とトランスビューの関係は「グリーンニューディール」に見合っているのだろうかということであった。私の考え過ぎでなければいいのだが】

〔13〕 青木正美『戦時下の少年読物』(日本古書通信社)が届いた。

【昔懐かしい函入菊半截判を彷彿させる一冊で、著者の長年の古本屋生活によって得られた「資料数百点が語る真実」には大いに啓発され、知らないことを教えられた。それらの中でも「権ちゃん」本のことは初めて知るものだった。私などは1950年代に祭の高市で露店商が束ねて売っている月遅れ雑誌を買ってもらった最後の世代だと思われるが、「権ちゃん」本は予想外であった。そしてかつての出版物の生産、流通、販売の多様性を思い知らされたのである】

〔14〕 『近代出版史探索Ⅵ』は遅れてしまい、4月にずれこみ、中村文孝との対談『私たちが図書館について知っている二、三の事柄』も同様に5月となる。

論創社HP「本を読む」〈74〉は「青林堂『つげ義春作品集』」です。

これから1年ほど日本の「バンド・デシネ」的大判コミックに関して連載予定である。

その際はビッグコミックオリジナル特別編『戦争×漫画1970−2020』（小学館）やショーン・タン『アライバル』（河出書房新社）も取り上げるつもりだ。

出版状況クロニクル⑯　2022年4月

22年3月の書籍雑誌推定販売金額は1438億円で、前年比6・0％減。

書籍は944億円で、同2・7％減。

雑誌は494億円で、同11・7％減。

雑誌の内訳は月刊誌が419億円で、同12・4％減、週刊誌は75億円で、同7・5％減。

返品率は書籍が23・8％、雑誌は39・3％で、月刊誌は38・9％、週刊誌は41・4％。

雑誌のマイナスは10ヵ月連続で、週刊誌も同様であり、月刊誌のほうは9ヵ月連続だが、返品率に至っては書籍と異なり、まったく改善が見られず、ほぼ40％を超えたままで推移している。

書店売上も21年秋以降、きびしい状況下にあり、さらにこのような書店売上が続けば、どのような事態が生じていくのだろうか。

---

〔1〕『出版月報』（3月号）が特集「文庫本市場レポート2021」を組んでいる。

その「文庫本マーケットの推移」を示す。

【新刊点数は7年連続、販売部数と金額はいずれも9年連続のマイナスで、返品率は多少改善されているように見えるが、新刊と発行部数の減少によっているのだろう。2000年に比べて、すでに販売部数は半減しているし、販売金額にしても、来年は800億円を下回り、こちらも半減に向かっている。雑誌と同じ道をたどっているのである。本クロニクルで繰り返し記述してきたように、書店売上は雑誌、文庫、コミックによって支えられてきた。その雑誌と文庫が凋落し、コロナ禍において神風のごときベストセラーが続いたが、その反動で、コミックもマイナスになっている。つまり、雑誌、文庫、コミックの3分野がマイナスという事態が書店を直撃しているし、それは取次のポスレジ売上調査データに明らかだ。書店の破産や閉店が増えていくことが予想される】

〔2〕焼津谷島屋が民事再生を申請。

■文庫本マーケットの推移

年	新刊点数		推定販売部数		推定販売金額		返品率
	点	増減率	万冊	増減率	億円	増減率	
1999	5,461	2.3%	23,649	▲ 4.3%	1,355	▲ 1.0%	43.4%
2000	6,095	11.6%	23,165	▲ 2.0%	1,327	▲ 2.1%	43.4%
2001	6,241	2.4%	22,045	▲ 4.8%	1,270	▲ 4.3%	41.8%
2002	6,155	▲ 1.4%	21,991	▲ 0.2%	1,293	1.8%	40.4%
2003	6,373	3.5%	21,711	▲ 1.3%	1,281	▲ 0.9%	40.3%
2004	6,741	5.8%	22,135	2.0%	1,313	2.5%	39.3%
2005	6,776	0.5%	22,200	0.3%	1,339	2.0%	40.3%
2006	7,025	3.7%	23,798	7.2%	1,416	5.8%	39.1%
2007	7,320	4.2%	22,727	▲ 4.5%	1,371	▲ 3.2%	40.5%
2008	7,809	6.7%	22,341	▲ 1.7%	1,359	▲ 0.9%	41.9%
2009	8,143	4.3%	21,559	▲ 3.5%	1,322	▲ 2.7%	42.3%
2010	7,869	▲ 3.4%	21,210	▲ 1.6%	1,309	▲ 1.0%	40.0%
2011	8,010	1.8%	21,229	0.1%	1,319	0.8%	37.5%
2012	8,452	5.5%	21,231	0.0%	1,326	0.5%	38.1%
2013	8,487	0.4%	20,459	▲ 3.6%	1,293	▲ 2.5%	38.5%
2014	8,618	1.5%	18,901	▲ 7.6%	1,213	▲ 6.2%	39.0%
2015	8,514	▲ 1.2%	17,572	▲ 7.0%	1,140	▲ 6.0%	39.8%
2016	8,318	▲ 2.3%	16,302	▲ 7.2%	1,069	▲ 6.2%	39.9%
2017	8,136	▲ 2.2%	15,419	▲ 5.4%	1,015	▲ 5.1%	39.7%
2018	7,919	▲ 2.7%	14,206	▲ 7.9%	946	▲ 6.8%	40.0%
2019	7,355	▲ 7.1%	13,346	▲ 6.1%	901	▲ 4.8%	38.6%
2020	6,907	▲ 6.1%	12,541	▲ 6.0%	867	▲ 3.8%	35.3%
2021	6,639	▲ 3.9%	11,885	▲ 5.2%	831	▲ 4.2%	34.3%

同社は1935年創業で、書店4店、雑貨店の「スワンキーマーケット」16店を展開していた。負債は16億円。

浜松の谷島屋が資本、人的関係はないが、書店事業を継承すると表明。

【まさに1を書き終えたところに、このニュースが伝わってきたので、続けて取り上げた次第だ。この浜松の谷島屋による支援スキームは静岡、磐田谷島屋に続く三度目のもので、教科書販売などの地域への影響を考慮してとの表明だが、日販による根回しがベースになっているのだろう。例によって問題の先送りスキームに他ならない。マルクスではないけれど、「三度目の正直」「仏の顔も三度」という使い古されたタームを思い浮かべてしまう。しかし20店で売上高15億円、負債16億円という状態では、雑貨店はもちろんのこと、書店事業も赤字だったと見なすしかない。本クロニクルの観測としては、学参期の4月、5月以降の書店状況が問題だと考えていたが焼津谷島屋の場合、大きな売上が確実に予測できる学参期すらも越えられなかったことになろう】

〔3〕 日販GHDの小売事業を担うNICリテールズは、ホビーやメディア商材のリユース業のエーツーと、駿河屋ブランドの店舗開発と運営支援のための合弁会社「駿河屋BASE」を設立。

設立に先がけ、2020年からNICリテールズ傘下のグループ書店と駿河屋を複合した店舗展開をする一方で、日販はエーツーの複合メディアリサイクルストア「ブックマーケット」の新刊文庫やコミックの取次となっていた。

ＮＩＣリテールズと駿河屋は「駿河屋ＢＡＳＥ」を通じて、「持続可能な書店」のパッケージを開発し、26年度までに70店の店舗開発を計画している。

ＮＩＣリテールズ傘下のグループ書店はリブロプラス、ブラス、いまじん白揚、積文館書店、Ｙ・space、クロス・ポイントで２３５店。

【ＮＩＣリテールズ傘下書店内の駿河屋は見ていないけれど、静岡絡みでいうと、戸田書店本店の道を隔てた真向かいにあり、かつては戸田書店との関係も囁かれていた。しかし戸田書店は閉店へと追いやられたが、駿河屋のほうは健在である。その印象からすると、駿河屋は確かにホビーやメディア商材の総合的リユース業で、ＤＶＤに関しては限定版セットも売られていて、明らかにメーカーの在庫処分販売のように思われた。半値以下だったので、私もかなり買い求めている。だが日販の新たなリユース事業ということであれば、日販とＣＣＣ＝ＴＳＵＴＡＹＡ、ブックオフの関係はどうなっていくのだろうか】

〔４〕日販は日販ＧＨＤの中三・エス・ティから文具仕入機能、書店販売事業を吸収分割により承継し、合わせて文具雑貨商品部を新設し、本部体制として文具雑貨の営業、流通機能を強化する。

奥村景二社長は今年を「日販のマーケティング元年」と位置づけ、「文具雑貨の書店マーケットのさらなる拡張を目指す」と表明。

同時に新設となったのは、マーケティングを通じ事業活動を推進する体制としてのマーケティング本部、生活者起点の新たな価値創造を実現する体制としてのプラットフォーム創造事業本部である。

【皮肉なことに、その文具雑貨商品本部がスタートした矢先に、焼津谷島屋の民事再生が申請されたことになる。しかも焼津谷島屋の民事再生は書店よりも雑貨店の「スワンキーマーケット」の多店舗展開が主たる要因とされているし、粗利益は高くても、出版物と異なり、委託商品ではないことも重なっていよう。結局のところ、閉店を上回る出店が続けば、文具、雑貨在庫のローリングも可能だが、出店できなくなれば、たちまち不良在庫が積み重なってしまう。近年のTSUTAYAの大量閉店でも同じことが起きていたであろうし、その問題と3の「駿河屋BASE」も無関係ではないと推測される】

〔5〕CCCの21年書籍雑誌販売金額は1376億円、前年比4%減。

新規店、新規加盟店はフタバ図書など38店舗。

【本クロニクル⓬で、CCCの20年書籍雑誌販売金額が過去最高の1427億円、店舗数は1060店で、1店当たりの月商にも言及しておいた。今回の発表で、新規店数などは明らかだが、現実の店舗数は出されていない。最近でも相変わらず閉店は続いているし、どのように操作しても、20年の過去最高を上回ることはもはやないだろう。レンタル複合店とFCシステムをコアとするCCC＝TSUTAYAのビジネスモデルの再生は不可能だろうし、文具、雑貨売場併設にしても、難しいことは焼津谷島屋の例を見たばかりだ。それよりもここで気にな

■出版社の実績　（単位：百万円）

	出版社	2020年	2019年	2018年	2017年	2016年
1	集英社	201,014	152,904	133,341	116,497	117,521
2	講談社	144,999	135,835	120,484	117,957	117,288
3	KADOKAWA	119,821	84,049	–	113,183	112,231
4	小学館	91,316	97,747	97,052	94,562	97,309
5	日経PB	37,000	37,000	38,000	38,000	38,130
6	東京書籍	32,467	23,381	23,663	22,784	27,411
7	宝島社	32,409	29,477	26,279	34,019	29,303
8	文藝春秋	20,405	21,915	21,915	21,698	23,887
9	光文社	16,850	20,356	20,356	21,724	22,141
10	新潮社	20,000	20,200	20,000	20,000	20,500

ることを書いておきたい。これは本クロニクル⓫で、近隣にあるTSUTAYAの昨年の閉店を既述しておいた。それは300坪ほどの店舗だったが、何とその後のテナントはゲオの2nd STREETであり、この5月に開店するという。物件がサブリースシステムによるのかは不明だけれど、取次的にいえば、日販帳合の書店がトーハンと連携するゲオの子会社へと移行したことになる。かつてであれば考えられなかったように思えるし、どのようなメカニズムが働いているのかわからないにしても、これは日販の「駿河屋BASE」と異なるトーハンのリユース事業を象徴しているのかもしれない】

〔6〕　ノセ事務所より「2020年出版社の実績」が届いた。
それを示す。

【このデータは1447社が対象となっているが、便宜的に16年からの上位10社だけを挙げている。20年度は8位に学研プラス、9位にぎょうせいが入り、新潮社は11

位、光文社は12位となっている。総じて大手出版社を始めとして、売上、利益ともに回復しつつあり、取次や書店と異なる状況を迎えているとわかる。それは電子コミック、版権収入、アマゾンやTRCとの取引などの様々な要因が含まれているのだろうが、この「出版社の実績」からはつかめない。ただこのデータと紀伊國屋書店の出版社売上額とデータを照らし合わせると、さらなる細部も浮かび上がってくるので、これからもこのふたつのデータを手離さないようにしたい】

〔7〕講談社、小学館、集英社と丸紅、丸紅フォレストリンクスの5社が新会社「パブテックス」を設立。
「AI等を活用した出版物の発行、配本最適化ソリューション事業」とICタグ装着に基づく「RFIDソリューション事業」を手がける。

「パブテックス」出資比率は丸紅34・8％、他の4社は16・3％で、代表取締役は丸紅の永井直彦、取締役会長は小学館の相賀信宏専務。

【この計画は本クロニクル❺ですでに伝えているが、ようやく1年後に正式発表となった。「AI等を活用した出版物の発行、配本最適化ソリューション事業」は来年4月、「RFIDソリューション事業」は同じく7月に始動とされるが、果たしてどうなるのか。売上のマイナスがさらに深刻になっている現在の書店市場において、前者はともかく、後者のICタグ装着のコストを負担することが困難であることは自明であろう。書店状況が先を読めなくなっている

中での、新会社による「ソリューション事業」が、現実的なのかを見極めた上でのプロジェクトだと判断することはできない】

〔8〕 学研HDは完全子会社の学研プラス、学研教育みらい、学研メディカル秀潤社、学研出版サービスの4社を統合合併する。

学研HD3ヵ年計画に挙げられた「オンラインとオフラインの顧客体験を融合深化させ、顧客への提供価値拡大を図る」に際し、中核会社の再編が不可欠で、今回の4社合併が決定となった。

【6で学研プラスの業績を示しておいたし、折しも南條達也社長が『新文化』(3/31)で、「出版コンテンツ・ビジネスの成長戦略」を語っている。同じく学研HDの介護事業にしても、トーハンとのコラボレーションが進み、いずれも好調なようだ。新会社は学研教室などの運営、学校向け事業、出版事業なども包括するかたちでの戦略的合併ということになるのだろう。20世紀末に学研は創業者の古岡一族体制下にあって、疲弊を極めていたが、新たな経営陣へと移行していくことで、完全にリバイバルしたといえよう。それは一方の学参の雄だった旺文社と対照的である】

〔9〕 藤久HDは日本ヴォーグ社の完全子会社化を決定。

日本ヴォーグ社の22年売上高は30億7500万円、前年比2・3%減、営業利益3000万円、同53・9%減。

【藤久は男性には馴染みが薄いかもしれないが、手芸専門店のナショナルチェーンで、1990年代からのロードサイドビジネスの雄である。「クラフトハート トーカイ」をベースとする生地、手芸用品、編物用毛糸、衣料品、服飾品を販売し、小中学生の備品作りなどには欠かせない郊外店とされていた。日本ヴォーグ社との業務提携は昨年からのようだが、日本ヴォーグ社にしてみれば、商品の企画や手芸教室などの提携の他に、減少する書店の代わりとしての販売の協業が主たる目的だと考えられる。各分野の実用書にしても、売り方だけでなく、流通や販売も否応なく変わっていかざるをえないことを示していよう】

〔10〕 紀伊國屋書店は初めての公共図書館融合型店舗の概要を発表。
熊本県荒尾市の「あらおシティモール店」に隣接し、同社が指定管理者として運営する荒尾市立図書館である。

規模は1000坪、蔵書は10万5000冊、それに電子書籍7000点を有する本格的なデジタルライブラリーを備え、座席数は250席。「あらおシティモール店」をL字型で囲む設計となっている。

〔11〕 TRCと富士山マガジンサービスは電子雑誌読み放題サービス「TRC―DLマガジン」を開始。
TRCの電子図書館サービス「LibrariE &TRC―DL」を導入している図書館がオプショ

ンで利用できる。
105タイトル、バックナンバーを含む1020冊の電子雑誌を搭載し、38自治体の公共図書館に導入され、利用者は無料で閲覧可能。

【中村文孝との対談『私たちが図書館について知っている二、三の事柄』で、図書館に関しては戦後の歴史、GHQとの関係、子ども図書館、TRCの誕生、公共図書館と出版業界、書店への影響など様々に論じているので、ここではついに出現した公共図書館融合型店舗と「TRC―DLマガジン」の事実を挙げるだけにとどめておく。『私たちが図書館について知っている二、三の事柄』は早ければ、5月下旬に発売となるかもしれない】

〔12〕『キネマ旬報』(4/上)が「映画本大賞2021」を発表している。
1位は樋口尚文編集『大島渚全映画秘蔵資料集成』(国書刊行会)、2位は遠山純生『アメリカ映画史再構築』(作品社)、3位は伊藤彰彦『最後の角川春樹』(毎日新聞出版)。

【今回は3位の『最後の角川春樹』を読んでいた。だがそれは映画ではなく、1980年代の出版史の確認のためだった。同書はこれまでの角川春樹の自著、インタビューなども含め総編といえよう。しかし角川の現在の出版状況認識と書店フォローに対しては、疑問があるし、1987年の俵万智『とれたての短歌です』に続く、書籍買切制への移行提案をどうして持続させなかったのかも語っていないのである。ひとつだけ教えられたのは青樹社の編集者が那須英三という人物だったことだ。彼が森村誠一だけでなく、藤沢周平も見出したのかもしれない。ちょうど『三一新書の時代』（「出版人に聞く」16）でふれているように、三一書房の井家上隆幸が片岡義男と併走していたように。それらはともかく、私の1位は佐伯俊道『終生娯楽派の戯言』（『シナリオ別冊』上下、日本シナリオ作家協会）である。同書は22年に入っての刊行なので、21年の対象に選ばれていないのかもしれないが、雑誌としての出版なので、品切になれば重版されないと思われる。それゆえにここで書いておく】

〔13〕『群像』（4月号）読了。

【前回の本クロニクルで、雑誌のほうが私から遠ざかっていくようだと記したが、この『群像』は雑誌のほうが私に近づいてくるような思いに捉われた。吉増剛造、郷原佳以「デッドレターの先に……」、尾崎真理子「『万延元年のフットボール』のなかの『夜明け前』（2）」、藤井光「翻訳と『裏切り』をめぐって」は、こちらに引きつければ、近代文学史、読書史、出版史、翻訳史に関する重層的な森を形成しているかのようで、大いなる刺激と教示を受けた。このような対談や論考の出現は、同じく『群像』連載中の安藤礼二「空海（6）」などの近年の仕事と交錯しているようにも思われた】

〔14〕『週刊読書人』（4／22）で、千葉雅也と小泉義之が「現代思想の輝きとアクチュアリティ」という対談をしている。

【この対談は千葉の売れ行き好調な『現代思想入門』（講談社現代新書）をめぐってのものだが、

二人とも現代思想のふれあいに関して、書店のことを語っているのである。１９９０年代に千葉は宇都宮の高校生、小泉は宇都宮大学の教師で、千葉は「宇都宮のオリオン通りにかつてあったアムスというデパートは、地下にリブロがあり、そこでいろんな本に出会ったんです」。小泉は「リブロは見識のある本屋で、大変お世話になりましたね」と語っている。小泉は松野孝一郎『プロトバイオロジー 生物学の物理的基礎』（東京図書）という書名まで挙げている。90年代のリブロ池袋店はいうまでもないが、地方のリブロにしても、バブルだったとしても、現代思想に寄り添っていたのである。たまたまレベッカ・ソルニット『私のいない部屋』（東辻賢治郎訳、左右社）を読んでいたのだが、その「謝辞」にサンフランシスコの独立系書店のモーズ書店、グリーンアップル書店、グリーンアーケード書店の名前が書きこまれていた。だが日本でリブロの時代は終わってしまったし、本当に独立系書店は出現しつつあるのだろうか】

〔15〕『世界』臨時増刊が「ウクライナ侵略戦争―世界秩序の危機」を一冊特集している。

【ロシア、旧ソ連研究者5人による座談会「この戦争は、どこから来て、どこへいくのか」を始めとして、教えられ啓発されることが多い。しかしトータルな印象をいえば、これからの21世紀の国際秩序は欧米とロシア、中国をめぐる「主権」のイメージのズレが拡大するばかりで、さらに無秩序になっていくのではないかという基調低音が感じられた。まさに文明の果てのグローバリゼーションとポストモダニティの世界の果てに待ち受けていたのが、ロシアによるウクライナ侵略戦争に他ならなかったことは21世紀の逆説といえるのかもしれない。世界の消費社会化は平和が不可欠だからだ。ところが、20世紀が「戦争と革命」の時代であったことに対し、21世紀は「新たな戦争」の時代となっていくのだろうか。この特集は早いうちに売切状況になったようで、残っていた書店をようやく見つけ、入手した次第だ。師岡カリーマ・エルサムニーが冒頭の「それでも向き合うために」で、アルジャジーラのアラビア語放送の終日の戦争報道にふれているが、「特集」の続刊を期待したい。なお『FACTA』5月号がウクライナの動画配信に関して、「プーチンの足元を掬った『フェドロフ』」、31歳のデジタル変革担当大臣を取り上げていて、ウクライナのSNSプロパガンダの内実を伝えている】

〔16〕論創社HP「本を読む」〈75〉は「かわぐちかいじ『死風街』」です。

『近代出版史探索Ⅵ』は4月に見本はできていたが、配本は連休明けの5月半ばとなってしまった。

おそらく続けて『私たちが図書館について知っている二、三の事柄』が出ることになろう。

出版状況クロニクル⑰　２０２２年５月

22年4月の書籍雑誌推定販売金額は９９２億円で、前年比7・5％減。

書籍は５４７億円で、同５・９％減。

雑誌は４４５億円で、同９・５％減。

雑誌の内訳は月刊誌が３８２億円で、同9・0％減、週刊誌は63億円で、同12・2％減。

返品率は書籍が28・5％、雑誌は40・2％で、月刊誌は39・3％、週刊誌は45・2％。

22年1月から4月にかけての販売金額累計は7・2％減、書籍は3・5％減だが、雑誌のほうは12・6％の大幅なマイナスとなっている。

雑誌の時代の凋落はとどめるすべもなく、コミック頼みで、このまま進行すれば、22年後半は何が起きてもおかしくない出版状況に追いやられると考えるしかない。

〔1〕『出版月報』（4月号）が特集「ムック市場２０２１」を組んでいるので、そのデータを示す。

■ムック発行、販売データ

年	新刊点数		平均価格	販売金額		返品率	
	（点）	前年比	（円）	（億円）	前年比	（%）	前年増減
2005	7,859	0.9%	931	1,164	▲ 4.0%	44.0	1.7%
2006	7,884	0.3%	929	1,093	▲ 6.1%	45.0	1.0%
2007	8,066	2.3%	920	1,046	▲ 4.3%	46.1	1.1%
2008	8,337	3.4%	923	1,062	1.5%	46.0	▲ 0.1%
2009	8,511	2.1%	926	1,091	2.7%	45.8	▲ 0.2%
2010	8,762	2.9%	923	1,098	0.6%	45.4	▲ 0.4%
2011	8,751	▲ 0.1%	934	1,051	▲ 4.3%	46.0	0.6%
2012	9,067	3.6%	913	1,045	▲ 0.6%	46.8	0.8%
2013	9,472	4.5%	884	1,025	▲ 1.9%	48.0	1.2%
2014	9,336	▲ 1.4%	869	972	▲ 5.2%	49.3	1.3%
2015	9,230	▲ 1.1%	864	917	▲ 5.7%	52.6	3.3%
2016	8,832	▲ 4.3%	884	903	▲ 1.5%	50.8	▲ 1.8%
2017	8,554	▲ 3.1%	900	816	▲ 9.6%	53.0	2.2%
2018	7,921	▲ 7.4%	871	726	▲ 11.0%	51.6	▲ 1.4%
2019	7,453	▲ 5.9%	868	672	▲ 7.4%	51.1	▲ 0.5%
2020	6,461	▲ 13.3%	870	572	▲ 14.9%	50.2	▲ 0.9%
2021	6,048	▲ 6.4%	901	537	▲ 6.1%	51.2	1.0%

【最大のマイナス100億円を記録した20年ほどではないが、21年もさらに落ちこみ、販売金額は11年の半分になってしまった。おそらく22年は500億円を下回り、1990年代の3分の1というムック販売状況を迎えるであろう。1970年代の平凡社の『百人一首』（「別冊太陽」）に始まるとされるムックも半世紀の歴史を経てきたけれど、21年はムックを多く刊行してきた枻出版社や日本カメラの倒産、及び九州と沖縄のムック返品の九州雑誌センターでの処理と古紙化などが起きている。それに雑誌の凋落も重なってくる。本クロニクル⑬の雑誌全体、同⑮の紙のコミックス市場、同⑯の文庫本市場、それに今回のムック市場のデータを合わせて見れば、21年の書店状況が浮かび上がってくるだろう。しかも22年はさらに悪化しつつあり、その先には何が待ち受けているのだろうか】

〔2〕『朝日新聞』（5／21）の「フロントランナー」に「女の修羅場 ペン一筋で越え」との大見出しで、漫画家井出智香恵が登場している。

【自作の一部を並べた中に井出が映し出されているが、そこには1990年代のベストセラーでテレビドラマ化された『羅刹の家』（主婦と生活社）の複数の書影がひときわ目立っている。1990年代に「レディスコミック」の時代が到来し、彼女は「レディコミの女王」とされ、私にしても嫁姑バトルを描いたおどろおどろしい表紙の『羅刹の家』は読んでいる。だがその「女王」が今でも健在で、コロナ禍で売春に手を染める主婦4人の物語や、自らが被害にあった「国際ロマンス詐欺」の話を描いているという。前者は桐野夏生『ＯＵＴ』の21世紀コミック版のようでもあり、後者は『毒の恋』（双葉社）として刊行されるようなので、読んでみることにしよう。井出のことを取り上げたのは、「レディスコミック」と「女王」の時代がコミックスの全盛で、ピークの1995年に販売金額は5864億円に達していた。21年は2645億円だから、倍以上を売っていたことになる。「レディスコミック」はコンビニのシェアが高く、コンビニと郊外店を背景として出現し、成長したと見なせよう。そうした井出の過去の作品も、現在でも電子コミックとして読まれ続けているようだ。雑誌と紙のコミックスが衰退していく中で、「レディコミの女王」は74歳になっても、たくましくサバイバルしていることになり、私たちも範とすべきであろう】

〔3〕　KADOKAWAの連結決算の売上高は2212億800万円、前年比5・4％増、営業利益は185億1900万円、同35・9％増、当期純利益は140億7800万円、同46・9％増。

「出版事業」売上高は1329億7200万円、同2・6％増、「映像事業」売上高は331億1200万円、同5・7％増、「WEBサービス事業」売上高は213億4200万円、同3・0％減。

「出版事業」はグローバル化が進み、海外事業が高成長し、権利許諾収入が収益に貢献し、電子書籍はコミック販売が好調、海外売上も増。

【前回、ノセ事務所の2020年「出版社の実績」を示し、総じて大手出版社は売上、利益ともに回復しつつあり、取次や書店と異なる状況下にあることを既述しておいた。それは版権収入や電子コミックなどによるもので、KADOKAWAも本クロニクル⑫の集英社、同⑮の講談社と同様であり、さらにデジタル化が進められていくだろう】

〔4〕楽天ブックスネットワークの決算は売上高477億3700万円、営業利益は2億7900万円、純利益は2億4100万円。

【前期の赤字から黒字への転換は丸善ジュンク堂との取引の終了、楽天ブックスへの移行、日販との仕入業務の提携、リーディングスタイルの解散などによる流動資産や流動負債の半減も作用しているのだろう。「地方・小出版流通センター通信」（No.549）によれば、楽天BNでは新刊登録見本の代わりにJPRO（出版情報登録センター）の登録情報を活用するという。そのためにJPROを利用していない出版社の新刊は、今後楽天BNの書誌データベースに反映されないこともあるので、この機会に利用を開始すべきだと促している】

〔5〕メディアドゥの連結決算売上高は1047億2200万円、前年比25・4％増、純利益は15億7600万円、同3・8％増で、売上高、利益ともに過去最高。

電子書籍流通事業売上高は993億9000万円、同20・6％増、取引出版社は2200社、電子書店は150店、取扱稼働コンテンツは200万点。

昨年は10月にNFTプラットフォーム「FanTop」をリリースし、トーハンと協業でNFT付き出版物を書店流通させ、好調とされる。

【本クロニクル⑬で、トーハンと筆頭株主のメディアドゥのコラボレーションを伝えているが、電子書籍流通事業のシェアが92％を占めるメディアドゥとトーハンの関係はどうなっていくのだろうか。メディアドゥは5ヵ年計画で27年には1500億円の売上高をめざすという。そこに至る過程で、トーハンと既存の出版社や書店との関係はどのようなものになっていくのか、少なくとも書店に対してプラスとなる方向へと進まないことだけは確かであろう】

〔6〕 絵本の情報・通販サイト「絵本ナビ」を運営する絵本ナビは既存株主SIGの他、講談社、KADOKAWA、ポプラ社、日本テレビ放送網、Spotlignt を引受先として、11億円の第三者割当増資を実施。
eコマース、デジタルコンテンツ配信のプラットフォームとして、子育てユーザーを中心とする2000万人の利用者を有し、今回の資金調達と提携により、大手出版社各社のコンテンツの大幅な拡充を図り、日本テレビとの映像化、絵本制作などに取り組み、日本と世界の絵本児童書市場の拡大に貢献するとされる。

【これも5と同じく出版社を利することはあっても、取次と書店にとってはプラスということにはならないだろう。その一方で、DNPが入手困難な絵本や児童書をデジタルデータ化し、PODで製造し、honto に特設サイト「復刻書店いにしえ」を開設し、販売もしている。コミックだけでなく、絵本もまたひたすらデジタル化へと向かっているのである】

〔7〕日販は100％子会社として株式会社ひらくを設立。

新会社には日販のプロデュース事業「YOURS BOOKS STORE」の名称、及びブランドに関わるすべての事業、株式会社リブロプラスが運営する事業を吸収分割して承継する。

それらは「文喫」事業、プロデュース事業、公共プレイス企画事業で、染谷拓郎社長は日販プラットフォーム創造事業本部プロデュース事業チームプロデューサーで、「箱根本箱」、イオンモール上尾「Park of Tables」、和多屋別荘「BOOKS&TEA三服」などのプロジェクトを手がけてきた。

【取次という本業が行き詰まっていく中で、プロデュース事業にひとつの方向性を見出そうとしているのだろうが、「文喫」にしても、「箱根本箱」にしも、マスコミ露出は多くあっても、採算にのっていると判断できない。結局のところ、これまでのレンタル、文具複合店に代わる新たな事業の模索でしかないだろうし、多種多様なコンサルタントの持ちこみ案件への対応セクションと考えられよう】

〔8〕『人文会ニュース』（No．140）に「図書館レポート」として、紀伊國屋書店の藤戸克己・花田吉隆による「荒尾市図書館＋書店プロジェクト、地域の活性化と本の力」が掲載されている。

【前回の本クロニクルで、紀伊國屋書店の公共図書館融合型店舗にふれておいたが、このレポートはその「あらお 本の広場概念図」を始めとして、「店舗レイアウト」や「図書館レイアウト」なども示された詳細なもので、今後の公共図書館融合型店舗の先行形式となるであろう。おそらく視察、見学者が多く訪れているはずだ。ここでこのような図書館の出現に関する是非は問わないが、6月下旬刊行の中村文孝との対談『私たちが図書館について知っている二、三の事柄』を読んだ上で、言及してほしいと思う】

〔9〕『選択』（5月号）の「マスコミ業界ばなし」に、CCCが「再上場しようと動いている」として、その準備のために「グループ内の『整理』が粛々と進められている」とある。その対象となっているのは子会社で『Pen』や『ニューズウィーク日本版』を刊行しているCCCメディアハウス、『アサヒ芸能』を看板誌とする徳間書店で、社長や編集長人事をめぐる問題が起きているというものだ。
【しかしこれは『選択』らしくない、CCC筋のリーク情報をそのまま記載していると推測される。もしCCCが再上場するのであれば、本クロニクル❼で言及した巨額の赤字である連結、単体決算、トータルとしての子会社やFC問題、日販やMPDとの関係の開示も必要となるので、それはできないし、ありえないと考えるほうが妥当だろう。したがってこうした再上場話がリークされてくるCCCの内部事情のほうを推察すべきだ。なおCCCの最大のFCであるトップカルチャーの上半期売上動向は、既存店は15％以上のマイナスとなっている】

〔10〕三洋堂HDの決算は売上高188億5300万円、前年比9・7％減、営業利益500万

円、同99・1％減、最終損益は2億7500万円の赤字で、資本金を19億8600万円から1000万円への減資を決定。

書店部門は123億4100万円、前年比15億円のマイナスで、既存店売上は90・1％にとどまり、一度も前年を超えていない。

レンタル部門も14億9300万円、前年比3億円のマイナス。

次期連結業績予想は売上高180億円、純損失8000万円とされる。

〔11〕文教堂GHDの中間連結決算の売上高は84億1100万円（前年同期は98億4300万円）、営業利益は500万円、前年比97・6％減、純利益は1800万円、同91・8％減。

【続けてトップカルチャー、三洋堂、文教堂の連結決算や中間決算をトレースしてきたが、本クロニクルで取次のポスレジ調査に基づいてレポートしてきたように、書店売上はずっと20％近いマイナスとなっていて、それが3社の決算にも反映されているのは明らかだ。ゴールデンウィークの書店売上動向も、トーハンは1・5％、日販は13・9％のマイナスである。22年前半はともかく、後半は何が起きてもおかしくない書店状況に入っている。そのような中で、三省堂書店本店が一時閉店したことになる】

〔12〕沼津市のマルサン書店仲見世店が閉店。
テレビアニメ「ラブライブ！サンシャイン!!」ゆかりの書店として知られていた。

【マルサン書店仲見世店は沼津のアーケード商店街の中にあり、沼津漁港や三島の温泉に行く際に待ち合わせしたりすると同時に、20年近く商店街の老舗書店として定点観測させてもらったりしていた。その際には必ず雑誌や岩波文庫、ちくま文庫などを買うようにしていたが、行く度に商店街と同じく店のほうも衰退していくニュアンスを否めなかった。だがコロナ禍でこの2年ほど訪れていなかったし、そのような定点観測も、もはやできなくなってしまったことを痛感させられる】

〔13〕『神奈川大学評論』の創刊100号記念号が届き、特集「過去・現在・未来――『神奈川大学評論』から見る未来」が組まれ、それと同時にウクライナ特集ともなっていて、様々に啓発された。

【この記念号を読んでいて、想起されたのは昨年末の『アステイオン』（95号、2021・11）で、こちらの特集は「アカデミック・ジャーナリズム」であった。同誌は9のCCCメディアハウスを発行所とするもので、編者はサントリー文化財団アステイオン編集委員会である。『神奈川大学評論』のようなアカデミズムを横断し、編集発行も大学とコラボしながらも独立したかたちであれば、「アカデミック・ジャーナリズム」も持続可能であろうが、『アステイオン』のようなメセナと発行編集の絡みを考えると、今後は難しくなっていくと考えざるをえない】

〔14〕春風社編集部編『わたしの学術書』を読了。

【これは『週刊読書人』(5/20)による紹介で知ったのだが、ここに挙げられている学術書は、春風社による「博士論文書籍化」58冊で、それらの書名をここで初めて目にするし、1冊も読んでいないことに気づいた。人文書出版社が博士論文の書籍化に関わっていることは承知していたが、春風社がここまで本格的に、しかも専門的に出版を試みていることは知らずにいた。そして読みながら、13の「アカデミック・ジャーナリズム」ならぬ、「アカデミック・パブリッシング」をも再考すべき時代となっていることを教えられた。私も地方大学の教授たちからの出版に関する相談を受け、版元を紹介したりしているが、そうした問題も含んで、アカデミズムの「出版の共同体」が失われてしまったことも実感しているからだ】

〔15〕『週刊東洋経済』(4/30・5/7)がウクライナ危機と経済情勢の行方がわかる「世界激震!先を知るための読書案内特集」を組んでいる。

【この特集を購入してきたのはショシャナ・ズボフ『監視資本主義』(野中香方子訳、東洋経済新報社)を、『人新世と「資本論」』(集英社)の斎藤幸平と精文館書店の西田豊が挙げていたからである。『監視資本主義』は東洋経済新報社から出された高価な一冊だが、これからの世界を考えるべき必読の一冊のように思える。それはプライバシーやGAFAの問題だけでなく、戦争と経済とも密接にリンクしているし、そのような世界へともはや入ってしまっていると見なすべきだろう】

〔16〕 またしても訃報が届いた。しかも二人である。

『書評紙と共に歩んだ五〇年』(「出版人に聞く」9)の元『日本読書新聞』『図書新聞』編集長井出彰、及び小泉孝一『鈴木書店の成長と衰退』(同15)のオブザーバーを務めてくれたJRC会長後藤克寛である。

謹んでご冥福を祈る。

〔17〕 『近代出版史探索Ⅵ』は発売中。

今月の論創社HP「本を読む」〈76〉は「ブロンズ社とほんまりう『息をつめて走りぬけよう』」です。

出版状況クロニクル⑱ 2022年6月

22年5月の書籍雑誌推定販売金額は734億円で、前年比5・3%減。

書籍は407億円で、同3・1%減。

雑誌は327億円で、同7・9％減。

雑誌の内訳は月刊誌が268億円で、同7・4％減、週刊誌は58億円で、同10・2％減。

返品率は書籍が38・8％、雑誌は45・4％で、月刊誌は45・8％、週刊誌は43・2％。

雑誌の返品率が45％を超えたのは初めてだと思われる。最悪の返品率だといっていい。

22年1月から5月にかけての販売金額累計は6・9％減、書籍は3・4％減、雑誌は11・6％減である。

そうした出版販売状況の中で、22年後半に突入していく。

---

〔1〕 2022年の東京書店組合加盟数は21年の291店から14店減の277店。
21年の東京も含めた日書連加盟書店数は2887店であり、この数年で2000店を下回るであろう。

【このような書店状況下で、『朝日新聞』（6／21）の「天声人語」が東京の赤坂駅周辺で書店がすべてなくなってしまったことに関して、個人的にして感傷的な思いをしたためている。それは「身の回りから書店がどんどん消えている。小さなまちでも、そして大都市でも」といった語り口や、「書店という業態は、世の中に街に必要とされなくなっているのだろうか？」という閉店告知の引用にも明らかだ。だが今さら何をいっているのだろう。書店数は今世紀初頭の2万店に対して、21年は実質的に1万店を割りこみ、半減している。それは1990年代から始まり、アマゾンだけに起因するのではなく、再販委託制という近代出版流通システムの終焉に端を発し、郊外店出店ラッシュとコンビニ、大型複合店の全盛、図書館の増殖によって街の中小書店が消えていったことは自明のことではないか。それに現在は電子コミックにも包囲されているのだ。この「天声人語」はジャーナリストによって書かれたものではなく、歴史も出版状況も直視しない新聞記者が書いた書店消失に対するひとつの感想文と見なすべきであろう。このような「天声人語」が範とされ、同じような感想文が多く書かれていくことを危惧するし、それはすでに始まっているのだ】

〔2〕同じく『朝日新聞』（6／5）「歌壇」に見える、電子書籍に包囲されつつある書店の一首を引いておく。

返本の荷造りしてる本屋なり
　本が紙にて刷られるうちは
（長野県）沓掛喜久男

【本クロニクルでも、この人の短歌を何度も引かせてもらっているが、永田和宏の選評は「沓掛さん、返本の面倒さはあるが、紙の本をまだ扱える喜びと矜持」とある。21年の長野県の日書連加盟店は61店で、前年比4店減となっている。岩波書店や筑摩書房を始めとして、多くの出版人を生み出した長野県にしても、書店数は減るばかりだ。10年以上前に今泉正光『「今泉棚」とリブロの時代』（「出版人に聞く」1）のインタビューで長野に出かけた際に、すでに書店が少なくなり始めていることに気づかされた。沓掛による閉店の歌が詠まれないことを祈るば

かりだ】

〔3〕丸善ジュンク堂の第12期決算は売上高699億6600万円、前年比4・1%増、営業利益は同3・7倍の2億7900万円、経常利益は5800万円（前期は1億9500万円の損失）。

2015年に丸善ジュンク堂と社名変更してから初めての最終黒字となる。それまでの最終赤字額を示す（上部表）。

第6期	3億8000万円
第7期	22億9300万円
第8期	23億5100万円
第9期	1億1200万円
第10期	1700万円
第11期	2億8900万円

【これらの累計だけでも50億円を超える赤字であり、第1期から通算すれば、さらに巨額な赤字となろう。DNP傘下の丸善CHIグループでなければ、とても支えきれなかったと見なせよう。ナショナルチェーンの大型店にしても、過去10年の実態が赤字だったことを伝えている。今期は初めて黒字化したことで、これらの赤字も公表されたが、来期以降も黒字が続いていくかは保証されていない】

〔4〕未来屋書店の決算は売上高485億4700万円、前年比3・3%減、経常利益は2300万円、同94・9%減、当期純利益1900万円、同88・5%減。

【未来屋書店はイオングループの書店として、イオンのショッピングセンターに出店し、21年には書店業界でも最多の244店を数えるチェーン店を形成していた。その立地もあって、雑誌、コミック、文庫をメインとしていたが、それらの凋落を受け、チェーン店としても難しいところにきているのだろう。それはくまざわ書店、三洋堂、トップカルチャー、文教堂なども同様で、決算や中間決算にも明らかだ。もちろんCCC＝TSUTAYAグループにしても。そうした事実は20世紀後半の流通革命のコアであったチェーンストア理論が21世紀を迎え、少なくとも書店業界においてはもはや有効でなくなっていることを告げている。21世紀のアマゾンの出現と成長こそはそれを象徴していよう】

〔5〕 久美堂は図書館業務受託のヴィアックスと共同で、町田市立図書館のひとつである鶴川駅前図書館の指定管理者となる。

町田市には公立図書館が8館あり、その最初の指定管理が鶴川駅前図書館で、鶴川駅近くの複合施設「和光大学ポプリホール鶴川」2階にある。

久美堂は図書館運営の経験がないので、ヴィアックスとジョイントして応募し、「市内事業者」が代表となっている久美堂＝ヴィアックスが共同事業体として選ばれた。

指定管理期間は5年間で、22年度委託料は8631万3000円、職員は館長も含めてヴィアックスが20人、久美堂は3人の計23人。

【このような書店による図書館受託も増えていくだろうし、紀伊國屋書店の荒屋市立図書館形態も同様であろう。荒屋市立図書館に関しては『新文化』（6／16）が一面特集しているし、かつての武雄図書館の再現のような報道である。しかし前回も書いておいたが、これらの図書館問題に関しては、中村文孝との対談『私たちが図書館について知っている二、三の事柄』を読んだ上で語ってほしい。ヴィアックスなどの図書館業務受託のことにも言及している。出版が遅れてしまったが、7月には刊行される】

■日販　商品売上高内訳　（単位：百万円、％）

	金額	前年比	返品率
書籍	211,843	3.6	27.0
雑誌	100,420	▲8.0	48.4
コミックス	71,774	▲18.5	24.4
開発品	24,993	▲7.9	44.1
合計	409,032	▲4.6	34.5

〔6〕日販GHDの連結決算は売上高5049億9300万円、前年比3・1％減、営業利益28億4000万円、同31・6％減、経常利益36億4800万円、同17・5％減、当期純利益13億9100万円、同43・0％減の減収減益。

日販の取次事業の売上高は4074億6300万円、同3・0％減、営業利益7億3400万円、同27・6％減、当期純利益は4億8500万円、同22・5％増。その内訳と返品率は表のとおりである。

「小売事業」は売上高616億1400万円、同0・8％減、営業損失2億4600万円（前年は3億2800万円の利益）、経常損失800万円。

グループ書店数は234店で、出店が8店、閉店が19店。

〔7〕トーハンの連結決算売上高は4281億5100万円、前年比0・8％増、営業利益12億7900万円、同68・3％減、経常利益11億7700万円、同30・0％減、当期純損失は16億4800万円（前期は5億7600万円の黒字）。

特別損失はメディアドゥの株式評価損と固定資産除却損が34億1800万円計上されたことに

よっている。
トーハン単体の売上、返品率を示す。

■トーハン単体　売上高内訳　（単位：百万円、％）

	金額	前年比	返品率
書籍	187,888	10.6	34.1
雑誌	115,360	▲3.4	47.8
コミックス	54,322	▲12.6	22.5
MM商品	45,966	▲5.5	22.3
合計	403,537	0.9	36.5

【日販にしてもトーハンにしても、「取次事業」で書籍がプラスになっているが、コミックスや雑誌の落ちこみはまだ続いていくだろうし、売上の回復は難しい。それに日販の小売事業が赤字になっているが、トーハンも同様であろうし、今期はさらに厳しくなっていくことは確実だ。それに書店数の減少は日販やトーハン帳合の書店数のマイナスとリンクしていく。22年後半の書店の動向が、日販、トーハンの今期の決算へと大きく反映していくと考えられる】

〔8〕 地方・小出版流通センターの決算も出された。
「地方・小出版流通センター通信」（No.５５０）によれば、21年総売上は８億９８５６万円で、前年比１・０％減、営業損失１５８８万円を営業外収入１７１８万円で埋め、最終当期利益２６９万円で、「なんとか赤字決算を逃れた」とレポートされている。

【地方・小出版流通センターの場合、昨年の丸善ジュンク堂主要大型20店の楽天ＢＮとの取引停止、それに伴うトーハン、日販への取次変更による返品、楽天のネット専門取次化による売上減がボディブローとなったようだ。電子書籍と版権収入で好調な大手出版社は例外で、取次

と書店は危うい赤字路線をたどっているように思えてならない。本当に22年後半の書店動向はどうなっていくのだろうか】

〔9〕小学館の決算は売上高1057億2100万円、前年比12・1％増、経常利益は89億4500万円、同23・4％増、当期利益は59億9500万円、同5・7％増、4年連続黒字決算で、売上高が1000億円を超えたのは7年ぶりとなる。

売上高内訳は「出版売上」470億5300万円、前年比0・6％増、「広告収入」91億3700万円、同0・5％増、「デジタル収入」382億8700万円、同25・2％増、「版権収入等」112億4400万円、同43・0％増と全分野で前年を上回った。

【「出版売上」のうちで、雑誌だけは170億2400万円、同7・8％減と減収となっているが、「デジタル収入」と「版権収入等」の2つの分野で、「出版売上」を超え、しかも全分野の半分を占める500億円に迫っている。雑誌の出版社からデジタル、版権収入の小学館へと移行しつつあり、それは講談社、集英社、ＫＡＤＯＫＡＷＡと歩みをともにしている。その事実はこれらの大手出版社が書店から限りなくテイクオフしていく現実を伝えていよう。これらの大手出版社にしても、近代出版史の事実からして、街の中小書店によって育てられ、成長してきたのだが、それらはすでに全滅状況にあるし、もはや何の忖度も必要としなくなったことも告げている】

〔10〕『日経MJ』（6／3）が「アクションRPGの王となれ」との大見出しで、KADOKAWAの子会社フロム・ソフトウェアが2月に発売した『ELDEN RING（エルデンリング）』が3月末時点で1300万本を超える大ヒットだと報じている。

これまで初期販売で1000万本を超えたのは任天堂『ポケットモンスター』、新作の『あつまれ どうぶつの森』だけだったので、当初は400万本を予想していたが、最終的には2500万本に達するのではないかと観測されている。

【私はこのようなRPGはまったく門外漢なので、語る資格もないのだが、そこには「書店でも売れた」として、書店の売場写真も掲載されている。6の日販の「開発商品」、7のトーハンの「MM商品」にはこれらのRPGも含まれているのだろうし、実際にゲオや三洋堂はこの分野にも力を入れているはずだ。それに21年度玩具市場は前年比8・5％増の8945億円に達し、書籍の6804億円、雑誌の5276億円を超えている。取次も書店もサバイバルしていくためにはこのような分野にも積極的に進出していかなければならない。だがそれは出版物から限りなく離れていく道をたどることになるだろう】

〔11〕同じく『日経MJ』（5／30）の藤村厚夫「先読みウェブワールド」がネットフリックスの2022年第1四半期における20万人の会員減を伝えている。

19年に1億6000万人だった会員数はコロナ禍により総会員数は2億2000万人まで増加していたが、第2四半期には200万人減少が見こまれ、社員のレイオフと広告収入確保に向かうのではないかとされている。

【コロナ禍と韓国ドラマ『愛の不時着』人気も相乗して、ネットフリックスは飛ぶ鳥を落とすような勢いもあって、本クロニクルでも注目し、『愛の不時着』にはまってしまったことも既述してきた。『イカゲーム』は買わない。ところがその後、ディズニープラス、アマゾンプライム、HBOマックスといったライバルも急成長し、熾烈な争いとなっているようだ。日本の『鬼滅の刃』ではないけれど、コミックでも物語が世界を制することもあるし、ネットフリックスもドラマ『愛の不時着』によって世界を制したかのように見えた。しかし続けて世界を制するようなコミックやドラマを生み出すことは難しいし、そこにこそ、神話や伝説に端を発する物語の謎が秘められているのかもしれない】

〔12〕フライヤーがクロステックベンチャーズ、みずほキャピタルを対象とし、3億円の第三者割当増資。

ビジネス書などの要約サービスを現在の660社から23年には1000社へと拡大予定。その後さらに3億円の資金調達もなされたようだ。

【フライヤーのことは本クロニクル⓫で紹介したばかりで、ビジネス書要約サービスに加え、書店にフライヤー棚を設置し、それは4の未来屋の100店を始めとして、トップカルチャー、三洋堂、ゲオなどが続いている。そのフライヤーが早々と第三者割当や資金調達を実施したことになり、それは稲田豊史『映画を早送りで観る人たち』（光文社新書）のビジネス版の急速な

市場化といえるだろう】

〔13〕『週刊読書人』（6／3）が緊急寄稿として、石原俊「『稼げる大学』法案を問う」と「緊急集会レポート」が掲載されている。

それによれば、世界トップレベルの研究大学をつくるという目的で、10兆円規模の大学ファンドを政府が創設し、その支援大学規準を定めた「国際卓越研究大学法」が5月18日に参院本会議により可決成立した。

【これは同紙で読むまでは知らなかったが、「国卓大」に設定された大学は年3％以上の事業規模成長、つまり特許取得や知財収入などの「稼げる大学」への転換とガバナンス体制の大幅な改革を求められるものである。この法案の廃案を求めるオンライン署名には大学教職員、学生など1万8千人の賛同が集まったが、審議もされずに成立し、この大学ファンドは始まってしまっている。これも12のフライヤーのビジネス要約サービスの第三者割当増資などの動向と根底でつながっているのだろうし、出版業界の現在とも密通しているように思える。幸いにして、『週刊読書人』は公共図書館でも常備しているところが多いと考えられるので、興味をもたれた読者はぜひ当たってほしい】

〔14〕『古書目録』26（股旅堂）が届いた。

【今回は「或る性風俗研究家旧蔵（遺品）の『昭和平成ニッポン性風俗史料』」特集といってい

いだろう。しかもその「或る性風俗研究家」は旧知の人物で、『出版状況クロニクルⅥ』でも追悼しておいた講談社の白川充だった。彼は船戸与一と志水辰夫をデビューさせ、所謂冒険小説の時代を用意した編集者で、最後に会ったのは原田裕『戦後の講談社と東都書房』（「出版人に聞く」14）の出版記念会の席においてだった。だがまさか彼が「性風俗研究家」だったこと、近代出版史の系譜にはそのような研究家や編集者の存在が不可欠であったことを想起してしまう。『昭和平成ニッポン性風俗史』（展望社）を刊行していたことはまったく知らずにいたし、近代現在でいえば、『赤線跡を歩く』（ちくま文庫）の木村聡を連想する。白川がその一人だったことは想像していなかった。目録の表紙の裏表に白川の自筆によるメモや地図が掲載され、彼からもらった手紙やはがきの字とまったく同じであることに気づいた。彼にもインタビューしておけばよかったと思うけれど、同じ講談社の鷲尾賢也、原田裕、大村彦次郎に続いて、白川も続けて亡くなってしまい、本当に残念だというしかない】

〔15〕 14の股旅堂の『古書目録』26に1950年代の風俗娯楽雑誌が多く出され、それらの中に『笑の泉』が別冊共々12冊が掲載されていた。

【実は最近古本屋からこの『笑の泉』の1961年2月号を贈られたばかりなのである。出版社は現在でも存続している一水社で、発行人は村田愛子、編集人は蔭山和由と奥付に記されている。もちろん二人とも知らないが、その「風流ばなし百人選」特集には「粋と洒落との大人の雑誌」を名乗るだけあって、金子光晴、黒沼健、式場隆三郎を始めとして、作家、翻訳者、芸能人などの百人が勢揃いし、心温まる「風流ばなし」の満載となっている。おそらく当時は「エロ雑誌」「悪書」扱いされていたと思われるし、巻頭にヌード写真は掲載されているけれど、リベラルな文化の香りを味わわせてくれる。またそこには出版の自由すらも感じられるし、そのような出版の時代もあったことを思い出させてくれる】

〔16〕 エマニュエル・トッド『第三次世界大戦はもう始まっている』（大野舞訳、文春新書）読了。

【トッドはウクライナ戦争に関して、いつまで続き、これからどうなるのか、「事態は流動的で、信頼できる情報は限られ、現時点で先を見通すのは困難」だが、「世界が重大な歴史的転換点を迎えているのは明らか」であり、自身がいうように「冷酷な歴史家」として語っている。それはフランスの歴史家がヨーロッパから見たウクライナ戦争分析であり、すべてを肯うわけではないが、最も啓蒙的にして、示唆されることが多い発言だと見なせるであろう。このトッドの一冊を読みながら想起されたのは、かつて編集に携わったガルシア・オリベルの『過去のこだま』（仮題、ぱる出版刊行予定）のことだった。オリベルはスペイン市民戦争において、共和国の司法大臣を務めた主要人物だが、彼が語るスペイン市民戦争は列強各国の思惑も絡んで、インターナショナルな「仁義なき戦い」のようでもあった。トッドの指摘によって、ウクライナ戦争も「仁義なき戦い・代理戦争」のような様相を呈することが浮かび上がってくる。私はトッドのように、人口動態や家族システムなどに注視していないけれど、それでも年度版『世界国勢図絵』（矢野恒太記念会）は常々参照している。それにより、プーチン帝国も第3次産業就業者が70％を占める消費社会化しているので、20世紀のアメリカのベトナム戦争へと至る状況と異なると思っていた。ところが間違っていた。あらためて消費社会と戦争のことも考えなければならない】

〔17〕『近代出版史探索Ⅵ』は発売中。
論創社ＨＰ「本を読む」〈77〉は６月に亡くなった石井隆を追悼するために「喇嘛舎と石井隆『さみしげな女たち』」に急遽差し換えてアップしています。

出版状況クロニクル⑲　２０２２年７月

22年６月の書籍雑誌推定販売金額は８６１億円で、前年比10・８％減。

書籍は４４０億円で、同10・２％減。

雑誌は４２１億円で、同11・４％減。

雑誌の内訳は月刊誌が３５２億円で、同13・５％減、週刊誌は68億円で、同１・３％増。

■ 2022年上半期 推定販売金額

月	推定総販売金額		書籍		雑誌	
	（百万円）	前年比（%）	（百万円）	前年比（%）	（百万円）	前年比（%）
2022年 1～6月計	596,051	▲7.5	352,641	▲4.3	243,410	▲11.8
1月	85,315	▲4.8	51,002	0.9	34,313	▲12.3
2月	107,990	▲10.3	67,725	▲5.7	40,265	▲17.0
3月	143,878	▲6.0	94,434	▲2.7	49,444	▲11.7
4月	99,285	▲7.5	54,709	▲5.9	44,577	▲9.5
5月	73,400	▲5.3	40,700	▲3.1	32,700	▲7.9
6月	86,182	▲10.8	44,071	▲10.2	42,111	▲11.4

これは刊行本数の増加と『anan』のＢＴＳ特集の即日重版によっている。

返品率は書籍が40・6％、雑誌は41・1％で、月刊誌は40・2％、週刊誌は45・1％。

返品率が40％を超えるカルテットも1年ぶりだ。

売上のほうも全体、書籍、雑誌のトリプルの二ケタマイナスは近年でも初めてだと思われるし、今年の下半期を予兆するかのようでもある。

7月の取次ＰＯＳ調査もそれに見合う動向で、夏の只中へ向かおうとしている。

---

〔1〕 出版科学研究所による22年上半期の出版物推定販売金額を示す。

上半期の出版物販売推定金額は5960億円、前年比7・5％減、書籍は3526億円、同4・3％減、雑誌は2434億円、同11・8％減となっている。

【これは本クロニクル❼で挙げておいたが、21年上半期がコロナ禍とコミック需要でトリプルプラスだったことに対して、22年上半期はトリプルマイナスに陥り、そのマイナス幅は19、20年に比べて最も大きい。再び『鬼滅の刃』のような神風的ベストセラーが現われないかぎり、下半期も同様に推移していくだろう。それは取次と書店の体力の限界へと誘っていくことになると推測される】

〔2〕日販GHDの主要書店グループの決算が出された。
リブロ、オリオン書房、文禄堂などのリブロプラスは1億3000万円の赤字。

TSUTAYAを展開するブラスは1億9800万円の赤字で、前期の1億7000万円の赤字よりも拡大。

名古屋のBOOKSえみたすを中心とするY・spaceは純利益2000万円で、前年比2000万円の減益。

日販GHDの21年度小売事業は売上高616億1400万円（前年比0・8%減）、営業損失2億4600万円（前期は3億2000万円の黒字）。

店舗数は234店で、前年比11店減。

【前回の本クロニクルでも日販GHDにふれ、その小売事業に関しても、その一部を既述しておいたが、取次の書店事業もすでに赤字となっていることが明白になった。それはさらに加速していくだろう。その事実はトーハンも同様で、取次の書店事業の実態も明らかになっていくはずだ】

〔3〕ＣＣＣの決算は売上高７１７億円（前年は１１３億円）、営業利益は６億円（前年は15億円）、特別利益は２３１億円（前年は0）、当期純利益は１２８億円（前年は純損失１２１億円）。

売上原価は２６８億円（前年は11億円）、売上総利益は４４８億円（前年は１０１億円）。

【グループ再編による大幅増収とされるが、チェーン店の大量閉店を背景としての売上高前年比６・３倍の決算は、そのまま信じるほうが難しいだろう。２で日販の小売事業の赤字を見たばかりだ。これらの連結を含めての決算の詳細は、トップカルチャーの「非上場の親会社等の決算に関するお知らせ」でアクセスできるので、ぜひ見てほしい。前年のＣＣＣの決算公告は本クロニクル❼でも告知している。それこそ『選択』や『ＦＡＣＴＡ』による専門家の分析が必要とされていることは言うを俟たない。日販の動向と行方にこれもダイレクトに連結しているからだ】

〔4〕『日経ＭＪ』（7／6）が実質的に「文喫」と「蔦屋書店」を一面特集している。

そのリードは次のようなものだ。

「書店がすごいことになっている。入場料制を導入し、音楽が流れるおしゃれな空間では本は読み放題、コーヒーも飲み放題。友人同士でゆっくり半日ほど滞在できるのでコスパもいいと若者に人気だ。イベントや有料の選書など、新しい何かと「出会う」知のエンターテインメント施設に進化している。本を売るだけの従来像から脱皮し新たなモデルを再構築する。」

そして「書店は様々な『出会い』の場に」として、店長が選書し、「自分と出会う」「人と出会う」「本に出会う」の3つのコンセプトを備える「文喫」と「蔦屋書店」のイベントが写真入りで紹介されている。

【こうした特集に言及するのは不毛で苦痛だが、本クロニクル以外では批判も出されないであろうから、ここで書いておく。私は消費社会の動向とデータを観測する必要もあって、20年以上『日経MJ』を購読しているけれど、ここまでひどいタイアップ「シロサギ」特集は見たことがない。現在の書店状況と書店の経済から遠く離れて、様々に群がるコンサルタントたちが組み立てたファンタジーを、まことしやかに特集することはジャーナリズムというよりも、翼賛新聞のでっち上げ記事だと断罪するしかない。街の書店の仕事は長時間労働で、その売上の半分以上は雑誌、コミック、文庫で占められ、それに外商や配達を加え、ようやく営まれてきたのである。ところがそれでも経済的にはもはや成り立たず、閉店に追いやられてしまった店が多数あるのである。その代わりに、リードで示された「書店がすごいことになっている」と誰が信じているのだろうか。それは日販にしても、CCCにしても同様だ。要するに『日経MJ』が信じていることではないだろうし、肥大化した大型複合店がレンタルの失墜によって生じさせた余剰面積を再利用するための業態提案でしかない。契約期間のペナルティがあるので撤退もできないし、「文喫」が日販の事業としてのシェアはわずかで、その売上も発表されていない。それに入場料を払って「書店員による有料の選書」を望むリピーターが無数に存在するのであれば、書店が半減してしまうことなどなかったではないか。また読書の本質からいっても、「推薦図書」や「課題図書」はそれにふさわしくないし、そうした本ばかり読まされれば、読書嫌いになってしまうことは自明だ。だが小中学生の「推薦図書」や「課題図書」をビジネスモデルとして、このような書店コンセプトが提案されているのであれば、それは読者を愚弄している。それゆえにこのような特集は、従来の懸命に働いてきた書店の営為を侮辱するものだし、それらの書店をつぶしてきた一端の責任は日販と蔦屋書店＝ＣＣＣにあることを自覚すべきだろう】

〔5〕八重洲ブックセンターの最終損益は1億円の赤字で、4期連続の1億円以上の赤字となる。

〔6〕フタバ図書の最終損益は3億5600万円の赤字（前年は3700万円の赤字）。

【前回の本クロニクルで、丸善ジュンク堂と未来屋書店の決算を取り上げ、それに今回の日販小売事業の実態、八重洲ＢＣやフタバ図書の赤字を重ねてみれば、大手チェーングループの書店状況が浮かび上がってくるだろう。いってみれば、書店は大も小も、都市も地方も、もはや回復できないほどの状態に追いやられていることがわかるだろう。しかもそれは今期後半にはさらに加速していくことが確実である】

〔7〕語学書の第三書房が破産。

1932年創業の老舗出版社で、フランス語、ドイツ語、スペイン語などの語学書を中心とする大学テキスト、ドイツ語検定参考書を刊行していた。

【それこそ半世紀前にフランス語の単語帳を買ったことは記憶しているけれど、それ以後はまったく無縁で、書店でも見たことがなかった。おそらく流通販売のメインは大学生協などで、一般書店はサブだったように思われる。そのために倒産しても、書店在庫問題はほとんど発生しないであろう】

〔8〕ベースボール・マガジン社は『ボクシングマガジン』『近代柔道』『ソフトボールマガジン』『コーチング・クリニック』『テニスマガジン』を休刊。

【1990年代はスポーツ雑誌もバブル化したこともあり、ベースボール・マガジン社はその総本山の趣を呈していた。当時はパリ支局も設け、ありとあらゆるスポーツの雑誌化が試みられていた。そのバブルがはじけた今世紀になっても、ベースボール・マガジン社は「種目別スポーツ専門出版社」として多くの雑誌を刊行していた。たまたま手元にある日販の『雑誌のもくろく2013』を確認してみると、『週刊ベースボール』『週刊プロレス』『週刊サッカーマガジン』を始めとして、20誌が挙がっていて、そこには休刊となる5誌も並んでいた。スポーツ雑誌の時代も終わろうとしているのだろう。そういえば、ベースボール・マガジン社の子会社である恒文社はどうなっているのだろうか。この頃出版物を見かけない】

〔9〕日本漫画家協会は現行のインボイス制度導入に反対し、見直しを求める声明を発表しているので、それを要約してみる。

＊日本の漫画家は多くがフリーランスで、その中には前々年度の課税売上が1000万円以下の「免税事業者」に該当するものが多い。
＊インボイスを発行できない場合、出版社と漫画家の関係の悪化、もしくは免税事業者であることを理由に取引中止のリスクも考えられる。
＊また課税事業者へ変更したとしても、システム導入、専門的サポートがなければ、インボイス発行に伴う事業者の事務処理負担が増加すると懸念される。
＊ペンネームで活動する漫画家にとって、インボイス発行事業者になると、「適格請求書発行事業者公表サイト」に本名が公表されるので、個人情報保護への懸念を抱く漫画家も少なからず存在する。
＊日本漫画家協会はこれらのいくつかの懸念事項を払拭できない限り、現行のままインボイス制度が導入されることは看過できない。
【このインボイス制度とは2023年10月から始まる複数税率に対応した消費税の資入り税額控除の方法として、適格請求書等保存方式が導入されることをさしている。そのために税務署長に申請し登録を受けた課税事業者である「適格請求書発行事業者」が発行する「適格請求書」の保存が仕入税額控除の要件となり、そのために「適格請求書発行事業者登録番号」を必要とするのである。このインボイス制度問題は出版業界においてだけでなく、日本文芸家協会なども含んで、広範に論議されるべきだと考えられる。だが日本漫画家協会の他には地方・小出版流通センターが取り上げているだけで、出版協にも取り組んでほしいと思う。前回の「国

際卓越研究大学法」ではないけれど、このインボイス制度も密室で決められたという印象を拭えない】

〔10〕 海賊版サイト「漫画ＢＡＮＫ」運営者が中国当局に摘発され、60万円の罰金刑となった。

【本クロニクル⓫で既述しておいたように、「漫画ＢＡＮＫ」は日本の漫画の最大級海賊版サイトで、『鬼滅の刃』なども無料で読め、被害額は２０００億円を超えるとされていた。講談社、小学館、集英社、ＫＡＤＯＫＡＷＡは21年11月にカリフォルニア州裁判所に運営者の情報開示命令を出すように請求し、それで運営者が中国重慶市にいることを突き止めた。そこで４社は中国に事務所をもつコンテンツ海外流通促進機構（ＣＯＤＡ）に対処を要請し、行政処罰を求め、今回の処置となったのである。だが報道では運営者のプロフィルは伝えられておらず、不明のままだし、海賊版サイトの多くはベトナムにあるとされているので、新たなサイトも出現してくることは確実であろう】

〔11〕 21年の図書カード発行高は３４５億円で、前年比18・４％減。

【２００３年には図書券と合わせて、７２６億円だったので、まさに半減してしまったことになる。かつて図書カード加盟書店数は１万１０００店以上を数えたが、現在では５２００店ほどになってしまった。図書カード発行高のマイナスも書店数の減少とパラレルであることは明らかで、いずれ発行元の日本図書普及も赤字となる日を迎えることになろう】

〔12〕 富山県中新川郡立山町が町内で書店を開業する個人事業者を公募。条件は富山地方鉄道立山線五百石駅から徒歩5分以内のテナント型店舗で、3年以上の営業の継続。

出店の際には入居店舗の改修、備品費などの費用の3分の2（限度額200万円）、及び営業開始から3年間の家賃（限度月額8万円）を補助する。

【詳細は立山町のホームページと、産業カテゴリー「産業振興ページ」を見てほしいが、7月29日までの受付期間である。書店に関する「シロサギ」に幻惑され、このような公募がなされるに至ったと考えるしかない。だが少しでも書店業の経験があれば、この条件で引き受ける人間はいないはずだ。本当に「シロサギ」ごっこは止めてほしい】

〔13〕 映画プロデューサーの河村光庸の訃報記事から、彼が1994年の青山出版社、98年のアーティストハウスの創業者であることを知った。

【これは『キネマ旬報』（7／下）で教えられたのだが、その後、河村はアーティストフィルム、スターサンズを設立し、映画配給や制作の道へと歩んでいったようだ。河村は本クロニクル❺でふれているが、同じく❾で既述しておいたワイズ出版の岡田博の軌跡と重なるもので、いずれも72歳の死であった。いずれ二人のことも書く機会があろう】

〔14〕 『世界』（8月号）の特集「ジャーナリズムの活路」で、ジャーナリストの依光隆明が

「ジャーナリズムはどこに息づくか」を寄せている。

それは依光が朝日新聞諏訪支局長を辞めるに際し、数人の住民から発せられた「あんたがいなくなると、怖い」という言葉から始まっている。

その言葉に続いて、諏訪バイパス問題が論じられていく。これは50年前の都市計画で、2016年になって、それは山すそを通るのではなく、山中をトンネルでくりぬくプランに変更され、浮上してきたのである。

しかしバイパスに住民の賛成は少なく、疑問の声が大きく上がり始めた。だが2014年設立のバイパス促進期成同盟は市役所、町役場を事務局として、議員や町内会まで組織化され、大政翼賛会的に推進されていく。反対する住民の支えになったのが新聞だったのだが、諏訪支局もなくなってしまう。それが「あんたがいなくなると、怖い」という言葉にリンクしていくのである。

【これを読んで、やはり新聞記者の森薫樹の『原発の町から—東海大地震帯上の浜岡原発』(田畑書店、1982年)を想起した。2011年の東日本大震災の原発事故の30年前にリアル極まりない原発の問題をすでにレポートしていた。それはその後再読して、思いを新たにした。それに加えて、昨年、中村文孝との対談『全国に30万ある「自治会」って何だ!』を上梓し、その大政翼賛会をルーツとする自治会を論じたが、書評はひとつも出なかったし、行政もジャーナリズムも揃って黙殺した。本当に地方において、書店もなくなっていくのと同時に、「ジャーナリズムはどこに息づくか」を問わなければならないのである。興味をもたれた読者はぜひ『世界』の依光文に直接当たってほしい】

〔15〕『近代出版史探索Ⅵ』は発売中。

今月の論創社HP「本を読む」〈78〉はまたしても宮谷の死もあり、急遽差しかえて、「けいせい出版と宮谷一彦『孔雀風琴』」です。

遅れてしまった、これも中村文孝との対談『私たちが図書館について知っている二、三の事柄』は8月中旬発売。

戦後の図書館の始まり、日本図書館協会との関係、1980年以後の図書館の増殖とそのメカニズム、図書館流通センターなどを総合的に論じた初めての図書館本で、図書館がもたらした出版業界への影響と今後の行方を問いかけている。

これから図書館についてふれるのであれば、必読の一冊といえる。

これを読まずして、図書館を語ることなかれ。

その内容は以下のとおりです。

まえがき

1　1970年から2020年にかけての図書館の推移

2　小学校、図書室、児童文学全集

3　戦後ベビーブームと児童書出版史

4　こども図書館、石井桃子、松岡享子

5　私立図書館の時代と博文館、大橋図書館

6　ＧＨＱとＣＩＥ図書館
7　国会図書館発足と中井正一
8　慶応大学日本図書館学校、図書館職員養成所、司書課程
9　都道府県立図書館と市町村立図書館
10　『中小都市における公共図書館の運営』と『市民の図書館』
11　日本図書館協会と石井敦、前川恒雄『図書館の発見』
12　『図書館の発見』の再考と意味
13　石井桃子『子どもの図書館』
14　図書館と悪書追放運動
15　日野市立図書館と書店
16　戦後図書館史年表
17　１９７０年代における社会のパラダイムチェンジ
18　電子図書館チャート
19　図書館法制度と委託業務会社
20　官製ワークキングプアの実態
21　元図書館員へのヒアリング
22　竹内紀吉『図書館の街　浦安――新任館長奮戦記』
23　公共建築プロジェクトとしての図書館

24 浦安の地元書店との関係
25 マーク、取次、図書館
26 図書館流通センター（TRC）の出現
27 図書館と書店の基本的相違
28 岩崎徹太と岩崎書店
29 村上信明『出版流通とシステム』
30 尾下千秋『変わる出版流通と図書館』
31 TRCの現在図書館流通システム
32 図書館のロードサイドビジネス化
33 佐野眞一『だれが「本」を殺すのか』
34 『理想の図書館』と図書館営業
35 『図書館逍遥』と「図書館大会の風景」
36 鈴木書店での図書館状況報告会
37 國岡克知子と編書房
38 『季刊・本とコンピュータ』創刊
39 今井書店の「本の学校・大山緑陰シンポジウム」
40 『季刊・本とコンピュータ』の展開と座談会
41 「出版人に聞く」シリーズを立ち上げる

42　卸売業調査に見るＴＲＣ
43　本の生態系の変化
44　１９７０年以降の図書館をめぐる動向とその行方
あとがき
付録１　図書館の自由に関する宣言
付録２　図書館法　関係法令・規範等

出版状況クロニクル⑳　２０２２年８月

22年7月の書籍雑誌推定販売金額は７４５億円で、前年比９・１％減。

書籍は３９７億円で、同６・９％減。

雑誌は３４８億円で、同11・５％減。

雑誌の内訳は月刊誌が２８４億円で、同13・４％減、週刊誌は63億円で、同２・４％減。

返品率は書籍が41・８％、雑誌は43・８％で、月刊誌は44・１％、週刊誌は42・７％。

■電子出版物販売金額

（単位：億円）

	2021年1～6月期	2022年1～6月期	前年同期比（%）	占有率（%）
電子コミック	1,903	2,097	110.2	25.2
電子書籍	231	230	99.6	2.8
電子雑誌	53	46	86.8	0.6
電子合計	2,187	2,373	108.5	28.5

6月に続き、返品率は40％を超えるカルテットで、もはや限界のところまできている。

これから秋に向かっていくが、出版業界はどうなっていくのだろうか。

---

〔1〕出版科学研究所による22年上半期の電子出版市場を示す。

【上半期電子出版市場は２３７３億円で、前年比８・５％増。電子コミックは２０９７億円、同10・２％増だが、電子書籍、電子雑誌はいずれもマイナスで、下半期もコミック次第ということになる。上半期の出版物シェアは電子出版28・５％、紙書籍42・３％、紙雑誌は29・２％である。またインプレス総合研究所の『電子書籍ビジネス調査報告書２０２２』によれば、21年の電子出版販売金額は５５１０億円、同14・３％増となっている。内訳はコミック４６６０億円、同16・４％増、書籍は５９７億円、同７・３％増、雑誌は２５３億円、同３・９％減。コミックシェアは84・６％を占め、雑誌は４年連続マイナスである。電子出版も22年の二ケタ成長は難しいように思われるし、成熟市場に向かっているのかもしれない】

〔2〕『日経ＭＪ』（８／10）の「第50回日本の専門店調査」が出された。そのうちの「書籍・文具売上高ランキング」を示す。

■書籍・文具売上高ランキング

順位	会社名	売上高（百万円）	伸び率（%）	経常利益（百万円）	店舗数
1	カルチュア・コンビニエンス・クラブ（TSUTAYA、蔦谷書店）	181,942	－	8,104	－
2	紀伊國屋書店	97,890	▲ 0.3	1,018	67
3	丸善ジュンク堂書店	69,966	4.1	－	－
4	有隣堂	66,866	－	806	50
5	未来屋書店	48,547	▲ 3.3	23	241
6	くまざわ書店	44,775	7.2	－	240
7	トップカルチャー（蔦屋書店、TSUTAYA）	25,727	▲ 12.7	257	70
8	精文館書店	222,094	6.3	649	52
9	ヴィレッジヴァンガード	21,748	▲ 5.5	340	－
10	三省堂書店	19,960	0.6	－	22
11	三洋堂書店	18,792	－	▲ 31	76
12	文教堂	17,687	▲ 12.4	385	99
13	リブロプラス（リブロ、オリオン書房、あゆみ BOOKS 他）	16,535	－	▲ 85	87
14	リライアブル（コーチャンフォー）	14,136	▲ 10.3	679	10
15	大垣書店	13,032	8.8	161	43
16	キクヤ図書販売	10,799	8.6	－	38
17	ブックエース	8,992	▲ 6.5	187	32
18	オー・エンターテイメント（WAY）	8,958	▲ 9.3	105	67
19	勝木書店	5,481	▲ 11.4	159	15
20	成田本店	1,258	▲ 6.7	－	4

【専門店調査は23業種に及び、そのうちの19業種は増収だが、「書籍・文具」は「HC・カー用品」「生鮮」「紳士服」と並んで減収となっている。それは本クロニクルでもトレースしてきたように、これからも続くであろう。その中で前回もふれたが、CCCの売上高と経常利益は異常というしかない。売上高1819億円に対し、経常利益81億円で、これは本クロニクル❽を見てほしいが、前年は2982億円に対し、経常利益は42億円だったのである。紀伊國屋書店が売上高978億円に対し、経常利益が10億円であることに比べて、いくら連結決算、経常利益とはいえ、不可解だ。そのことはCCCのFCであるトップカルチャーやオー・エンターテインメントの売上高から見ても同様だし、日販、MPD、FC書店へとリンクしていく問題のようにも思われる】

〔3〕 東京日販会と千葉日販会が解散。

【『出版状況クロニクルⅥ』で、埼玉日販会の解散を伝えたが、東京と千葉日販会も続くことになった。原因はコロナ禍と会員書店数の減少に他ならない。2003年に書店は2万店を超えていたが、20年には1万2千店となり、22年時点ではほぼ半減してしまった。それは日書連加盟書店数にも顕著で、21年には3000店を下回り、2987店であり、すでに栃木県と山口県は脱退している。日販会ではないけれど、こちらのほうも続く県が出てくるだろう。このような書店状況下において、かつての恒例であった大手出版社の報奨金付大型企画と書店の外商の結びつきによる大量販売はもはや成立しなくなってしまった。だが現在になって考えると、それらのバブル大型企画も書店が元気な時代の産物だったとわかる。その例をひとつだけ挙げれば、1980年代の集英社『篠山紀信シルクロード』全8巻で、これは日本が送りだした最強の写真集として推奨できよう】

〔4〕東京昭島市の井上書店（NET21井上昭島店）が店舗営業を終了し、今後はNET21に在籍しながら、教科書取扱店として営業を継続。

【井上昭島店に関連してだと思われるが、『新文化』（8／11）が「NET21新刊指定配本35出版社に拡大」との大見出しで、一面特集を組んでいる。本クロニクルで何度もNET21にふれてきたが、2001年に「共同仕入れ」と「報奨金獲得」などを目的として設立され、現在は22法人・28店舗が加盟している。今野英治社長は今野書店、田中淳一郎会長は恭文堂が担っている。帳合は楽天BN。特集の内容は35社に及ぶ新刊指定配本の協力で、その例として筑摩書房の場合が具体的に言及されている。しかしそこに示されている配本問題もさることながら、長引くコロナ禍の中での書店環境が、かつてない危機的局面を迎え、消費者の購買意欲は下がり、客足の減退は痛切で、「今後、書店をどう続けていくか、見えてこないほど厳しい状況」だという。NET21の多くの加盟書店でも売上低迷に歯止めが利かない苦境にあるとされ、その中で井上昭島店の店舗営業が終了したことになる】

〔5〕虎の穴は運営書店「とらのあな」のうちの秋葉原店A、新宿店、千葉店、なんばA店、梅

田店の閉店を発表。

国内の「とらのあな」は再出店予定の名古屋店も見合わせたことで、池袋店だけとなる。

【『出版状況クロニクルⅥ』で、コロナ禍状況下の「とらのあな」の続く閉店状況にふれてきたが、ついに池袋店だけになってしまったことになる。コロナ禍前には同人誌、コミックを中心とする「とらのあな」は全国展開をはかって、勢いのある書店として知られていた。本当の書店の栄枯盛衰も激しい。『日経MJ』（8／29）が「とらのあな」を一面レポートしている】

〔6〕ローソンと日販の「LAWSONマチの本屋さん」ブランド2号店が「ローソン碧南相生町三丁目店」（愛知・碧南市）としてオープン。80坪で、本売場は12坪。
【本クロニクル❻で、埼玉・狭山市の1号店のオープンを伝えたが、2号店まで1年以上経っていることからすれば、それほどの成果は上がっていないと見なすべきだろう。それからこのブランドは既存のローソン店の増床リニューアルであるので、投資コストに対して、出版物売上の採算が難しいのではないだろうか】

〔7〕三洋堂HDは子会社の保険代理業三洋堂プログレが業務スーパーなどの神戸物産とフランチャイズ契約を結び、ビュッフェ事業「神戸クック・ワールド・ビュッフェ」に参入する。
愛知、各務原市のイオンタウン各務原鵜沼内に1号店、福井市のパリオシティ福井店内に2号店を続けてオープン。

出店形態は既存店併設ではなく、単独出店をベースとする。

〔8〕日販と日販GHDは日清紡HDと「City Farming 事業」の実証実験を始める。
これは新鮮ないちごが収穫できる小型設備植物工場で、生活空間に貸出サービスする。

文喫など3店舗で行なう。

〔9〕MPDは神田税務署から酒類販売業免許を受けた。
各種の酒類の卸売と食雑貨とを取り扱い、酒類販売業免許を持つTSUTAYA加盟店に卸を始める。

【7から9は書店や取次の新たな事業への参入、試みということになるが、もはや書店でも取次でもない。このようにして、本や雑誌という出版物は背後に追いやられていくのだろう】

〔10〕アマゾンは年内に全国18ヵ所のデリバリステーション（DS）を新設。
青森、岩手、秋田、長野、徳島、香川、愛媛、高知、熊本、沖縄の10県は初めての開設で、これによりDSは国内で45拠点を超える。

DSは配送に特化した物流拠点で、フルフィルメントセンターから出荷された梱包済商品を受けつけ、仕分けする。

この増設で、北海道を除く46都府県都市部は雑誌や書籍などの商品が翌日配送されることになる。

【『日経ＭＪ』（7／27）の「21年度小売業調査」によれば、アマゾンは売上高２兆５３３１億円で、セブン&アイＨＤ、イオンに続く第３位を占め、前年比15・９％増とされる。もちろん通販部門では圧倒的首位を占める。今回のＤＳの新設で、アマゾンの次年度の成長も確実であろう】
〔11〕小学館、集英社、ＫＡＤＯＫＡＷＡは海賊版サイト「漫画村」の運営者に総額19億円２９６０万円の損害賠償を請求。
〔12〕小学館はネタバレサイト「漫画ル」と「ＫＯＲＥＷＡＴＡ」の２件に法的措置をとり、それぞれの運営者は県警や警視庁に書類送検された。
【11の「漫画村」による被害額は推計３２００億円とされ、それに加えて、「漫画村」は海賊版サイトの定着と成長を促したとされる。前回も中国の海賊版サイト「漫画ＢＡＮＫ」の運営者の摘発と罰金刑60万円を既述しておいたが、それもあって、今回の19億円の損害賠償となったのである。12のネタバレサイトはマンガのセリフ、風景、場面展開などを公開し、「文字の海賊版」と呼ばれている。これらの海賊版サイトと出版社の攻防はまだまだこれからも続いていくだろう】

〔13〕シンコーミュージックのギター雑誌『G・i・G・S』が休刊。
1989年創刊で、1990年代の全盛期には20万部に及んでいたが、現在は3万部と低迷していた。

〔14〕大洋図書の『メンズナックル』が休刊。
2004年にミリオン出版から創刊され、18年にミリオン出版が大洋図書に吸収合併で引き継がれ、刊行されていた。

【『近代出版史探索』で、近代の雑誌の誕生が「趣味の共同体」を背景にしていたことに繰返し言及してきた。これらの雑誌の休刊はそのような趣味の時代も終わりつつあることを示しているよう】

〔15〕ニューヨークで書店の主催する講座で、サルマン・ラシュディが刺された。
ラシュディは1988年に『悪魔の詩』（五十嵐一訳、新泉社）を発表し、89年にホメイニから死刑宣告が出され、その呪縛がまだ続いていたことになる。

【日本でも『悪魔の詩』は新泉社から翻訳出版され、トラブルも生じていたし、筑波大学助教授の訳者も殺害され、その事件は2006年に時効となっている。フェティ・ベンスラマ『物騒なフィクション―起源の分有をめぐって』（西谷修訳、筑摩書房、1994年）を読み直さなければならない。『悪魔の詩』の書店販売に関しては、今泉正光『「今泉棚」とリブロの時代』

（「出版人に聞く」1）を参照されたい】

〔16〕『風船舎古書目録』第16号が届いた。

【特集は「今日は帝劇、明日は三越、明後日は…　偶発的東京名所案内」で何と550ページに及んでいる。まさに読むべき「古書目録」といっていいだろうし、東京の各区別のアンソロジーでもある。近代出版史からいえば、これほど多くの全集などの内容見本の掲載は見たこともない。私も早速注文したがうまく当たるだろうか】

〔17〕　中村文孝との対談『私たちが図書館について知っている二、三の事柄』は好評発売中。重版できればよいのだが。

今月の論創社HP「本を読む」〈79〉は「東考社と小崎泰博『幻の十年』」です。

出版状況クロニクル㉑　2022年9月

22年8月の書籍雑誌推定販売金額は801億円で、前年比1・1%減。

書籍は423億円で、同2・3%減。

雑誌は378億円で、同0・2%増。

雑誌の内訳は月刊誌が315億円で、同0・3%増、週刊誌は62億円で、前年同率。

返品率は書籍が37・9%、雑誌は41・8%で、月刊誌は41・5%、週刊誌は43・3%。

雑誌が前年増となったのは21年5月以来で、月刊誌のプラスは『ONE PIECE』（集英社）103巻が300万部を超えて発売されたことなどによっている。

しかし取次の書店POS調査を見ると、書店売上は低迷状態が続いている。

八重洲ブックセンター本店の閉店が発表されたのは象徴的で、これからの取次グループ書店の行方を注視しなければならない。


【1】『日経MJ』（8/31）の2021年度「卸売業調査」が出された。

■書籍・CD・ビデオ卸売業調査

順位	社名	売上高(百万円)	増減率(%)	営業利益(百万円)	増減率(%)	経常利益(百万円)	増減率(%)	税引後利益(百万円)	粗利益率(%)	主商品
1	日販グループホールディングス	504,993	−	2,840	−	3648	−	1,391	13.0	書籍
2	トーハン	428,151	−	1,279	−	1,177	−	▲ 1,648	14.6	書籍
3	図書館流通センター	51,082	2.6	2,141	▲ 0.6	2,266	▲ 2.8	1,310	18.8	書籍
4	楽天ブックスネットワーク	47,737	−	−	−	−	−	−	−	書籍
5	日教販	27,257	▲ 1.5	547	8.7	357	1.7	225	11.0	書籍
9	春うららかな書房	2,641	−	35	−	32	−	20	28.6	書籍
−	MPD	148,635	−	35	−	41	−	3	3.5	CD

そのうちの「書籍・CD」部門を示す。

【TRC（図書館流通センター）の売上高は3位で、トーハン、日販GHDと一ケタ異なる510億円だが、税引後利益額は遜色がない。粗利益率も18・8％と群を抜き、売上高経常利益率に至っては4・4％で、日教販1・3％、日販GHD0・7％、トーハン0・3％に比べ、ダントツということになる。増え続ける公共図書館を背景とする図書館専門取次として、低返品率、出版社との直接取引などが相乗し、雑誌を扱っていないにもかかわらず、このような高利益率を確保するに至っている。知られざるTRCの成長のメカニズムは『私たちが図書館について知っている二、三の事柄』（論創社）で明らかにしたばかりだ。それを日販やトーハンに当てはめれば、書店が増え、雑誌が売れ、その返品率が低かったことで成長も可能だったことを示唆している。ところが書店は減少する一方で、閉店も多いために返品率は高止まりのままであり、もはや流通業とし

ての利益が生じる取次ではなくなっていることを告げていよう】

〔2〕日本図書館協会の『日本の図書館 統計と名簿2021』が出されたので、1と関連して、その「公共図書館経年変化」を示す。

【21年の公共図書館会で異変が起きているといってもいいかもしれない。それは個人貸出総数が5・4億冊で、20年の6・5億冊に比べて、1億冊以上の減少を見ている。21年の図書館数は20年よりも1館減っているし、専任職員数、蔵書冊数、年間受入図書冊数、個人貸出登録者数、資料費はほとんど変わっていないのだが、個人貸出総数だけが急激に減少していることになり、それは20年前に戻ってしまう数字である。この減少に対して、21年の書籍販売部数は5・2億冊で、図書館の個人貸出冊数と書籍販売部数が接近してきている。これは『私たちが図書館について知っている二、三の事柄』において、「書店数、図書館数、個人貸出総数と書籍販売部数」の推移で示しておいたが、その差は開く一方で、17年からは1億冊以上、2010年から個人貸出総数と書籍販売部数が逆転し、その個人貸出総数が上回る事態となっていたのである。その個人貸出総数が21年になって、いきなり逆に1億冊以上減少してしまった。コロナ禍や電子書籍図書館化によって生じたものではないと見ていいし、原因は何なのか。単に無料貸本屋の客と需要が減っただけなのか、あらためてこの事実に注視しなければならない】

〔3〕八重洲ブックセンター本店が2023年3月で閉店。

■公共図書館の推移

年	図書館数	専任職員数（人）	蔵書冊数（千冊）	年間受入図書冊数（千冊）	個人貸出登録者数（千人）	個人貸出総数（千点）	資料費当年度予算（万円）
1971	885	5,698	31,365	2,505	2,007	24,190	225,338
1980	1,320	9,214	72,318	8,466	7,633	128,898	1,050,825
1990	1,928	13,381	162,897	14,568	16,858	263,042	2,483,690
1997	2,450	15,474	249,649	19,320	30,608	432,874	3,494,209
1998	2,524	15,535	263,121	19,318	33,091	453,373	3,507,383
1999	2,585	15,454	276,573	19,757	35,755	495,460	3,479,268
2000	2,639	15,276	286,950	19,347	37,002	523,571	3,461,925
2001	2,681	15,347	299,133	20,633	39,670	532,703	3,423,836
2002	2,711	15,284	310,165	19,617	41,445	546,287	3,369,791
2003	2,759	14,928	321,811	19,867	42,705	571,064	3,248,000
2004	2,825	14,664	333,962	20,460	46,763	609,687	3,187,244
2005	2,953	14,302	344,856	20,925	47,022	616,957	3,073,408
2006	3,082	14,070	356,710	18,970	48,549	618,264	3,047,030
2007	3,111	13,573	365,713	18,104	48,089	640,860	2,996,510
2008	3,126	13,103	374,729	18,588	50,428	656,563	3,027,561
2009	3,164	12,699	386,000	18,661	51,377	691,684	2,893,203
2010	3,188	12,114	393,292	18,095	52,706	711,715	2,841,626
2011	3,210	11,759	400,119	17,949	53,444	716,181	2,786,075
2012	3,234	11,652	410,224	18,956	54,126	714,971	2,798,192
2013	3,248	11,172	417,547	17,577	54,792	711,494	2,793,171
2014	3,246	10,933	423,828	17,282	55,290	695,277	2,851,733
2015	3,261	10,539	430,993	16,308	55,726	690,480	2,812,894
2016	3,280	10,443	436,961	16,467	57,509	703,517	2,792,309
2017	3,292	10,257	442,822	16,361	57,323	691,471	2,792,514
2018	3,296	10,046	449,183	16,047	57,401	685,166	2,811,748
2019	3,306	9,858	453,410	15,543	57,960	684,215	2,790,907
2020	3,316	9,627	457,245	15,045	58,041	653,449	2,796,856
2021	3,315	9,459	459,550	14,893	56,807	545,343	2,714,236

同店は1978年にゼネコン大手の鹿島による出店で、国内最大の書店としてオープンしたが、2016年にはトーハンが株式の過半数近くを鹿島から取得し、そのグループ書店化していた。

【これは中村文孝『リブロが本屋であったころ』（「出版人に聞く」4）に詳しいが、1970年代後半は都市型大型店出店の時代であり、75年に西武ブックセンター、それに八重洲ブックセンター、81年に三省堂書店本店、東京堂書店が続いていくことになる。しかし西武ブックセンター（リブロ池袋）はすでになく、三省堂書店本店も閉店したばかりだし、来年は八重洲ブックセンター本店も退場する。本クロニクル⓳でふれておいたように、4期連続の1億円以上の赤字だったのである。都市型大型店の時代のサイクルが閉じられたと見なせよう。それだけではない。本クロニクル❺で、トーハンの近藤敏貴社長の、このままいけば、24年にグループ書店法人はすべて赤字になるとの言を引いておいたが、八重洲ブックセンター本店に象徴されているように、24年どころか前倒しになり、22年で限界となったのであろう。出版社にとっては返品ラッシュとなるかもしれない。したがって、それはトーハン書店法人のみならず、日販の書店法人にしても同様であり、これから閉店が相次いでいくと推測される】

〔4〕 東京オリンピック、パラリンピックのスポンサー選定をめぐる汚職事件で、KADOKAWAの芳原世幸元専務、馬庭教二元室長に続いて、角川歴彦会長も逮捕。

【芳原元専務がリクルート出身で、『エイビーロード』や『ゼクシィ』編集長、馬庭元室長が『ザテレビジョン』や『関西ウォーカー』の編集長だったことを知ると、1988年のリクルート事件のことが想起される。また『出版状況クロニクルⅣ』で、角川歴彦会長へのインタビューやその著書『クラウド時代と〈クール革命〉』に言及しているが、その帰結が今回の事件だったとすれば、それも『クラウド時代と〈クール革命〉』がもたらしたものということにもなろう。いずれにしても、この事件によって露呈したのは、今までは書く側にあった出版社が書かれる側へと転位してしまった事実であり、それはこれからも続いていくだろう。いやそればかりでなく、1970年代後半の角川商法の帰結であるかもしれない。この事件に関しては、『選択』(9月号)の連載企業研究の「電通グループ『黒幕・高橋』と五輪汚職の根源」を合わせ読むべきことを付記しておく】

〔5〕 集英社の決算は売上高1951億9400万円、前年比2・9%減、当期純利益は268億4500万円、同41・3%減の減収減益。

売上高内訳は雑誌506億5400万円、同38・0%減、書籍120億円、同32・6%減、広告86億円、同9・2%増、事業収入1261億5700万円、同34・7%増。

雑誌部門の雑誌売上は165億9600万円、同17・0%減、コミックスは340億5800万円、同44・8%減。

事業収入のうちのデジタル売上は602億4100万円、同31・4%増。版権収入476億2700万円、同29・7%増。物販等182億8900万円、同52・2%増。事業収入の売上構成比は64・6%となる。

【本クロニクル⑮で講談社、同⑰でKADOKAWA、同⑱で小学館の決算を既述しておいたが、集英社の場合、減収減益ながら、事業収入が売上の64・6％を占めるというデジタル、版権、物販に特化した色彩が強くなってきている。それは今後も続いていくし、雑誌、コミック出版社として、町の書店とともにあった、かつての集英社の面影はドラスチックに後退していくだろう。それは、小学館、講談社、KADOKAWAも同様であろう】

〔6〕 光文社の決算は売上高170億2700万円、前年比1・0％増で、6期ぶりに増収だったが、経常損失は16億3200万円、当期純損失は12億400万円。

売上高内訳は製品（紙版）売上76億7600万円、同9・2％減、広告収入41億6900万円、同15・4％増、事業収入45億8700万円、同9・2％増。

【光文社にしても、広告収入はデジタル広告増、事業収入は自社ECサイトでの写真集売上、デジタル雑誌書籍売上、版権ビジネスによるもので、紙の雑誌、書籍は苦戦が続いている。かろうじて6年ぶりの増収ではあるけれど、来期はどうなるであろうか。その中でも「古典新訳文庫」は好調と伝えられているので、安堵するが、季刊誌『HERS』は10月発売の秋号で、不定期刊行になる。私たちの世代は1960年代の松本清張を始めとするカッパ・ノベルスとともに成長したので、光文社といえばカッパ・ノベルスのイメージが強かったが、それももはや半世紀前のことになってしまったと痛感してしまう。まさにカッパ・ノベルスとは高度成長期をも象徴するものであったし、私もかつて「高度成長期と社会派ミステリ」（『文庫・新書の

海を泳ぐ』所収、編書房）を書いている】

〔7〕『朝日新聞』（8／18）の「朝日歌壇」の高野公彦選として、下記の三首が並んでいた。

ずっとここに居ていいんだよというような平日の昼ジュンク堂書店

（東京都）金美里

学生時「風土」買いたる古書店が京の街から消えるとの報

（亀岡市）俣野右内

かさばれる古書のリュックを抱えつつ時忘れけり岩波ホール

（我孫子市）松村幸一

【6のカッパ・ノベルス読み始めの頃の商店街の書店と古本屋のことを思い出し、たまたまこれらの短歌も見出しているので、ここに挙げてみた。1960年代の商店街の書店は「ずっとここに居ていいんだよ」とはいえないほど小さかったけれど、いつも土日には人があふれるようにいて、出版業界も紛れもなく高度成長期だったことを確認させてくれる。それは古本屋も同様で、そのような時代もあったことを想起してしまう。しかし当然のことながら、そうした商店街の書店も古本屋もなくなってしまい、もはやそれらも街の記憶から失われていくだろう。後者に関しては「浜松の泰光堂書店の閉店」（『古本屋散策』所収）を書いているので、読んで頂ければ幸いである】

〔8〕　中央社の決算は売上高208億4850万円、前年比7・6％減、営業利益は3億5690万円、同8・5％減、当期純利益は9230万円、同16・1％増。

売上高内訳は雑誌121億5300万円、同9・4％減、書籍71億5630万円、同3・9％減、特品等13億710万円、同13・6％減。返品率は総合で27・9％。

【1の『日経MJ』の卸売業調査に中央社は出ていなかったので、ここで決算状況を引いてみた。『出版状況クロニクルⅣ』で、中央社はコミックに特化して、その業績を確保し、2010年代には増収増益、低返品率であったことを既述しておいた。しかしその中央社にしても、雑誌の凋落と電子コミックの影響を受けているはずで、その只中での決算ということになるし、30％を割る低返品率によって、赤字に陥っていないと判断できよう。そういえば、中央社とコラボレーションし、書泉や芳林堂もM&Aしてきたアニメイトの情報が伝わってこないが、タイバンコク店も含め、どうなっているのだろうか】

〔9〕　ノセ事務所から2021年の「出版広告調査」レポートが届いた。

【これは朝日、読売、日経3紙の「「全五段」「半五段」「三八つ」「三六つ」に加え、「一頁広告」も含めた出版社別出広調査で、『本の世界に生きて50年』（「出版人に聞く」5）の能勢仁ならではの調査報告である。累計1441社に及ぶために具体的にデータは示さないが、それは了承されたい。それによれば、21年は東京オリンピックと衆議院議員選挙もあって、その影響が出たのではないかと危惧していたが、例年と変わらない出広状態だったとされる。私の持論ではチラシを打てない書店に代わって、出版社が新聞広告を出すことで集客を試みていることになる。しかし近年は信じられないほど出版広告費が安くなっているにもかかわらず、出広が少なくなっているとも伝わってくるし、地方紙まで含んだ場合はやはり減少しているのではないだろうか。それは22年に顕著になってきたようにも思われる。そのことは来年の「出版広告調査」で確かめることにしよう】

〔10〕『選択』（9月号）の「社会・文化情報カプセル」において、「岩波書店の看板雑誌『世界』で騒動／前編集長が『居座る』異常事態」がレポートされている。

【『世界』に関しては本クロニクル⑯、⑲でふれ、岩波書店の内紛は同⑭、また坂本政謙新社長へのインタビューについても、本クロニクル⑩で紹介している。この『選択』レポートによれば、坂本新社長は『世界』編集部内の状況から、4月に編集長交代人事を発表したが、編集長は「引き継ぎ」と称して、夏になっても居座り、「新編集長が『編集部付』のような形で仕事をするという前代未聞の状態」になっているという。社内の人事をめぐる権力争いとも伝えられ、10月には交代するとされているが、果たしてどうなるのか。4のKADOKAWA汚職事件をターニングポイントとして、出版社が書かれる側に転位していくのではないかと述べておいたが、それは同じく今後も続いていくだろう。なお同じく『選択』の「経済情報カプセル」にはアマゾンが生鮮食品などの販売強化をめざして、業務提携しているライフコーポレーションを買収するのではないかとの観測も出されている】

〔11〕リトルマガジン『飢餓陣営』55(2022夏号)が特集「核戦争の手前で―2022ロシアーウクライナ」を組み、笠井潔に「世界内戦としてのロシアーウクライナ戦争」と題するロングインタビューをしている。

【笠井は「今回のウクライナ戦争でポスト世界国家化の時代は新しい局面に入ったのではないか」との視座から語っているのだが、示唆に富み、傾聴すべきインタビューだと思われる。これを読みながら、ここにも名前が出てくる船戸与一の難民に関してのインタビュー「国境線上の第四世界」(『現代思想』1993年8月号)を想起してしまった。船戸はその延長線上にルポルタージュ『国家と犯罪』(小学館、1997年)を書くに至る。笠井にしても船戸にしても、現役の実作者ならではの世界歴史観によるもので、啓発されることが多いし、笠井のインタビューは『飢餓陣営』の読者にしか知られていないであろうし、他のものと合わせ、単行本化が望まれる】

〔12〕『日本古書通信』(9月号)の「昨日も今日も古本さんぽ」143のイントロで、岡崎武志が『サンデー毎日』の書評事情について語っている。それを要約してみる。

彼の『サンデー毎日』の書評ページとの付き合いは長く、1993、4年頃からレギュラーページを受け持ち、リニューアル、担当者の交代はあっても、連載ページが途切れることがなかった。見開き2ページを独占していた時期もあり、他の特集や企画記事にも関わり、家のローンの完済もそのおかげであった。

ところが部数低迷により、『週刊ポスト』『週刊現代』と同じく、『サンデー毎日』も5月から月4発行が月3となり、原稿料も4分の3になっていた。それに加えて、10月からの誌面刷新で、書評ページは6ページから2ページになり、彼のページもなくなると告げられ、原稿料も一挙にゼロになってしまったのである。

【週刊誌の書評の歴史は実際に『サンデー毎日』の書評にも携わっていた井家上隆幸『三一新書の時代』（「出版人に聞く」16）においても、たどられている。それは1969年の『週刊ポスト』創刊に伴う新たな書評への重視で、その影響は各週刊誌へも反映され、『サンデー毎日』も井家上たちによる特色のある書評時代があり、それを岡崎は引き継いできたことになる。だがそうした時代も終わったのだというしかない】

〔13〕 中村文孝との対談『私たちが図書館について知っている二、三の事柄』は刊行されて1ヵ月以上が経った。

読者から便りがあり、図書館関係者は揃って沈黙を守るしかないだろうと書かれていた。つまり図書館関係者にとって、タブー本とされたことになろう。

それは出版業界紙（誌）、新聞も同様だ。あたかも緘口令が敷かれたかのようだ。

ここで提起されている公共図書館状況は、現在の書店と出版業界の問題へとそのまま重なるものであり、どうして出版社や書店からの発信もなされないのだろうか。

いち早く鹿島茂だけが『週刊文春』（9／8）で1ページ書評してくれたが、その後はまったく続かず、SNSでの言及すらもほとんどなされていない。

それだけでなく、2で記述しておいた図書館の異変は何によるのか、それも追求されなければならない。

中村の「日本の古本屋」メールマガジンでの発信「『私たちが図書館について知っている二、三の事柄』を読むにあたって」も参照されたい。

なお月末になって、共同通信の配信記事「BOOK交差点」でも紹介された。

〔14〕『だれが「本」を殺すのか』の佐野眞一が亡くなった。

佐野とは座談会を共にしたこと、及び彼にも言及しているので、病床にあったことを知らずに『私たちが図書館について知っている二、三の事柄』を献本しておいた。読んでくれただろうか。

また学生時代に脚本家志望だった佐野にちなんでいえば、同タイトルはゴダールの映画からとられているが、彼も9月の死が伝えられたばかりだ。

〔15〕論創社HP「本を読む」〈80〉は「山田双葉『シュガー・バー』と山田詠美」です。

出版状況クロニクル㉒　2022年10月

22年9月の書籍雑誌推定販売金額は1051億円で、前年比4・6％減。

書籍は635億円で、同3・7％減。

雑誌は416億円で、同6・0％減。

雑誌の内訳は月刊誌が353億円で、同5・2％減、週刊誌は62億円で、同10・5％減。

返品率は書籍が30・9％、雑誌は39・4％で、月刊誌は38・4％、週刊誌は44・7％。

書店店頭売上は大型台風の相次ぐ上陸もあり、書籍9％、ムック10％、コミックス22％といずれもマイナスとなっているが、取次POS調査によれば、総合的にも二ケタ減である。

書店状況は「液状化」しているとしかいいようがない。
＊なお今回は変則的に最後の項目は『私たちが図書館について知っている二、三の事柄』に批判を寄せた根本彰のブログに対する反論を掲載した。
最後までお楽しみあれ。

■ 2022年1月～9月 推定販売金額

月	推定総販売金額		書籍		雑誌	
	（百万円）	前年比（%）	（百万円）	前年比（%）	（百万円）	前年比（%）
2022年 1～9月計	855,935	▲6.8	498,183	▲4.3	357,752	▲10.0
1月	85,315	▲4.8	51,002	0.9	34,313	▲12.3
2月	107,990	▲10.3	67,725	▲5.7	40,265	▲17.0
3月	143,878	▲6.0	94,434	▲2.7	49,444	▲11.7
4月	99,285	▲7.5	54,709	▲5.9	44,577	▲9.5
5月	73,400	▲5.3	40,700	▲3.1	32,700	▲7.9
6月	86,182	▲10.8	44,071	▲10.2	42,111	▲11.4
7月	74,567	▲9.1	39,717	▲6.9	34,851	▲11.5
8月	80,189	▲1.1	42,322	▲2.3	37,867	0.2
9月	105,129	▲4.6	63,504	▲3.7	41,625	▲6.0

〔1〕 出版科学研究所による22年1月から9月までの出版物推定販売金額を示す。

【前年の9月までは9179億円、前年比0・5％増で、最終的に1兆2079億円、同1・3％減であった。だが22年は8559億円、同6・8％減という事実からすれば、1兆2000億円を大幅に割りこみ、1兆1000億円前半の数字に近づいていくことが確実だ。ピーク時の1996年は2兆6564億円であり、定価値上げなどを考えると、3分の1近くの販売金額となってしまう。とりわけ雑誌のほうは1兆5644億円に達していたから、22年は5000億円を下回るはずで、こちらは3分の1以下になってしまうであろう。取次も流通業に位置づけられるし、これまでの総合取次の太洋社、栗田、大阪屋の退場はその赤字に耐えられなくなってのものに他ならない。流通業者の場合、赤字になるとそれは一挙に加速していくとされる。それにいつまで耐えられるかという正念場に差しかかっていよう】

〔2〕丸善ジュンク堂が直営店23店を始めとする32店舗をトーハンへ帳合変更。返品はなされず、伝票切り替えによる。

【トーハンの「マーケットイン型販売契約」と桶川書籍流通センターによる年間364日の出荷体制、出版社倉庫とのEDI連携などによる書店の収益構造、及び出版流通改革のためとされる。それらはともかく、本来の目的はDNPの意向を受けての、丸善ジュンク堂、トーハン、メディアドゥとのコラボレーションのためだとも伝えられている】

〔3〕『新文化』（10／20）が福井・敦賀市の公設書店「ちえなみき」のオープンをレポートしている。

これは2023年度末予定の北陸新幹線の敦賀駅開業に向けた駅前開発事業の官民連携によるプロジェクトで、指定管理業者としての運営は丸善雄松堂と編集工学研究所の共同体が担う。売場は230坪で、古書も含め、在庫は3万冊、取次はトーハン。初期在庫費用は市が負担し、開店以後は丸善雄松堂が担い、棚の構成、選書は編集工学研究所による。

【この公設書店「ちえなみき」は同じく丸善と松岡正剛の編集工学研究所が仕掛け、失敗に終わった「松丸本舗」を想起してしまう。この人口6万人の敦賀市は駅の近くに平和書店、商店街には老舗の千代田書店、郊外には勝木書店などがあるが、それらへの影響は必然的で、ここでも公が民を駆逐していくことを危惧する】

〔4〕 文教堂GHDの売上高は164億8400万円、営業利益5200万円、前年比85・7％減。前期売上高は187億8200万円、経常利益は7500万円だった。来期売上高予想は155億7000万円。

〔5〕 精文館書店の売上高は193億100万円、営業利益5200万円、前年比12・6％減。営業利益は1億6600万円、同75・1％減、当期純利益は8100万円、同80・2％減。

〔6〕 三洋堂HDは愛知県江南市に中古ホビー「駿河屋」を初めて導入。145坪のレンタルに代わる業態。

〔7〕 CCCと三井住友フィナンシャルグループは両者の「Tポイント」と「Vポイント」を統合し、国内最大規模のポイントとなると発表。

【前回の本クロニクルのリードのところで、「八重洲ブックセンター本店の閉店が発表されたのは象徴的で、これからの取次グループ書店の行方に注視しなければならない」と書いておいた。4の文教堂と5の精文館は日販グループ、6の三洋堂はトーハンである。これも今回のリードに示しておいたように現在の書店売上状況からすれば、3社とも来期は赤字となることが必至だと見なせよう。前回もトーハンの近藤敏貴社長の24年グループ書店赤字説を引いておいたけれど、取次のグループ書店は23年にどちらも赤字に追いやられる可能性が高い。6の日販と「駿河屋」の関係については本クロニクル⑯で取り上げているので、そちらを参照されたい。**7**は日販と精文館にもリンクしていくわけだが、本当に実現するのだろうか】

〔**8**〕学研HDは学研プラス、学研教育みらい、学研メディカル秀潤社、学研サービスを、学研みらいを存続会社として4社を合併し、Gakkenに商標変更し、学研エデュケーショナルの一部門も移管する。

【私たちが知っている文芸書出版社としての学研は完全に終わってしまった。かつては『国木田独歩全集』を刊行していたし、意外に思われるかもしれないが、『世界文学全集』や『日本文学全集』も試みられていたのである。それらの版権などはどのように処理されているのだろうか】

〔**9**〕岩波書店の『世界』前編集長が退任。

【これは前回の本クロニクルでふれた『世界』編集部内の内紛だが、11月号の編集後記にあるように、前編集長が退任することになった。だがそれに伴い、6、7本の連載も終わりとなってしまったようだ。雑誌の時代の終りを告げる出来事にようにも思われる】

〔**10**〕作品社の和田肇前社長が亡くなった。享年81。

【和田は河出書房新社出身で、営業に長く携わり、「出版は1にカネ、2にカネ、3、4がなくて5にカネ」という身につまされる名セリフをもらしていた。「出版人に聞く」シリーズに登場してもらいたかったが、現役の社長でもあったことから、残念ながらそれはかなわなかった。退職後にオファーすればよかったと悔やまれる。和田のことは『私たちが図書館について知っている二、三の事柄』でも言及し、彼がTRCとコラボし、カネになる名企画「日本の名随筆」シリーズを企画し、作品社のドル箱とならしめたのである。ご冥福を祈る】

〔11〕栗田英彦編『「日本心霊学会」研究』(人文書院)が届いた。

【これは著者の一人の「神保町のオタ」から恵送されたもので、サブタイトルに「霊術団体から学術出版への道」とあるように、人文書院の立ち上がりとその出版物をたどった一冊である。人文書院の前身が日本心霊学会であることはほとんど知られていないと思うし、近代出版史における必携書に位置づけられよう】

〔12〕日本古書通信社の折付桂子による『増補新版東北の古本屋』(文学通信)が出された。

【これは19年の自費出版『東北の古本屋』の増補版で、すばらしくヴァージョンアップされている。見やすい地図、フルカラーの大きな写真、詳細な索引も付され、東北古本屋案内であると同時に、古本屋から見た東日本大震災の記録となっている。それに『私たちが図書館について知っている二、三の事柄』の重要な証言者である故佐藤周一の古書ふみくらも健在だと知らされ、安堵した次第だ】

〔13〕『朝日新聞』（10／16）に『私たちが図書館について知っている二、三の事柄』の、「学者芸人」サンキュータツオによる書評が掲載された。

この書評をきっかけにして、根本彰のブログにその書評と同書への批判が出され、「自らの誤ったイメージを垂れ流すこの本を、朝日の書評に出たからという理由で選書する図書館が多数あるとしたら恐ろしい」と書いている。また本人が「この本について図書館関係者はもっと批判していくべきだ」と発信し、フォロワーが「拡散希望」と記したことで、国会図書館大場利康（tsysoba）、京都橘大学嶋田学らを始めとする図書館関係者のSNS、及び本クロニクルにもヘイトを加えてきた「Bookness2」、「dellganov」、「Guro」らのリツイートが大量にばらまかれている。それらの多くは『私たちが図書館について知っている二、三の事柄』を読むこともなく、自分で考えることもせず、根本の批判に便乗しているだけである。

それゆえに、共著者の中村文孝の了承を受け、文責は小田として、ここで反論しておく。その前に根本彰にふれておけば、東大名誉教授、慶應大学教授で、『私たちが図書館について知っている二、三の事柄』で言及している図書館の「神様」の一人で、私と面識もないようによそおっているが、２００２年に私と「対談」した際に、「僕の下らない本を読んで頂き有難うございます」と述べた人物である（『私たちが図書館について知っている二、三の事柄』ｐ２１４、以下ページは同書）。もちろん本で名前は出していない。この「対談」は私の『図書館逍遥』（編書房、２００１年）が刊行された翌年のことであり、『図書館の学校』Ｎｏ．33に掲載されている。

その「神様」のご託宣を傾聴してみよう。それは「彼等が図書館については単なる外部からの観察者であり、にわか勉強で補ったものをもとにした歪みがそこここに見られる」と始まっている。そして「最大の疑問は対談という形式である」として、「対談」は「その道の専門家や大家とされる人たちがやりとりするもの」だが、「この本で図書館について述べるとき両著者は専門家でも研究者でもない」と定義づけている。そのために『私たちが図書館について知っている二、三の事柄』が「対談」にふさわしい「専門家」「大家」によるものでなく、中村と小田も図書館に関する「専門家」「研究者」でもないとのご託宣が下される。これでは最初から「神様」でない部外者は図書館を論じてはならないといっているようなもので、我々がずっと批判している図書館の「密教集団」性と「排他的なセクショナリズム」を露呈させている。

まず「対談」という形式だが、21年11月に行なわれた2人の「対談」をベースにして、22年6月に至るまでの、双方の語り下ろしに近い加筆修正、それに資料を加えたものである。根本が印象づけようとしている素人の「内輪の勉強会の議事録」などではないし、我々にとっての「対談」は「にわか勉強」を補う手段でもない。中村との「対談」は3冊目であり、私は「出版人に聞く」シリーズなど22冊「対談」を手がけ、その意図もはっきり述べている（p80）。それに我々が図書館の「専門家」「研究者」でないことは承知の上で、出版社・取次・書店という近代出版流通システムに最も通じた「専門家」として、「出版流通インフラとしての図書館の問題」に言及しているのだ（p286）。

それが出版業界に関する知識不足のためにまったく読み取れず、「この本」も「著者の矜持や編集倫理のようなものが失われ、内容は何であれ売れればよいとするもの」の「列に連なる」とされる。タイトルにしても、それに由来するゴダールなどの「諧謔の妙のようなものが欠けているが故に不快な後味しか残さない」ということになる。

ようするに根本は『私たちが図書館について知っている二、三の事柄』の著者たち、出版社と編集、対談とその内容、書評、タイトルも含めて、すべてが気に入らない思いを滲ませ、不快だと告白しているのだ。これは「基本的な疑問点」の指摘、「批評」するといっておきながら、ヘイト告白でしかないことを浮かび上がらせている。

それに続いて「散見される誤り」が列挙されているのだが、その引用と批判も恣意的で思いこみと誤読に基づいている。最初の16ページのところの引用にしても占領下の問題はすべてが解明されたとは言い難く、通史としては許容の範囲ではないか。そうではなく、本当に「戦後史のいろは」として実証できるのであれば、「一次資料」を示した上でなされるべきだろう。肝心なのはその後に続く「そして50年に全国学校図書館協議会が創立され、53年に学校図書館法が成立し、すべての学校に図書室が設置されてゆく」という一文なのである。

139ページの長尾真に関しても、我々はわざわざカギカッコを付し、「専門職の資格を持つライブラリアン」と見なせる人物として挙げているのである。それはその前に「国会図書館の蔵書デジタル化とインターネット配信を推進した」との断わりを付した上での彼の位置づけであり、ここでも部外者としての長尾に対する図書館界の偏見がうかがえる。

141ページの「JLAが官のイメージであるのに対し、図問研は民間という気がする」の件は、現実的な組織構図をいっているのではなく、ヒアリングした元図書館員が図問研に属し、現場の図書館員だったことに対し、ＪＬＡ（日本図書館協会）は官ではないかという「イメージ」を示しているのである。それは私の図書館大会の見聞に基づいているし、その前後の１４０ページから１４３ページを読んでもらえれば、わかるだろう。

１９９ページの「小中高や大学図書館の選書が既刊書がほとんどというのはどういうデータに基づくのだろうか」という指摘は、根本が『私たちが図書館について知っている二、三の事柄』を拾い読みしかしていない事実を明らかにしていよう。それはＴＲＣ（図書館流通センター）の尾下千秋の著書の「図書館別　対象資料・購入担当者・購入方法」のデータで、１９６ページにそのまま表を一ページ転載し、その際に「既刊書」をゴチック表記にしている。それすらも見ていないし、読んでもいないのだ。

さらに２２０ページの小学校の元校長たちが「図書館情報大学などの司書補の講習を受けている」に対して、根本は「時代認識が20世紀末で止まっている」と指摘しているが、これは前ページで「90年代」の話と断わって語っている事実を捨象している。

それからこれは最後のところだが、22ページで「石井桃子『子どもの図書館』が岩波書店や福音館の児童書・絵本を重視し、コミックや永岡書店の児童書はだめとすることを批判する」と書かれていると指摘する。だがこれも根本による手前勝手な要約である。私は「石井桃子たちとの理念とは逆で」「ＪＬＡの影響力のほうが問題だ」（ｐ２１０）と補足説明しているし、それは「子ども図書館を起源とする図書館の児童書とその関係者である読み聞かせボランティアなどに関しての神話化と特権化」（ｐ21）によって生じたものだという認識を示しているのであり、誤読している。

そして「全体的な構図に対する批判」に至る。そこで『私たちが図書館について知っている二、三の事柄』の眼目である書籍販売冊数と貸出冊数の逆転にようやくふれている。それに関して「実はこの論議は図書館界と出版業界の間で昔からある」として、書協とＪＬＡによる『公立図書館貸出実態調査２００３報告書』が示されている。しかしそれは20年前のものであり、現在の状況に対応していない。

私が２６８ページから２７１ページにおいてコメントしているように、それは年度版『出版指標年報』（出版科学研究所）と『日本の図書館　統計と名簿』をずっとトレースしていて、『出版状況クロニクルⅣ』の２０１３年のところで初めて指摘したものだ。２７１ページに１９９９年から２０１９年にかけての「書店数、図書館数、個人貸出総数と書籍販売部数」の推移を一ページ図表で示しておいたとおりである。

ところが根本はそのページを示しながらも、その一ページ図表に言及しない。それを指摘したサンキュータツオの「書評」は「新聞記事の要約」「元の本の著者らの発言」として片づけ、次のように書いている。

「こうした言説はよく耳にする。インパクトがあるけれどもこうした耳になじみやすい主張は疑ってみた方がよい。そもそも書籍販売数と図書館の個人貸出数を比較することに意味があるのか。これだと、書籍販売数の減少は図書館の個人貸出が増えたから生じたと言っているように聞こえるが、その因果関係は十分に実証されていない。統計学で相関関係が因果関係を説明するわけでないと言われるが、これも現象面で対応しているように見えることも内実は証明されていないのだ。出たばかりの本を図書館が大量の複本を置いて貸し出ししていれば話しは《ママ》別だが、今は複本の上限を限定していることが多いし、資料購入費自体が減っているから、図書館が貸し出ししている資料の多くは旧刊本に属する。」

前述したように、「こうした言説はよく耳にする」ものではなく、私だけが注視し、ブログや『出版状況クロニクル』で発信してきたのである。しかも271ページの図表は「書籍販売冊数」と「個人貸出総数」だけでなく、書店数とその減少、図書館の増加の推移も示され、それらの「因果関係」は明らかなのではないか。それに「図書館が貸し出している資料の多くは旧刊本に属する」といっているが、それは書籍販売数も同様であることを無視しているというか、まったく知らないのだ。

その挙句に我々が「左翼思想」と「自らの『教養』についての捻れたルサンチマン」の持ち主で、図書館批判は「書店、取次、出版社、(ここでの言及はほとんどないが)著者の経済行為に影響している」と書きつけるのである。

これらの根本の「批判」を要約すれば、我々は図書館の部外者でしかない一介の出版社や書店の人間で、自分たちのような大学教授の肩書ある「研究者」「専門家」ではないのだから、図書館に言及することは認めないといっているに等しい。

それだけでなく、「著者の経済行為」とは図書館で我々の本も認められないし、売れないということを言外に意味しているのだろう。「自らの『教養』についての捻じれたルサンチマン」というのは、根本が自分を丸山眞男に擬していないのであれば、我々のコミックへの言及をさしていると思われる。

根本のいうように、それだけは当たっているが、我々は確かに出版社、取次、書店の側に立ち、図書館を批判している。そして図書館のイメージを確立せずに増殖し、それがもたらした書店減少、及び地方自治体において図書館だけが残り、書店がなくなってしまった現実との相関関係を問題にもしている。それこそ根本の主張は我々のような「研究者」「専門家」でない、そのような本質的な批判は認めたくないということに尽きるであろう。

その問題を直視することなく、根本はこのような恣意的な読み方による『私たちが図書館について知っている二、三の事柄』に関する批判を重ねた上で、「ルサンチマンを隠しながら図書館をこんな形で批判するのは情けない態度に映る」と結んでいる。この言葉は「神様」が茶化された「ルサンチマンを隠しながら『私たちが図書館について知っている二、三の事柄』をこんな形で批判するのは情けない態度に映る」と変え、そのまま根本にお返ししよう。

〔14〕ブログ「古本虫がさまよう」が「僕が図書館について知っている二、三の呆れた事柄」を発信している。

【それによれば、千代田区立図書館は『私たちが図書館について知っている二、三の事柄』を貸出禁止、禁帯出にしているようだ。私のところの市立図書館も選書し、入荷したものの、郷土資料に分類し、一般の目にふれないような処理をしている。おそらく多くの図書館で、そのような処置がとられるか、もしくは選書不可となっているのではないだろうか。13で見たように、図書館関係者たちがこぞって批判し、「根本先生」の尻馬に乗って、「朝日の書評に出たからという理由で選書する図書館が多数あるとしたら恐ろしい」を拡散しようとしている。これは実質的に「検閲」に他ならないし、図書館に入れるなといっているに等しい。まるで現代の「焚書坑儒」ではないか。これは『私たちが図書館について知っている二、三の事柄』でふれた1950年代から60年代にかけての「悪書追放運動」を想起させる。（p97〜105）それは明らかに「付録」として巻末に収録した「図書館の自由に関する宣言」に抵触しているけれど、「捻くれたルサンチマン」を有するとされた我々にとっては当然のことで、図書館が貸出したくない本の筆頭に位置づけられたのは「名誉」と見なすべきかもしれない】

〔15〕 一読者から根本の批判ブログを読んで、次のような一文が送られてきた。了承を得て、そのまま転載する（かっこ内は筆者による）。

＊　　＊　　＊

ここで取り上げられている細部の事実誤認については、門外漢としては、よくわからない。しかし、ブログの著者は、大筋では、批判しているというよりも、賛成しているようにも聞こえる。（根本彰のブログより）貸出とは無料で財を使用する仕組みのことである。（中略）市場経済中心の社会で無料で財が提供されることの意味を突き詰める必要があったのにそれがなされなかった。だから、今の図書館は一つの像を結ばない。一方では有名な建築家が設計した建物で専門的な司書によるサービスを受けられる図書館が話題になるが、他方、貸出サービス中心でそれを非正規職員が担当する図書館も少なくない。（ただし、ここでは職員の身分や待遇の問題と資格の有無とを混同しないことだ。資格をもたず事務作業のみを担当する職員がいてもいいことは否定しない。）それは1970年代以降のJLAの図書館政策がもたらしたものであることは否定できないだろう。

つまるところ、根本と、『私たちが図書館について知っている二、三の事柄』のあいだの意見の相違は、「図書館が自らの存在意義を再定義し損ねた部分」をどのように評価するのかという点に集約されるはずである。『私たちが――』はその点においてきわめて批判的だが、このブログの著者は、わるく言えば現状追認的、よく言えばプラグマティックな図書館観を取る。

「おしゃれで新刊雑誌や書籍をお茶を飲みながら読める図書館が増殖するという「本の生態系の変容」」が現れたなら、それは別に否定すべきことでも何でもない。つまり、本の生態系の変容はすでに多様な図書館を生み出した。そして他方では紙の本の読み手がどんどん高齢化していくなかで、図書館と出版界はその存在を互いに認めつつ役割分担を図りながら「本の生態系」の維持なり保護なりを図る視点でまとまりつつある。著者らの議論はこれまで図書館と出版の関係者が積み上げてきた議論を20年前のものに戻すものである。

「今の図書館は一つの像を結ばない」ことを、『私たちが図書館について知っている二、三の事柄』は理念的、構造的な問題として捉えるが、根本はそこに実際的な問題があることを認めつつも、現状を現状として、抗うことなく受け入れる。

とはいえ、『私たちが図書館について知っている二、三の事柄』が試みるのは、現状を批判するために、何かしらの図書館の理念を提示してみせることではないだろう。むしろ、そのような理念型としての「図書館」の定義を曖昧にしたまま、オポチュニズム的に図書館を運営してきたという歴史的構造の問題――図書館の歴史的使命の問題、と言ってみてもいい――を指摘することが、『私たちが図書館について知っている二、三の事柄』の試みだろう。そのような理念と構造を問題として捉えない人間にしてみれば、中村と小田が指摘した現状にたいして、根本が「なぜ戦慄するのかよくわからなかった」という感想を口にするのはむしろ当然である。

『私たちが図書館について知っている二、三の事柄』に「ルサンチマン」があるのかどうか。小田光雄の『書店の近代』にたいして、郊外型書店にたいするルサンチマンと町の書店にたいする憧憬があると論じるなら、まだわからなくもない。小田と中村に現在の大型書店にたいするルサンチマンがないのかということになれば、「あるのではないか?」と疑ってみないほうが穿った見方になるだろう。

とはいえ、根本が差し向ける、『私たちが図書館について知っている二、三の事柄』のふたりは捻れた教養主義者であり、図書館の現状が見えていないという批判は妥当だろうか。

そういう彼らは、石井桃子『子どもの図書館』が岩波書店や福音館の児童書・絵本を重視し、コミックや永岡書店の児童書はだめとすることを批判する(22ページ)

――

この引用をどう読むと、中村と小田の捻れたルサンチマンの現れと解釈できるのかはよくわからないが、『私たちが図書館について知っている二、三の事柄』がこの箇所でクローズアップしようとしているのは、石井のコミックにたいする敵意そのものというよりも、石井のそのような態度が図書館の選書方針に引き継がれたのではないか、その結果として、良書主義にもとづく図書館の神格化が起こったのではないか、という点である。彼らが批判しているのは、図書館の良書主義によって教養を押し付けるという行為でこそあれ、そのように押し付けられることで身につけた教養そのものではないように思う。「石井らの家庭文庫運動から公共図書館運動に引き継がれた」ものとしての「子ども時代の読書体験の重要性」に批判的でこそあれ、子ども時代の読書体験の重要性自体を批判しているのではないように思う。このような教養主義を捻じれたルサンチマンと解釈するには、彼らが図書館にたいして狂おしいほどの愛を抱いていた（にもかかわらず、図書館に拒否され、裏切られた）と仮定してみなければならない。

だが、その仮定は当てはまらないように思う。中村と小田の図書館への思いは、せいぜい失望や幻滅にとどまるように思われる。ブログの著者がいうように、中村と小田は、結局は、「出版関係者」であって、図書館界隈の人間ではない。ふたりに図書館にたいする個人的な思い入れは大いにあるだろう。しかし、そのような思い入れは、あくまで個人的なものにとどまるし、たとえ個人的なもの以上であるとしても、それは出版人としてのものであろう。

彼らが図書館にたいして何かしらのルサンチマンを持ちえるとしたら、それは個々の図書館にたいするものでもなければ、図書館そのものにたいしてでもなく、今あるような図書館モデルを作り上げてしまった近代出版システムにたいしてであろうし、おそらくそれは、ルサンチマンというよりも、出版人としてそのようなプロセスの共犯者であったかもしれないという後悔や自責の念というべき感情ではないか。だからこそ彼らは、「出版関係者」として、近代日本における出版から流通のなかのひとつの結節点としての図書館にたいして、「本の生態系」という観点から、構造的な批判を加えることを、自らの仕事として引き受けたのではないか。

根本が捉えそこねているのは、まさにその点である。『私たちが図書館について知っている二、三の事柄』の批判対象が、個別の図書館でも、個別の図書館政策でもないという点、単に経済的なものでも、単に行政的なものでも、単に社会的なものでもないという点である。『私たちが図書館について知っている二、三の事柄』が取り上げる対象が場当たりだという批判は、事実レベルでは正しく（それはそのとおりである）、分析レベルでは的外れである（小田と中村は、本の生態系としての図書館の問題を、見取り図のかたちで浮上させるために、あえてそのような分析方法を選んだのではないか）。

本書は全体として「図書館」を批判しているのだが、その図書館の実体を曖昧にしたままに議論しているように見える。ときには日図協の図書館政策だったり、図書館を設置している自治体（ないし教育委員会）の政策だったり、個別の図書館の運営方針だったりする。さらには図書館を支援するビジネス企業も批判の対象になっている。また、全体的には1970年代の「郊外の誕生」以降の大衆消費社会を問題にしているようにも見える。だが、彼らが出版流通関係者の立場をとるときに図書館との対比が明確になるので、批判の中心は図書館が購入する資料の質と量、およびそれが利用者に無料で貸し出されていること、そしてその結果書店、取次、出版社、（ここでの言及はほとんどないが）著者の経済行為に影響していることにあるようだ。

だから、以上の一節は、『私たちが図書館について知っている二、三の事柄』が問題しているのが、個々の具体的な問題ではなく、それらの個別事例を成立せしめた歴史的構造の問題、行政的なものと社会的なものと経済的なもののせめぎ合いの問題であることを、ブログの著者がとらえきれていないことを露呈しているのではないか。少なくとも、彼らの批判を「著書の経済行為」に還元するのは、あまりにも穿った見方ではないか。

『私たちが図書館について知っている二、三の事柄』にたいする図書館関係者からの反論は、現在における図書館の「理想」と「現実」をめぐる議論から始められるべきではなかったか。「社会人や職業人に対して生涯学習や独学の機会を提供する役割、地域の文化的資料を集め後世に残すアーカイブ機能、地域住民の多様化に合わせた社会福祉や多文化的なサービスなどの重要な機能」を含めて、21世紀における図書館という装置／空間をいまあらたに定義しなおすという理念的で構造的な仕事こそ、図書館関係者が担うべきものであるように思われる。それはつまり、21世紀における図書館の使命を、たんに足し算的なもの、たんに総花的なものではなく、図書館というプロジェクトとしてわたしたちに指し示すという仕事である。しかしながら、上記の一節は最後にさらりと言及されるにすぎない。

『私たちが図書館について知っている二、三の事柄』が「捻くれたルサンチマン」を内包しているかどうかはわからない。しかし、そのように著者たちを断罪することで『私たちが図書館について知っている二、三の事柄』を批判することは、それこそ、ブログの著者の内に潜んでいるのかもしれない思い――神格的なものとしての図書館がますます変容していく現在にたいする忸怩たる思い、さまざまな機能を背負い込むことでますます定義困難なものとなっていく複数的な図書館の在り方にたいする曰く言い難い思い――を、『私たちが図書館について知っている二、三の事柄』の著者たちにひそかに投影する行為になるのではあるまいか。

＊　＊　＊

〔16〕『私たちが図書館について知っている二、三の事柄』は11月上旬に重版出来。

論創社HP「本を読む」〈81〉は「『ガロ』臨時増刊号「池上遼一特集」と「地球儀」」

出版状況クロニクル㉓　２０２２年11月

22年10月の書籍雑誌推定販売金額は８４５億円で、前年比７・５％減。

書籍は４８４億円で、同５・９％減。

雑誌は３６０億円で、同９・７％減。

雑誌の内訳は月刊誌が２９６億円で、同10・８％減、週刊誌は64億円で、同４・３％減。

返品率は書籍が34・1％、雑誌は43・8％で、月刊誌は43・4％、週刊誌は45・5％。
8、9月に比べてマイナス幅が大きくなってきていることからすれば、20年、21年の書籍推定販売金額よりも22年の大幅な減が予測されるそのような出版状況の中で、22年の最後の月へと入っていく。

---

〔1〕『出版月報』（10月号）が特集「出版物の価格を考える」を組んでいる。
出版科学研究所の水野敦史による時宜を得た好企画で、各種グラフと表も併せて「出版物の価格」の推移と出版、社会状況をトレースしている。
そのうちの総務省「家計調査（二人以上の世帯）」に基づく「消費支出と品目別支出金額の推移（月額平均）」を示す。

【これはダイレクトな「出版物の価格」の推移を伝えるものではないけれど、出版物、出版市場、社会メディア環境の変容を如実に物語っているといえよう。消費支出は２０００年の31万７３２８円に対して、２０２１年は27万９０２４円で、３万８３０４円、12・１％のマイナスとなっている。物価指数、税金などの「非消費支出」の上昇に賃金指数が追いついていないことも明らかだ。それとパラレルに「書籍」も９０８円から７２９円、「雑誌」は４４９円から２３４円に減少し、後者に至っては半減ということになる。ここに雑誌の凋落と雑誌を中心とする書店の衰退がそのまま映し出されている。それに対して、２０２１年の「携帯電話通信料」と「インターネット接続料」はそれぞれ１万４２４円、２７３０円で、合わせて１万３１

■消費支出と品目別支出金額の推移 （月額平均、単位：円）

西暦（年）	消費支出	書籍	雑誌	固定電話通信料	携帯電話通信料	インターネット接続料
2000	317,328	908	449	5,830	2,383	–
2001	309,054	857	453	5,424	3,225	–
2002	305,953	887	417	4,577	4,697	650
2003	301,841	842	397	4,243	5,635	861
2004	302,975	872	418	4,062	6,109	1,106
2005	300,531	860	420	3,672	6,420	1,253
2006	294,943	823	390	3,495	6,963	1,315
2007	297,782	789	370	3,295	7,283	1,509
2008	296,932	805	374	3,101	7,675	1,715
2009	291,737	768	385	2,907	7,933	1,841
2010	290,244	764	372	2,859	8,055	1,992
2011	282,966	731	361	2,847	7,990	1,974
2012	286,169	713	332	2,824	8,131	2,003
2013	290,454	695	329	2,760	8,326	2,009
2014	291,194	690	307	2,591	8,783	2,022
2015	287,373	677	283	2,498	9,251	2,107
2016	282,188	630	279	2,258	9,867	2,199
2017	283,027	623	263	2,032	10,208	2,323
2018	287,315	627	253	1,782	10,508	2,293
2019	293,379	651	247	1,760	10,611	2,341
2020	277,926	706	230	1,628	10,581	2,549
2021	279,024	729	234	1,542	10,424	2,730

５４円である。「書籍」「雑誌」の９６３円に対して、13倍の支出となり、出版物が占めていた社会的役割が失墜してしまった現実をあからさまに照らし出している。もはや出版とジャーナリズムの時代だった20世紀ではなく、新たな21世紀を迎えていることを否応なく自覚しなければならない】

〔2〕 日書連加盟店が10月１日時点で２７５６店、47店減となった。

【日書連加盟店は本クロニクルでもずっと定点観測してきたように、ピーク時の１９８６年には１万２９３５店あったわけだから、ほぼ５分の１になってしまったのである。それと対照的に、公共図書館は1980年以後増え続け、2021年には3316館を数え、日書連加盟店を上回る事態が続いている。どうしてそのような逆転状況が生じたかは『私たちが図書館について知っている二、三の事柄』で詳述しておいたが、これからも書店数と図書館数の差は開いていくばかりであろう】

〔3〕『朝日新聞』(10／30)と同(11／6)の「朝日歌壇」に次のような短歌が寄せられていた。

ただいまと言える書店が閉店し駅前が消え新幹線来る
札幌市　港詩織

こころざし高き山根屋書店主の訃報の朝に彼岸花咲く
長野市　細野正昭

駅近く書店営み歌に生き沓掛喜久男氏逝きて閉じたり
長野市　栗平たかさ

【第一首と第二首は「高野公彦選」、第三首は「永田和宏選」だが、第二首と第三首は同じ書店と書店主を詠んでいる。第二首の「評」として、高野は「頑張って個人書店を維持してきた沓掛喜久男さん(朝日歌壇の常連)への弔歌。」と述べている。第一首の書店は不明だが、第二首、第三首は前歌に見えているように、長野市坂城町の山根屋書店で、創業一世紀の歴史を有する老舗である。沓掛は三代目店主として長野県書店商業組合理事も務めたが、9月に亡くなり、閉店となったという。第一首の書店にしても、駅前に位置していたことからすれば、日書連加盟店であったはずだし、そのような老舗にして好立地の書店でさえも、閉店せざるを得ない出版状況に追いやられてしまったのである。本クロニクル⑱などでも沓掛の歌を引かせてもらってきたが、もはやそれもかなわない。このような書店状況を背景として、自由民主党議員145人による「街の本屋さんを元気にして、日本の文化を守る議員連盟」が発足している。出版業界の官僚ともいえる出版文化産業振興財団（JPIC）と政治家がコラボレーションしたところで、何ができるというのか。単なるパフォーマンスにすぎないだろう。悪質な冗談のように思うのは私だけではあるまい】

〔4〕『朝日新聞』（11／22）が「クールジャパン機構崖っぷち」という記事を発信している。それによれば、経産省の官民ファンド「クールジャパン機構（海外需要開拓支援機構　CJ機構）」は2013年にアニメなどの海外展開を支援するために設立されたが、累積赤字額は309億円に拡大し、経産省は25年度に黒字転換して存続をめざすが、財務省は統廃合を検討中とされる。

【『出版状況クロニクルⅣ』で、経産省のクールジャパン構想とその内実に対して批判しておいたが、やはり予測どおりになってしまった。クールジャパン機構は官民ファンドのひとつとして、これまで56件の投資を決めたが、ほとんど失敗している。その代表的なものは映像コンテンツの海外展開で、アニメ配信会社「アニメコンソーシアムジャパン」や衛星放送会社「WAKUWAKU JAPAN」を立ち上げたが、ネットフリックスなどの台頭で失敗に終わり、これらの投資だけで60億円にのぼる。コミックにしてもアニメにしても、近代出版史が証明しているように、その成長は民によるもので、官とは全く無縁の存在だったのである。それをまったく弁えずにクールジャパン機構を立ち上げた経産省の罪は重いというしかない】

〔5〕ゲオHDは23年3月までにセカンドストリートを800店とし、メーカーなどの過剰在庫を安く仕入れ、販売する「オフプライスストア」やアウトドア専門店も展開する一方で、中古CDの買い取りを終了。

【21年のリユース市場規模は2兆6988億円、前年比12％増で、25年には同45％増の3兆5000億円という成長が見こまれているので、セカンドストリートの出店も加速しているのだろう。本クロニクル⑯で、近隣の閉店したTSUTAYA店舗がセカンドストリートになったことを既述しておいたが、そのようなテナントチェンジが取次問題を忖度することなく、各地で起きているのかもしれない。ゲオの店舗数は1107店で、5年前より100店以上減少しているけれど、CD、DVDの販売の終了予定はないとされる。しかしゲオHDの売上総利益の構成はリユース事業が過半を占める状態になっているので、経営の主軸がレンタルからリユースへと転換していくことは必然だと見なせよう】

〔6〕ノセ事務所より2022年上期の46紙に及ぶ「ブロック紙・地方紙一覧」レポートが届いた。その全国紙も含めた現況を引いてみる。

「前回調べたときは40万部以上発行する地方紙は10社だったが、今回は中日新聞（192万部）、北海道新聞（85万部）、静岡新聞（53万部）、中国新聞（51万部）、信濃毎日新聞（41万部）、西日本新聞（43万部）、神戸新聞（40万部）にとどまった。東京新聞（39万部）を含めた主要8紙の合計発行部数は544万部で21年上期比4・1％減。河北新報と新潟日報は40万部を下回った。一方、46紙のうち夕刊を発行する社は21年に15紙あったが現在は10紙にとどまっている。静岡新聞の朝刊、夕刊ともに50万部を超えるケースは稀有である。全国紙（朝刊）の発行部数は、読売新聞686万部、朝日新聞は429万部、毎日新聞は193万部、日本経済新聞は175万部、産経新聞は102万部。」

【このレポートは各紙の読書欄の現在にも及んでいるが、以前とは異なりつつあるように思われる。例えば、『東京新聞』『中日新聞』の場合、『日本読書新聞』出身の書評担当者が退職後は明らかに変わってしまった印象が強い。それは『北海道新聞』『信濃毎日新聞』なども同じで、かつては小出版社の人文書にも目配りを見せていたが、最近はどうなのであろうか。しかしそれよりも、新聞の凋落も加速していて、『朝日新聞』は早くも400万部を下回ったと伝えられているし、地方紙にしても次回には40万部を割りこむところも出てくることは確実だ。それは1で示した「消費と支出と品目別支出金額の推移」とも連鎖しているのである】

〔7〕宮後優子『ひとり出版入門　つくって売るということ』（よはく舎）読了。

【著者の宮後はBOOKS&DESIGNギャラリーを営み、3章はひとり出版社の運営で、

よはく舎も含め、8社が紹介されている。取次は鍬谷書店で、9月刊行、10月重版となっているので、何よりだ】

〔8〕『群像』（10月号）に古賀詩穂子「本屋の〝売場〟と〝場〟」が掲載されている。

【筆者は21年1月コロナ禍の中で、名古屋の金山駅近くにTOUTEN BOOKSTOREをオープンし、その後の本屋状況と展開を伝えている。古賀は取次出身で、「本のある空間にまつわる企画・運営を行う会社」を経て、2階建25坪の本屋、カフェ、ギャラリーをオープンし、「ギャラリー展示」と「イベント企画」を継続し、現在へと至っている。7のひとり出版社と同じく、現在の出版状況において、本屋をオープンするのであれば、このような業態しかないと思う。だがこれは少し前の話になってしまうけれど、コンセプトは異なるにしても、同じく本屋、カフェ、ギャラリーを兼ねてオープンした友人が苦戦していたことを想起してしまう。そのことはともかく、名古屋に行ったら、一度訪ねてみよう】

〔9〕チョムスキーの新刊『壊れゆく世界の標』（NHK出版）を読んでいると、重要な独立系メディアとして、オンライン雑誌、コミュニティ・ラジオ局と並んで、次のような出版社と雑誌が挙げられていた。

出版社はヴァーソ・ブックス、ヘイマーケット、マンスリー・レビュー、シティライツ、ザ・ニュープレス、雑誌はジャコビン、ネイション、プログレッシブ、インジーズ・タイムズである。

【これらの出版社と雑誌を挙げたのは、それこそ「壊れゆく世界の標」のようにして、旧来の出版社に加え、新たな出版社や雑誌が立ち上がっていることを示唆されたからだ。たまたま最近、クロポトキンの『相互扶助論』のデヴィッド・グレーバー序文の最新版テキストを注文したところ、A4判のイラスト入りが送られてきた。これまで見たことがない編集と挿絵、装幀と造本で、出版社はPM PRESSである。2007年に創立された社会科学書の小出版社で、アメリカのオークランドにある。おそらくPM PRESSも重要な独立系出版社に位置づけられるのではないだろうか。念のためにタイトルなども示しておく。Peter Kropotkin, Mutual Aid An Illuminated Factor of Evolution PM PRESS 2021】

〔10〕 国文社の廃業がSNSで言及されているので、本クロニクルでも取り上げておく。

【すでに数年前に実質的に廃業したと仄聞していたが、業界紙などでも報道されなかったこともあり、これまでふれてこなかった。国文社は戦後の1949年創業で、印刷屋も兼ねていた詩集出版社だったと思われる。それは谷川雁の詩集『天山』(1956年)や『谷川雁詩集』(1960年)などに明らかで、私たちが知った時代には桶谷秀昭の『近代の奈落』、『増補版土着と情況』などを刊行し、リトルマガジン『磁場』も創刊していた。これらの編集に携わったのは橋川文三門下の田村雅之で、吉本隆明の『詩的乾坤』や『村上一郎著作集』なども同様だが、田村は後に村上一郎『岩波茂雄』などの砂子屋書房を設立するに至る。その後に「ポリロゴス叢書」などの現代思想の翻訳書が刊行され始める。これらは国文社二代目の前島哲の企画だったと思われる。国文社は池袋にあり、自社ビルを構えていたはずで、１９８０年頃に一度訪ねた記憶がある。いずれにしても古い話だが、本クロニクルでもふれてほしいとの要望も出されているようなので、ここにラフスケッチしてみた】

〔11〕削除　16〈付記〉

〔12〕書店からは難しくてよくわからないところが多いので、解説版を出してくれないかという要望が寄せられてきた。

【これは20代後半の書店員からのもので、我々としてはタイトルはゴダールによっているが、内容は淀川長治的にわかりやすく具体的にというスタンスで臨んでいる。だがこの指摘を受け、力量不足と説明の欠落を痛感してしまった。ただ我々は年齢的なギャップもあり、解説版の試みの任にはふさわしくないし、どなたかが試みて下されば幸いである。その一方で、『私たちが図書館について知っている二、三の事柄』に関して、オープンな論議や質疑応答などが必要とされ、ＪＬＡやＴＲＣ、公共図書館や大学図書館だけでなく、出版社、取次、書店などからも要請があれば、私も中村も気軽に参加することを約束しよう】

〔13〕もうひとつ、公共施設を多く手がけている親しい建築家からも、次のような見解が伝えられてきた。

「図書館の運営やシステムに関しては門外漢だが、これからの図書館の建設、再建築は運営の民営化が始まっているように、土地、建物も含めて民営化され、それを自治体が借りるというシステムになっていくだろうし、すでに始まっている子ども図書館の試みはその前段階にあるだろう。

要するに現在の市レベルの自治体は資金不足と税収減収、これからの少子高齢化に伴う財政圧迫もあり、従来のシステムでのハコモノ行政は不可能になってきている。そのために自前ではなく、民間資金、土地、建物の賃借システムを導入するかたちでないと実現が難しい。

まして図書館は文化施設として後発であり、優先的位置づけとはなっていないし、リニューアル、再整備にしても、行政の財政問題と密接に絡むだろうし、そうした中で、図書館建設の第二の成長を望むことは難しいのではないか。」

【実際に図書館の土地、建物の民営化の例として、本クロニクル⑱などで、町田市の鶴川駅前図書館や紀伊國屋と荒屋市立図書館を挙げておいたが、それが将来の図書館の主流となっていくのではないかと建築家の側から語られていることになる。１９８０年代のロードサイドビジネスの成長は広い駐車場と借地借家方式によるもので、図書館の大駐車場もそれを範にしていた。とすれば、図書館の借地借家方式への移行も必然的とも考えられる。図書館の場合、老朽化しても、蔵書問題もあり、解体、再建設は困難で、リプレース、借地借家方式のほうがコスト的にかなっている。しかも公共建築物は50年寿命とされているので、１９８０年代建設の図書館はそれが近づいているのである】

〔14〕『朝日新聞』（11／28）が次の記事を発信している。

「手取り9万円台・・・非正規司書の悲鳴」という見出しで、20代の女性司書を呼びかけ人とする雇用年限の撤廃や最低賃金の引き上げなどを求めるオンライン署名サイト「Change.org（チェンジ・ドット・オーグ）」が7万人以上の署名を集め、要望書とともに文部科学省や総務省に提出した。

【非正規司書のことも『私たちが図書館について知っている二、三の事柄』で指摘した重要な問題的テーマに他ならず、なぜか書名は挙げられていないが、ひとつの波紋であることは明らかだ。おそらく水面下でも図書館をめぐる様々な問題がくすぶり始めているのだろう】

〔15〕『私たちが図書館について知っている二、三の事柄』は重版発売中。

論創社ＨＰ「本を読む」〈82〉は「北宋社と片山健『迷子の独楽』」です。

〔16〕〈付記〉

11で匿名の「図書館関係者」の投書を引用したが、本人より削除要請が寄せられてきたので、無断引用でもあり、12月23日に11の項目そのものを削除したことを明記しておく。

出版状況クロニクル㉔　2022年12月

22年11月の書籍雑誌推定販売金額は915億円で、前年比4・2％減。

書籍は508億円で、同6・3％減。

雑誌は406億円で、同1・5％減。

雑誌の内訳は月刊誌が345億円で、同0・3％増、週刊誌は61億円で、同10・5％減。

返品率は書籍が34・7％、雑誌は40・4％で、月刊誌は39・3％、週刊誌は46・1％。

雑誌のマイナス幅の減少と月刊誌のプラスはコミックスの『ONE PIECE』『HUNTER×HUNTER』『怪獣8号』（いずれも集英社）、『東京卍リベンジャーズ』（講談社）などの人気新刊が集中刊行されたことによっている。

週刊誌と同様で、月刊誌売上が改善したわけではない。

雑誌売上は新刊コミック次第という出版状況はこれからも続いていくだろう。

〔1〕出版科学研究所による22年1月から11月にかけての出版物販売金額を示す。

■2022年1月～11月 推定販売金額

月	推定総販売金額		書籍		雑誌	
	（百万円）	前年比（%）	（百万円）	前年比（%）	（百万円）	前年比（%）
2022年 1～11月計	1,031,999	▲6.6	597,478	▲4.6	434,521	▲9.2
1月	85,315	▲4.8	51,002	0.9	34,313	▲12.3
2月	107,990	▲10.3	67,725	▲5.7	40,265	▲17.0
3月	143,878	▲6.0	94,434	▲2.7	49,444	▲11.7
4月	99,285	▲7.5	54,709	▲5.9	44,577	▲9.5
5月	73,400	▲5.3	40,700	▲3.1	32,700	▲7.9
6月	86,182	▲10.8	44,071	▲10.2	42,111	▲11.4
7月	74,567	▲9.1	39,717	▲6.9	34,851	▲11.5
8月	80,189	▲1.1	42,322	▲2.3	37,867	0.2
9月	105,129	▲4.6	63,504	▲3.7	41,625	▲6.0
10月	84,529	▲7.5	48,443	▲5.9	36,086	▲9.7
11月	91,535	▲4.2	50,852	▲6.3	40,683	▲1.5

【22年11月までの書籍雑誌推定販売金額は1兆319億円、前年比6・6%減である。1兆2000億円台を割りこむことは確実で、23年には1兆円をキープすることが難しくなってくるかもしれない。再販委託制に基づく近代出版流通システムが最終場面を迎えると見なすべきだろう】

〔2〕出版科学研究所の『出版月報』がコスト問題もあり、2023年から『季刊出版指標』に変更され、季刊となる。

【いうまでもないが、本クロニクルのリードや1の書籍雑誌推定販売金額は『出版月報』の取次ルートデータによっている。ただこれからも『季刊出版指標』定期購読者には特典として月次統計データをまとめた「出版指標マンスリーレポート」PDF版がメール提供されるということなので、本クロニクルでもそれを引き続き参照するつもりだ。『出版月報』は発行所を公益社団法人全国出版協会、出版科学研究所として刊行されているが、トーハンによって設置された出版科学研究所は1969年に全国出版協会に移管され、今日に及んでいることになる。だが『出版月報』は頒価2200円で、本クロニクルの他に定期購読している読者や出版社は聞いたことがないことからすれば、発行部数は数百部と推定され、毎月の紙での発行は困難になってきたのであろう。近年アルメディアの休業によって、取次と書店の出店、休廃業データ、また出版ニュース社の廃業に伴い、『出版ニュース』、年度版『出版年鑑』と『日本の出版社』を失い、出版業界の基本ベースとなるインフラ状況や数字の把握が難しくなってきている。そうした意味において、出版科学研究所の存在は貴重であり、データベースとしての存続を願うしかない。それに最近の特集は、前回ふれた「出版物の価格を考える」(10月号)に続いて、「GIGAスクール構想 デジタル教科書と出版界」(11月号)も啓発されることが多かったことを付記しておく】

〔3〕 日販の「出版物販売額の実態2022」が出された。こちらも昨年から紙の発行は中止となり、電子版だけの刊行である。

【これらに対して、タッチポイント別市場規模上位3位は書店(構成比38・5%)、電子出版物(同26・3%)、インターネット(同12・9%)である。インターネット販売は2807億円、前年比6・5%増だが、電子出版物は前年の4744億円に対し、5996億円と大幅に伸びている。電子出版物がさらに伸び続ければ、タッチポイント市場において、書店と電子出版物の構成比が逆転してしまう状況も生じてくるだろう。すでに電子出版物とインターネット販売を合わせれば、51・4％という半分以上を占めることになるのだから】

■販売ルート別出版物推定販売額2022年度

販売ルート	推定販売額（億円）	前年比（%）
1. 書店	8,342	▲2.1
2. CVS	1,172	▲4.7
3. インターネット	2,807	6.5
4. その他取次経由	371	▲12.5
5. 出版社直販	1,778	▲1.7
合計	14,473	▲1.0

〔4〕 出版文化産業振興財団（ＪＰＩＣ）調査による全国自治体別無書店率が出された。

それによれば、全国１７４１の市区町村のうちで、書店がひとつもないのは４５６、26・２％に及んでいる。

これは日本出版インフラセンターの共通書店マスタに基づくもので、「無書店自治体」は沖縄県が56・１％、長野県が51・９％、奈良県が51・３％。それらに福島県47・５％、熊本県44・４％、高知県44・１％、北海道42・５％が続いている。

「このような調査は『私たちが図書館について知っている二、三の事柄』に触発されたものだと考えられるし、書名は挙げられていないけれど、次のような一節にも明らかであろう。「公共図書館のベストセラーや新刊本等の過度な複数蔵書等により、公共図書館と書店の共存が難しくなっている側面もある。これは公共図書館の評価基準が利用者数や貸出冊数にあることが、その傾向に拍車をかけている。」

【こうした公共図書館と書店の相関関係は本クロニクル㉑でも示してあるので、それも参照し

■全国自治体別無書店率

	自治体数	無書店自治体	無書店率
全国	1,741	456	26.2%
北海道	179	76	42.5%
青森県	40	15	37.5%
岩手県	33	7	21.2%
宮城県	35	9	25.7%
秋田県	25	8	32.0%
山形県	35	11	31.4%
福島県	59	28	47.5%
茨城県	44	5	11.4%
栃木県	25	3	12.0%
群馬県	35	10	28.6%
埼玉県	63	5	7.9%
千葉県	54	11	20.4%
東京都	62	7	11.3%
神奈川県	33	6	18.2%
新潟県	30	5	16.7%
富山県	15	2	13.3%
石川県	19	1	5.3%
福井県	17	2	11.8%
山梨県	27	8	29.6%
長野県	77	40	51.9%
岐阜県	42	6	14.3%
静岡県	35	3	8.6%
愛知県	54	2	3.7%

	自治体数	無書店自治体	無書店率
三重県	29	6	20.7%
滋賀県	19	2	10.5%
京都府	26	5	19.2%
大阪府	43	4	9.3%
兵庫県	41	2	4.9%
奈良県	39	20	51.3%
和歌山県	30	8	26.7%
鳥取県	19	7	36.8%
島根県	19	4	21.1%
岡山県	27	4	14.8%
広島県	23	0	0.0%
山口県	19	5	26.3%
徳島県	24	9	37.5%
香川県	17	0	0.0%
愛媛県	20	2	10.0%
高知県	34	15	44.1%
福岡県	60	17	28.3%
佐賀県	20	4	20.0%
長崎県	21	4	19.0%
熊本県	45	20	44.4%
大分県	18	2	11.1%
宮崎県	26	9	34.6%
鹿児島県	43	14	32.6%
沖縄県	41	23	56.1%

てほしい。しかし書店の閉店は最近になってさらに続出していることもあり、自治体における無書店率は加速していくばかりだろう】

〔5〕ノセ事務所より、2021年の「出版社実態調査」が届いた。

今回は501社の出版社の実績が掲載レポートされ、それは次の3ランクに分類されている。

＊J1出版社（10億円以上売上）――247社
＊J2出版社（5億～10億円売上）――104社
＊J3出版社（1億～5億円売上）――150社

それぞれの売上高はJ1が1兆5320億円、シェア93・9％、J2が661億円、同4・0％、J3が341億円、同2・1％、合計売上は1兆6322億円、前年比0・4％増となる。その第1の特色は1000億円を超える4社の突出ぶりで、それらは集英社、講談社、KADOKAWA、小学館である。

第2の特色は日本の出版社の零細性で、5億円以下は254社、50・7％を占める。しかもJ3の従業員数は150社のうちの129社が10人以下で、独自の専門性にもかかわらず、その零細性を浮かび上がらせている。

第3の特色は利益の脆弱性で、J1は7割強が利益を出しているが、J2、J3の中小出版社の大半は利益が上がっておらず、売上も減少している。

21年のトータルでの0・4％増も上位出版社の電子出版、版権ビジネス、新たなマーケット開発によるものである。

【これまでは上位10社の売上リストを掲載するだけにとどめてきたが、今回はコロナ禍における大手、中小出版社の明暗がコンクリートにレポートされているので、そちらの分析のほうを紹介してみた】

〔6〕日販GHDの連結中間決算は売上高2198億1300万円、前年比10・8％減。
営業損失は1億400万円（前年は16億4500万円の利益）、経常利益は1500万円で、前年比99・2％減、中間純利益は11億7800万円で、三菱地所とのロジテクス蓮田（埼玉）の不動産交換差益21億円の計上による。

日販単体の売上高は1775億4100万円、235億円のマイナスで、同11・7％減。

営業損失は6億2600万円（前年は4億3700万円の利益）、中間損失は5億8400万円（前年は3億4800万円の利益）。

〔7〕トーハンの連結中間決算は売上高1913億8300万円、前年比10・2％減。
営業損失は7億4300万円（前年は11億2600万円の利益）、中間純損失は9億5700万円（前年は4億7800万円の利益）。

トーハン単体の売上高は1786億7300万円、同10・5%減。

営業損失は9億6100万円（前年は5億2000万円の利益）、中間純損失は6億2000万円（前年は2億7100万円の利益）。

書店事業7法人249店の売上は235億5200万円、同9・8%減。

【日販にしても、トーハンにしても、取次業は二ケタ減の赤字で、それは通年決算でも変わらないだろう。もはや取次は限界状況を迎えているし、それは取次の書店事業も同様である。公取委はアマゾンのこともふまえ、日販とトーハンの合併も独占禁止法違反ではないという見解に至っていたようだが、双方の書店事業問題もあり、一体化は難しいと見なすしかない。日販とトーハンは流通と販売の双子の赤字の中で、23年を迎えようとしている】

〔8〕 日教販の決算は売上高268億7600万円、前年比1・4%減。

営業利益は3億9200万円、同28・4%減、当期純利益は2億8700万円、同27・7%増。遊休不動産の売却益を含む。

その内訳は「書籍」185億6500万円、同3・1%減、「教科書」72億4600万円、同6・5%増、「デジタル配送等」6億2100万円、同10・5%減、「不動産」5億8000万円、同2・6%減。

書籍返品率は12・7%。

【本クロニクル㉑で、21年の「卸業調査」のところで、トーハンが赤字であることに対し、日教販が黒字であることを示しておいたが、それは何よりも12・7%という低返品率によっているのである。それはＴＲＣにしても、日販を伍する利益を上げているのも、その事実によっている。しかし日販とトーハンは雑誌と書籍の総合取次であり、40%前後の高返品率から脱却できていない。しかもそれは再販委託制のメカニズムゆえで、近代出版流通システムの崩壊の最終段階ということになろう】

〔9〕紀伊國屋書店の決算は連結売上高１２０９億３１７０万円、前年比４・６%増。営業利益24億７４２０万円、同１１７・３%増、当期純利益20億３２００万円、同34・８%増。
連結売上高の内訳は「店売総本部」４１３億１３２０万円、同４・３%減、「営業総本部」４９９億２８７０万円、同５・０%増、「海外」２３４億１０００万円、同36・８%増。

期末店舗数は国内67店、海外39店の計１０６店。

紀伊國屋書店単体売上高は９６８億８５２０万円、同１・０%減、営業利益は３億３６００万円、同56・５%減、当期純利益６億５９００万円、同４・１%減。15年連続の黒字決算。

〔10〕有隣堂の決算は売上高５２２億１６４０万円、前年比22・０%減。
営業利益６億１３８０万円、同27・４%減、当期純利益３億１３４０万円、同16・３%減。

その内訳は「書籍類」１５７億９３４０万円、同６・４%減、「雑誌」32億２９２０万円、同５・７%減、「文具類」33億５３５０万円、同１・３%減、「雑貨類」９億７７９０万円、同30・

4％増、「通販商品」152億7170万円、同3・9％増。

期末店舗数は41店。

【紀伊國屋書店も有隣堂も利益を出しているものの、日販やトーハンと同じく、再販委託制に基づく近代出版流通システムの最後の場面に立ち会っていることに変わりはない】

〔11〕『日経MJ』（12／9）が「Tポイント統合で目指すV」という大見出しで、CCCのポイント事業「Tポイント」と三井住友フィナンシャルグループ（FG）の「Vポイント」との統合に関する一面特集を組んでいる。
三井住友グループがCCC傘下のCCCMKホールディングス（HD）に4割出資し、残りの6割はCCCが保有する方向で、年内に資本業務提携の最終合意を交わし、2024年4月をメドに統合し、「日本最大級のポイント決済経済圏の創出を目指す」と10月に発表されていた。

【これは本クロニクル㉒でも既述し、日販にもリンクしていくので、本当に実現するだろうかと疑念を提出しておいた。それは会員数がPontaポイント1億992万人、楽天ポイント1億人超、dポイント9040万人で、Tポイント7000万人とVポイント2000万人を合わせても、「日本最大級のポイント決済経済圏」になるとは思えない。またTポイント加盟店は14万6000店で、21年から2万店近く減っているし、24年4月の統合時には楽天などとさらに差をつけられるかもしれない。それにCCCの6割出資、及び日販との関係も絡み、最終合意に至ることは難しくなっているのではないだろうか。これも本クロニクル⑲で、『日経M

J』による「文喫」と「蔦屋書店」の一面特集がリークに近いものではないかと指摘しておいたが、今回の特集もそれに類するもののように思われる】

〔12〕日販、トーハンの2022年ベストセラーが出された。

【かつては本クロニクルでも、「紅白歌合戦」のようなものとして、続けて掲載していたこともあったが、実用書や自己啓発書が多くなるばかりで、近年は紹介もしてこなかった。だがこのようなベストセラーが図書館のリクエスト本や複合本と連動している関係、及びここまできてしまった出版業界の行き詰まりを象徴しているように思われることもあり、あえて挙げてみた。これもそうした出版状況と時代を物語っているのだろうし、そこに出版業界の現在も投影されているのであろう】

〔13〕能勢仁・八木壮一共著『明治・大正・昭和の出版が歩んだ道』（出版メディアパル）を恵送された。

【『昭和の出版が歩んだ道』『平成の出版が歩んだ道』に続く三部作の完成で、本クロニクルでも常に座右に置き、参照している。能勢も八木も長きにわたって出版業界、古書業界に身を置き、これまで体験してきた事実に裏づけられているので、それらの肉声が行間からも伝わってくる記述になっている。そうした証言はわれらが同時代人のものだと実感するのだが、『令和の出版が歩んだ道』は成立するのかと自問することにもなる】

■日本出版販売・トーハン　2022年　年間ベストセラー（総合）

順位 日販	順位 トーハン	書名	著者	出版社	本体（円）
1	1	80歳の壁	和田秀樹	幻冬舎	900
2	–	人は話し方が9割	永松茂久	すばる舎	1,400
3	6	ジェイソン流お金の増やし方	厚切りジェイソン	ぴあ	1,300
4	9	20代で得た知見	F	KADOKAWA	1,300
5	3	同志少女よ、敵を撃て	逢坂冬馬	早川書房	1,900
6	5	メシアの法	大川隆法	幸福の科学出版	2,000
7	8	898ぴきせいぞろい！ポケモン大図鑑（上・下）	小学館編	小学館	各1,000
8	7	70歳が老化の分かれ道	和田秀樹	詩想社	1,000
9	10	本当の自由を手に入れるお金の大学	両@リベ大学長	朝日新聞出版	1,400
10	15	私が見た未来　完全版	たつき諒	飛鳥新社	1,091
11	11	TOEIC L & R TEST　出る単特急　金のフレーズ	TEX加藤	朝日新聞出版	890
12	–	WORLD SEIKYO vol.3	聖教新聞社編	聖教新聞社	227
13	12	ネイティブなら12歳までに覚える80パターンで英語が止まらない！	塚本亮	高橋書店	1,200
14	–	WORLD SEIKYO vol.2	聖教新聞社編	聖教新聞社	227
15	14	聖域	コムドットやまと	KADOKAWA	1,300
16	–	パンどろぼう	柴田ケイコ	KADOKAWA	1,300
17	18	マスカレード・ゲーム	東野圭吾	集英社	1,650
18	–	パンどろぼうとなぞのフランスパン	柴田ケイコ	KADOKAWA	1,300
19	17	ドラゴン最強王図鑑	健部伸明監修	Gakken	1,200
20	–	だるまさんが	かがくいひろし	ブロンズ新社	850
–	2	WORLD SEIKYO vol.2、vol.3	聖教新聞社編	聖教新聞社	各227
–	4	人は話し方が9割人は聞き方が9割	永松茂久	すばる舎	各1,400
–	13	パンどろぼう パンどろぼうVSにせパンどろぼう パンどろぼうとなぞのフランスパン パンどろぼうとおにぎりぼうやのたびだち	柴田ケイコ	KADOKAWA	各1,300
–	16	コムドット写真集TRACE	コムドット	講談社	1,800
–	19	ヒトの壁	養老孟司	新潮社	780
–	20	その本は	又吉直樹、ヨシタケシンスケ	ポプラ社	1,500

（集計期間：2021年11月22日～2022年11月21日）

〔14〕 松本大洋の『ビッグコミックオリジナル』連載『東京ヒゴロ』2を読了。

【本クロニクル⑬で、その1を読み、「出版関係者必読のコミック」として推奨しておいたが、それは2も同様である。主人公の編集者塩澤は大手出版社を辞め、小出版社を興し、新たな漫画雑誌を創刊するので、書店営業を試み、第14話は「本日、30軒の書店を訪問す。」と題され、実際のその書店の風景と営業シーンも描かれている。コミックにそのようなシーンを見たことはこれまでなかったように思われる。しかし気になるところもあって、塩澤が書店営業で苦労しているのを目にしたかつての部下が、「ウチの販売コードを塩澤さんが作る本に利用するとか」できないかと営業部に相談したと語る場面が出てくる。だがこれはありえない話で、販売コード云々ではなく、「塩澤さんが作る本をウチが発売所となる」ということでないと辻褄が合わないと思う。最初の例でいえば、元筑摩書房の山野浩一が夕日書房を設立し、夕日新書を創刊したが光文社を発売所としている。『東京ヒゴロ』は出版業界を舞台とする秀作コミックでもあるので、気になることを記してみた】

〔15〕 笠井潔『新・戦争論』(言視舎)が出された。

【これは本クロニクル㉑で、単行本化が望まれると書いておいた、聞き手を佐藤幹夫とするリトルマガジン『飢餓陣営』の「『世界内戦』としてのロシア-ウクライナ戦争」をメインとするものである。『新・戦争論』は笠井の『例外社会』(朝日新聞出版、2009年)に基づく国家の例外化としての世界内戦が語られ、それが日本の現在へともリンクしていくのである。たまたま『新・戦争論』と同時に笠井の新作『煉獄の時』（文藝春秋）を読み、続けてこれも新刊の外山恒一を聞き手とする絓秀実との『対論1968』（集英社新書）に目を通していたところに、『Les Anges』（レザンジュの会）第4号が届き、1960年代後半から2020年代に至る「世界内戦」の時代をいささか考えさせられてしまった。また同じ頃、『神奈川大学評論』101号も届き、そこでの小野塚知二、藤原辰史の対談「食糧の平和」も世界内戦時代を迎えての食糧問題として読むことになった。とりとめのない本と雑誌の羅列となってしまったかもしれないが、1冊でも手にとって頂ければ幸いである】

〔16〕アマゾンの「カスタマーレビュー」（12／21）に「コーディネーター」名で、「『私たちが図書館について知っている二、三の事柄』を読んで：出版関係者と図書館関係者の対話を進めよう」と題する書評が寄せられている。

これは前回の本クロニクルに対するコレスポンダンスだと思われる。きわめてまっとうな紹介の後で、次のように述べられている。

「非常に大きく重要な問題提起で、かなりの議論が必要です。図書館外の分野から図書館に対してこのような《まとまった意見》が寄せられたことはなかったように思います。

本書を機会に、出版・書店関係者と図書館関係者が対話を進めること、書店・図書館の両方を含む《出版流通》について議論が進められることを期待します。議論をすると、様々な問題が生じますが、それを克服して、お互いの立場を尊重した上で議論を進めていただきたいと思います。」

【それは私も中村も望むべきところで、本当に出版業界と図書館の対話や議論がなされるべきだと思うし、この全文をぜひ読んでほしい。前回も既述しておいたように、私も中村も気軽に参加するつもりなので、論創社に連絡して頂ければと思う。なお前回のクロニクルの「図書館関係者」の投書は本人からの申し出により、無断引用でもあり、11の項目を削除したことを明記する】

〔17〕『逝きし世の面影』（平凡社）などの渡辺京二が92歳で亡くなった。

【私が「4翁」とよんできた人たちも次々に鬼籍に入っていく。それは読み続けてきた著者や作家たちがいなくなることを意味しているし、そのようにして私たちの時代も終わろうとしているのだろう】

〔18〕『私たちが図書館について知っている二、三の事柄』は重版発売中。

論創社HP「本を読む」〈83〉は「矢作俊彦とダディ・グース作品集『少年レボリューション』」で、これもまったく偶然ながら、『対論1968』とそのままつながっている。

２０２３年度

出版状況クロニクル㉕　2023年1月

22年12月の書籍雑誌推定販売金額は972億円で、前年比5・7％減。

書籍は522億円で、同3・5％減。

雑誌は449億円で、同8・2％減。

雑誌の内訳は月刊誌が388億円で、同9・1％減、週刊誌が61億円で、同1・8％減。

返品率は書籍が29・0％、雑誌が37・8％で、月刊誌は36・4％、週刊誌は45・3％。

書店売上は書籍が8％減、雑誌は定期誌が3％減、ムックが4％減、コミックスが13％減。

ゲオのレンタルリサイクル50円コーナーで、大量に『鬼滅の刃』が売られていたが、あの神風的ベストセラーはもはや完全に終焉したのであろう。

〔1〕　出版科学研究所による1996年から2022年にかけての出版物推定販売金額を示す。

【22年の出版物推定販売金額は1兆1292億円、前年比・6・5％減となり、ついに1兆2000億円を割り込んでしまった。ピーク時の1996年の2兆6564億円に対して、定価

■出版物推定販売金額

（単位：億円）

年	書籍		雑誌		合計	
	金額	前年比（%）	金額	前年比（%）	金額	前年比（%）
1996	10,931	4.4	15,633	1.3	26,564	2.6
1997	10,730	▲ 1.8	15,644	0.1	26,374	▲ 0.7
1998	10,100	▲ 5.9	15,315	▲ 2.1	25,415	▲ 3.6
1999	9,936	▲ 1.6	14,672	▲ 4.2	24,607	▲ 3.2
2000	9,706	▲ 2.3	14,261	▲ 2.8	23,966	▲ 2.6
2001	9,456	▲ 2.6	13,794	▲ 3.3	23,250	▲ 3.0
2002	9,490	0.4	13,616	▲ 1.3	23,105	▲ 0.6
2003	9,056	▲ 4.6	13,222	▲ 2.9	22,278	▲ 3.6
2004	9,429	4.1	12,998	▲ 1.7	22,428	0.7
2005	9,197	▲ 2.5	12,767	▲ 1.8	21,964	▲ 2.1
2006	9,326	1.4	12,200	▲ 4.4	21,525	▲ 2.0
2007	9,026	▲ 3.2	11,827	▲ 3.1	20,853	▲ 3.1
2008	8,878	▲ 1.6	11,299	▲ 4.5	20,177	▲ 3.2
2009	8,492	▲ 4.4	10,864	▲ 3.9	19,356	▲ 4.1
2010	8,213	▲ 3.3	10,536	▲ 3.0	18,748	▲ 3.1
2011	8,199	▲ 0.2	9,844	▲ 6.6	18,042	▲ 3.8
2012	8,013	▲ 2.3	9,385	▲ 4.7	17,398	▲ 3.6
2013	7,851	▲ 2.0	8,972	▲ 4.4	16,823	▲ 3.3
2014	7,544	▲ 4.0	8,520	▲ 5.0	16,065	▲ 4.5
2015	7,419	▲ 1.7	7,801	▲ 8.4	15,220	▲ 5.3
2016	7,370	▲ 0.7	7,339	▲ 5.9	14,709	▲ 3.4
2017	7,152	▲ 3.0	6,548	▲ 10.8	13,701	▲ 6.9
2018	6,991	▲ 2.3	5,930	▲ 9.4	12,921	▲ 5.7
2019	6,723	▲ 3.8	5,637	▲ 4.9	12,360	▲ 4.3
2020	6,661	▲ 0.9	5,576	▲ 1.1	12,237	▲ 1.0
2021	6,803	2.1	5,276	▲ 5.4	12,079	▲ 1.3
2022	6,496	▲ 4.5	4,795	▲ 9.1	11,292	▲ 6.5

上昇も含めれば、3分の1の販売金額へと落ちこんでしまったと見なせよう。これをGDPにたとえると、そのような失墜が続けば、国家は崩壊し、総理大臣にしても政府や内閣にしても責任を問われ、社会経済システムの変革や抜本的対策を否応なく迫られるはずだ。ところが出版業界は近代出版流通システムとしての再販委託制が崩壊していく過程において、何の対策も改革も提示することができず、そのまま放置し、ここまで来てしまい、このような事態へと至ってしまったのである。電子書籍のほうは5013億円、前年比7・5%増だが、紙と合わせても、1兆6305億円、同2・6%マイナスになっている】

〔2〕 12月29日から1月3日までのPOS店の売上動向調査によれば、日販は前年比4・4%減、トーハンは同2・9%減。
調査対象書店は日販が1418店、トーハンは1553店。

【前回の本クロニクルで、日販とトーハンの中間決算にふれ、取次と書店事業の双子の赤字を指摘しておいた。すでに両社の流通と販売は赤字状態のままで稼働していると考えられるし、それは23年には加速していくだろう。そのことを象徴するのは22年の電子書籍売上5013億円で、雑誌の4795億円を超えてしまったのである。流通業の場合、売上高が採算ベースを上回れば、利益も加速していくとされるが、出版物の流通業としての取次はまさにその逆の状況へと追いやられている。しかも23年の出版物売上高は1兆円を割ってしまう可能性が高い。そうした取次状況を直視しながら、出版社と書店はサバイバルを求められていることになる】

■出店ファイル2021年300坪以上店

店　名	所在地	売場総面積(坪)	帳合
ツタヤブックストア　則武新町店	愛知県	688	日　販
ツタヤブックストア　川崎駅前店	神奈川県	681	日　販
ツタヤブックストア　カラフルタウン岐阜店	岐阜県	553	日　販
未来屋書店　川口店	埼玉県	540	トーハン
TSUTAYA　サンリブ宗像店	福岡県	519	日　販
メトロ書店　熊本本店	熊本県	508	トーハン
WonderGoo　野田桜の里店	千葉県	500	トーハン
ツタヤブックストア　名鉄名古屋	愛知県	487	日　販
ツタヤブックストア　イオンモール白山	石川県	482	日　販
TSUTAYA　十和田元町店	青森県	441	日　販
TSUTAYA　鴻巣吹上店	埼玉県	402	日　販
くまざわ書店　アリオ仙台泉店	宮城県	400	トーハン
宮脇書店　イオンモール日吉津店	鳥取県	360	日　販
三洋堂書店　シャオ西尾店	愛知県	355	トーハン
未来屋書店　新利府南館店	宮城県	354	トーハン
駿河屋　静岡本店	静岡県	350	日　販
三洋堂書店　菰野店	三重県	346	トーハン
TSUTAYA　鶴岡ミーナ店	山形県	343	日　販
TSUTAYA　苫小牧店	北海道	327	日　販
リブロ南砂町 SUNAMO 店	東京都	323	日　販
喜久屋書店　府中店	東京都	310	トーハン
ツタヤブックストア　アプラたかいし	大阪府	302	日　販
駿河屋　大宮マルイ店	埼玉県	300	日　販
駿河屋　藤枝店	静岡県	300	日　販

〔3〕「新文化」編集部編「出版流通データブック2022」(『新文化』12／1)が出され、「出店ファイル2021年100坪以上店」が掲載されている。

全店で53店だが、そのうちの300坪以上の24店を示す。

【前回の本クロニクルでも既述しておいたように、出版科学研究所の『出版月報』の季刊化、アルメディアの休業、出版ニュース社の廃業に伴い、出版データのリアルな把握が難しくなりつつある。要するにそうした分野に金が回らなくなったことが原因だが、まだ健在の新文化の年度版「出版流通データブック」は簡約な資料として貴重である。あらためて21年の出店を見てみると、実質的に坪数は減少し、出店にしてもさらに限られてきたことがわかる。24店のうち、ツタヤ関連が12店と半分を占め、それに駿河屋3店、未来屋、三洋堂が各2店となっている。本クロニクル⑯で、日販と駿河屋の提携を取り上げ、同㉒で三洋堂がレンタルに代わる業態としての駿河屋売場の導入を見てきている。22年は駿河屋絡みが増えているのではないだろうか。昨年暮れに駿河屋静岡店を訪れたところ、残念ながら改装リニューアルのために閉店中であった】

〔4〕くまざわ書店の連結決算は総売上高428億4000万円、前年比4・9％減、経常利益は前年の14億円から半減し、当期純利益は6億円。

【くまざわ書店グループは法人別でくまざわ13店、くまざわ書店108店、神奈川くまざわ書店75店、東京ブックセンター開発22店、球陽堂（田園書房）6店の224店、その他に文具店のパペリーア・イケダ14店がある。3の「出店ファイル2021年1000坪以上店」にはアリオ仙台泉店、イーアス春日井店、蕨錦町店、さがみ野店、鹿児島中央店が挙げられ、5店だが、ツタヤに続く多出店となっている。これも昨年のことだが、沼津駅ビルに立ち寄ったところ、そのテナントであった静岡の江崎書店がくまざわ書店に変わっていた。くまざわ書店グループの多店舗化には明らかにトーハンとの関係で、取次リストラ対象店も様々な事情から引き継いでいると思われる。決算時における既存店売上高は前年比6・0％減で、借入金は70億円とされている】

〔5〕『週刊朝日』が5月発売の最終号の6月9日号で休刊。1922年、朝日新聞社からの創刊で、2008年に発行は朝日新聞出版へと移されていた。22年の平均発行部数は7万部。
【雑誌の凋落の中で、雑誌出版社としての朝日新聞社＝朝日新聞出版は終焉しつつあるのだろう。週刊誌のことだけを考えても、やはり1923年の関東大震災に端を発するグラフジャーナリズムの『週刊アサヒグラフ』が2000年、『朝日ジャーナル』が1992年に休刊していることからすれば、よくぞ延命してきたといえるかもしれない。月刊誌も思いつくままに挙げると、『月刊Asahi』『科学朝日』『論座』『アサヒカメラ』などは1990年代以降に休刊となっている。残っている『AERA』にしても時間の問題であろう】

〔6〕KADOKAWAの『週刊ザテレビジョン』も3月1日号で休刊。『月刊ザテレビジョン』と統合。1982年創刊で、22年の平均発行部数は9万5000部。
【週刊誌や次の新聞に続いて、テレビの時代も終わりを迎えようとしているのかもしれない。だが考えてみれば、テレビの時代が始まったのは1960年代になってからで、私たち戦後世代にとって、テレビはニューメディアであり、それから60年余を経てきたことになる】

〔7〕『FACTA』（2月号）が「FACTA REPORT　まさに『存亡の機』」として、ジャーナリスト井坂公明による「新聞の『底なし』5年連続200万部超減」を発信している。

そのリードは「全国紙中心に5年間で1100万部余り消失。これから高齢者層の購読者減が本格化、地方紙の落ち込みも拡大へ」である。

【かつて『読売新聞』は1000万部、『朝日新聞』は800万部といわれていたが、それは10年以上前のことで、今や前者は700万部、後者は400万部を下回り、『毎日新聞』『日本経済新聞』は5割台半ば、『産経新聞』も6割にまで落ちこんでいる。そのために全国紙の減少分は139万部で、全体の76%を占めている。その大きな要因はいうまでもないが、インターネット、とりわけスマホの普及による若年層から中年層の新聞離れ、主要な購読者である高齢者のさらなる高齢化による新聞市場からの退場にある。それは本クロニクル㉓で示した「消費支出と品目別支出金額の推移にも明白だ。『朝日新聞』では200万部まで減少すると想定し、デジタル有料購読者を現在の20万人台から50万人台までの倍増を目標にしているというが、紙の減少に追いつくことはないだろう。『選択』（1月号）は朝日新聞社の早期希望退職による割増引当金が予測よりも膨らみ、中間決算での赤字転落を記事にしている】

〔8〕『静岡新聞』が3月末で夕刊を廃止。朝刊のページ数を増やし、夕刊の特集を収録し、デジタルサービスを強化することで、購読料は変わらず、月決め3300円。

【7でも地方紙の減り方は穏やかで、『静岡新聞』は53万1000部、前年比3・5%減とされていた。本クロニクル㉓においても、ノセ事務所の「ブロック紙・地方紙一覧」レポートを引

き、『静岡新聞』が朝刊、夕刊ともに50万部を超え、地方紙では唯一の存在ではないかとの見解を紹介しておいた。もっともそれは朝夕刊セットとなっていることも大きな要因ではあったにしても、その『静岡新聞』ですらもということになろう。私は『静岡新聞』をとっていないけれど、全国紙の夕刊とともに配達されている。周りは夕刊にしても圧倒的に『静岡新聞』が多いし、それに相乗りするかたちで全国紙の夕刊も届けられているのである。そこで新聞配達の人に、『静岡新聞』の夕刊がなくなれば配達収入も減ってしまうし、全国紙の夕刊の配達もできなくなるのではないかと尋ねてみた。すると我々もそのことに関して不安だが、それらの詳細はまだ伝えられていないということだった。全国的に夕刊がなくなってしまうのも、それほど遠い先のことではないかもしれないし、中馬清福の『新聞は生き残れるか』(岩波新書)が刊行されたのは2003年で、いよいよそれが現実化してきたのである】

〔9〕『本の雑誌』(1月号)で「六十五歳で訪れた人生の転機」を大見出しとして、「岡崎武志古本屋になる!」の連載が始まっている。

【それは「このたび私は、岡崎武志は古本屋になることを決意しました。いきなりではありますが、予兆は顕在しており、なし崩し的にそこに追い込まれた」という事情によっている。まだ彼も5の『週刊朝日』休刊は知らなかったと思うが、その「転機」も同じく『サンデー毎日』の28年に及ぶ書評欄連載が終了してしまったことで、すでに本クロニクル㉑でも、その事実にふれている。それでも彼の証言にしたがい、もう一度週刊誌ライター事情をたどってみる。

岡武の1995年からの『サンデー毎日』書評連載は一ページギャラが3万円、月に4回で12万円、それに合わせて著者インタビュー特集記事、他の仕事などの余禄、書評、古本原稿の注文などの仕事も増え、2000年には年収1千万円を超え、フリーライターでも住宅ローンを組むことができたのである。彼の証言からわかるように、そうした週刊誌の仕事はギャラもよく、しかも確実な月収が見こめる所謂「おいしい仕事」で、新聞の書評委員などと同じで長期にわたるゆえに、フリーライターのみならず、出版関係者にとっても願ってもない仕事といえる。それは1969年の『週刊ポスト』創刊などによる新たな週刊書評の隆盛から始まり、多くの書評家たちを召喚し、週刊誌と書評を活性化させてきたのである。その事実は週刊誌が売れ、大きな利益も上がり、経費も潤沢に使えたことを反映している。だがそれから半世紀が過ぎ、週刊誌も凋落してしまった。『サンデー毎日』にしても、必然的に『週刊朝日』に続くであろう。月末になって、『本の雑誌』の目黒考二＝北上次郎の死が伝えられてきた】

〔10〕医療用医薬品専門の週刊誌『薬事新報』と書籍を刊行していた薬事新報社が破産。【『選択』（1月号）によれば、定期購読の取引先にもまったく知らされず、社員の解雇通知も数日前で、「突如として破産」したという。従来、医学書関連出版は安泰とされてきたが、「二三年には、薬事新報社と同じ道を辿る媒体が出かねない」とされている】

〔11〕講談社のコミック誌『イブニング』が本年2月28日発売号で休刊。

2001年に『月刊イブニング』として創刊され、03年から月2回刊行で、『もやしもん』『モテキ』『金田一少年の事件簿』などを連載していた。発行部数は4万2000部。

〔12〕フリューのアメリカンコミックレーベル「ヴィレッジブックス」が終了。『アベンジャーズ』『バットマン』などの邦訳出版シリーズを刊行していた。

【コミックの一人勝ちのような出版状況だが、この分野においても、デジタルと紙のせめぎ合いが起きており、『イブニング』の一部の作品はやはり講談社の漫画アプリ『コミックDAYS』に引き継がれるという。「ヴィレッジブックス」のほうも動画配信サービスとの競合、翻訳出版の採算性の難しさによっているようだ。この事実を考慮すれば、小学館集英社プロダクションの『ジョーカー』や「バットマン」シリーズも重版が困難になってくるかもしれない】

〔13〕『フリースタイル』54が出され、恒例の特集「THE BEST MANGA 2023 このマンガを読め！」が組まれている。

【今回のBEST10で読んでいたのは、前回のクロニクルでもふれた松本大洋『東京ヒゴロ』だけで、今年もこの特集を参照しながら少しずつ読んでいくしかないと思う。個人的には村上たかしのファンなので、『ピノ：PINO』（双葉社）が入っているかなと期待したけれど、数人が挙げているだけで番外であった。その他には遅ればせながらだが、ようやくスヴェトラーナ・アレクシエーヴィチ原作、小梅けいと『戦争は女の顔をしていない』（KADOKAWA）

を読んでいる】

〔14〕いしいひさいち『ROCA　吉川ロカストーリーライブ』（笑）いしい商店）読了。【これは13のBEST1に選ばれていたので知り、（笑）いしい商店からの直販で購入した次第だ。22年8月初版、23年1月1日5版となっていた。ファドを歌う女子高生ロカを主人公とするすばらしい作品で、「バンド・デシネ」のダヴィッド・プリュドム『レベティコ』（原正人訳、サウザンブックス社）を想起してしまった。これは21年のBEST6で、私も「本を読む」72で取り上げている。それに加えて、『ROCA』はいしいによる個人出版の試みであり、こちらもいしいの名物4コママンガ集『バイトくん』（プレイガイドジャーナル社、1977年）の刊行を思い出してしまった。本当に『ROCA』もさらに多くの読者が得られますように】

〔15〕菊地史彦の『沖縄の岸辺へ―五十年の感情史』（作品社）が届いた。【菊地は戦後社会論における「わが同志」にして「同時代人」であり、彼は同書に先行して『「幸せ」の戦後史』『「若者」の時代』（いずれもトランスビュー）『「象徴」のいる国で』（作品社）を刊行してきた。今回の「やや長い前書き」で、それらのモチーフを次のように述べている。「ざっくりいうと『日本戦後史』という分野に属しているが、狭くいうと『戦後社会文化史』になる。さらに面倒なことをいうと、戦後の日本人が経済・社会の変化にどんな反応をしめしたか、どんな感情を持ったか、その変化をたどる『意識』の歴史と定義付けている。」

そうなのだ。この菊地の言に便乗させてもらえば、私が出版をテーマとして追求してきたのも、近代におけるイメージの変容と造型、戦後を通じての新たな反復が何をもたらしたかということになる。それは人間がイメージによって生きることを宿命づけられた存在であることによっている。そのようにして、菊地も戦後における「幸せ」「若者」「象徴」をたどり、今回はカッコが付されていない沖縄に至ったのである】

〔16〕またしても出版人の訃報が伝えられてきた。

【一人は元『話の特集』編集長の矢崎泰久で、89歳。和田誠との共著『夢の砦　二人でつくった雑誌「話の特集」』（ハモニカブックス）が刊行されたばかりだった。若かりし頃、『話の特集』には色々と教えられている。もう一人は明石書店の石井昭男で、コロナ感染症により、82歳でなくなった。彼には「出版人に聞く」シリーズに出てほしかったが、諸事情から実現しなかったことが悔やまれる】

〔17〕グラフィックデザイナーの工藤強勝も亡くなった。享年74。

【面識はなかったが、翻訳した『エマ・ゴールドマン自伝』（ぱる出版）の装丁者で、上下巻の大著だったこともあり、印象深く、遠くから追悼する。桑沢デザイン研究所長だったことも訃報で知った】

〔18〕『私たちが図書館について知っている二、三の事柄』に続いて、その対となる『新版 図書館逍遥』を刊行することになり、現在編集中である。

論創社HP「本を読む」〈84〉は「『つげ忠男作品集』と「丘の上でヴィンセント・ゴッホは」です。

出版状況クロニクル㉖ 2023年2月

23年1月の書籍雑誌推定販売金額は797億円で、前年比6・5％減。

書籍は474億円で、同7・0％減。

雑誌は323億円で、同5・8％減。

雑誌の内訳は月刊誌が266億円で、同3・3％減、週刊誌が56億円で、同16・0％減。

返品率は書籍が32・8％、雑誌が41・8％で、月刊誌は41・3％、週刊誌は44・3％。

最悪に近い前年マイナスと返品率で、23年が始まったことになる。

学参期以後の取次と書店の動向がどうなるのか、それが焦眉の問題であろう。

■電子出版市場規模

（単位：億円）

年	2014	2015	2016	2017	2018	2019	2020	2021	2022	前年比（%）
電子コミック	882	1,149	1,460	1,711	1,965	2,593	3,420	4,114	4,479	108.9
電子書籍	192	228	258	290	321	349	401	449	446	99.3
電子雑誌	70	125	191	214	193	130	110	99	88	88.9
合計	1,144	1,502	1,909	2,215	2,479	3,072	3,931	4,662	5,013	107.5

韓国映画『名もなき野良犬の輪舞』に「人を信じるな、状況を信じろ」というセリフがあった。

23年はどのような出版状況へと向かっていくのか、注視し続けなければならない。

〔1〕出版科学研究所による22年度の電子出版市場販売金額を示す。

【22年の電子出版市場は5013億円で、前年比7・5％増。それらの内訳は電子コミックが4479億円、同8・9％増。電子書籍446億円、同0・7％減、電子雑誌は88億円、同11・1％減。電子コミックの成長は21年と比較し、半減し、緩やかになってきているが、占有率は89・3％に及び、23年は90％を超えるであろう。それに対し、電子書籍は500億円に達するかと思われたが、マイナスに転じ、成長は止まったと考えられる。しかし電子雑誌のほうは4年連続二ケタ減で、最も占有率が高い「dマガジン」も会員数の下げ止まりが見られないし、100億円に届くのも難しい状況にある。やはり今後の電子出版市場もコミック次第ということになろう。それに22年出版状況として特筆すべきは、電子出版が雑誌販売額の4795億円を上回ったことで、23年度には書籍販売額をも超えてしまうかもしれない】

■書籍雑誌販売部数の推移　（単位：万冊）

年	書籍		雑誌	
	販売部数	増減率	販売部数	増減率
2011	70,013	▲0.3	198,970	▲8.4
2012	68,790	▲1.7	187,339	▲5.8
2013	67,738	▲1.5	176,368	▲5.9
2014	64,461	▲4.8	165,088	▲6.4
2015	62,633	▲2.8	147,812	▲10.5
2016	61,769	▲1.4	135,990	▲8.0
2017	59,157	▲4.2	119,426	▲12.2
2018	57,129	▲3.4	106,032	▲11.2
2019	54,240	▲5.1	97,554	▲8.0
2020	53,164	▲2.0	95,427	▲2.2
2021	52,832	▲0.6	88,069	▲7.7
2022	49,759	▲5.8	77,132	▲12.4

〔2〕同じく出版科学研究所の２０１１年から22年にかけての書籍雑誌販売部数の推移を挙げておく。

【これまで販売金額と販売部数の双方を引くのは煩雑でもあり、主たる出版データは前者によってきた。だが『私たちが図書館について知っている二、三の事柄』で示しておいたように、図書館貸出冊数推移との比較、今後の参照データでもあるので、ここで表化しておく。またそれは22年の販売部数が書籍は５・８％、雑誌は12・4％と、この12年間のうちで最大のマイナスとなっているからだ。実際に部数も書籍は7億冊から5億冊、雑誌は20億冊から8億冊を割りこんでしまい、書籍にしても雑誌にしても、まったく下げ止まりは見られず、まだ減少していくだろう。本クロニクルで繰り返し日販、トーハンの取次と書店事業の双子の赤字を指摘してきたが、23年はそれがさらに加速していくことは確実で、書籍雑誌販売冊数の推移にもうかがえる】

〔3〕名古屋市東区の正文館本店が6月末で閉店。土地、

建物、駐車場も売却。
本社ビルの老朽化、建替資金の回収も困難であり、「本店を閉め、初代が戦前に購入しその後維持してきた土地を売却することはまさしく断腸の思いですが、将来のために決断致しました」とHPで公表。

【本クロニクル⑯で焼津谷島屋の民事再生、同⑰で沼津市のマルサン書店仲見世店の閉店、同㉓で長野県の山根屋書店の閉店などを既述しておいたが、地方の老舗書店の閉店はこれからも続いていくだろう。正文館本店の場合、店舗面積は400坪近くあったはずで、これに駐車場用地を加えれば、大きな会社資産である。その閉店、売却には経営者の「まさしく断腸の思い」がうかがえるが、「将来のために決断」するしかなかったと推測される。しかしあえていえば、正文館のように先送りせずに、土地建物を売却できることは幸いだと見なせよう。そのような売却もできず、そのまま不良債権が塩漬けとなってしまっている例も多い。そこに老舗書店の閉店の難しさのひとつが潜んでいるのである】

〔4〕三省堂書店の決算は最終損益が5億9400万円の赤字と発表。前期は3億3700万円の赤字。

【本社ビル建替えに伴う神保町本店の閉店、池袋本店の縮小が大きく影響し、減収減益とされている。だが本クロニクル⑱で丸善ジュンク堂、同⑲で八重洲ブックセンターの連続赤字を見てきたように、大型店のナショナルチェーンにしても、構造的な赤字に陥っていることは明白だ。それに23年からは諸経費の上昇が迫っており、当然のことながら人件費も含まれるし、黒字化の困難はいうまでもあるまい。再販委託制の行き詰まりと雑誌の衰退の只中で、書店は漂流するしかない状況を迎えていよう】

〔5〕 朝日新聞出版の月刊誌『Journalism（ジャーナリズム）』が3月で休刊。
２００８年の創刊で、新聞、雑誌、放送、出版などの記事や論考を主としていた。

【『朝日新聞』の三八ツ広告で見ることもあり、内容によって、年1、2回購入していたが、書店では売っていなかったので、新聞販売店を介してだった。ただそれらの号にしても、大学の紀要論文的印象が強く、あまり参考にならなかった記憶が残っているだけである。前回『週刊朝日』の5月休刊にふれ、雑誌出版社としての朝日新聞社＝朝日新聞出版は終焉しつつあると書いておいたばかりだが、『Journalism』もそれに連なったことになろう。それでも『週刊朝日』は１９５０年代に百万部を超えていた週刊誌で、その書評欄は数々のベストセラーを生み出したこともあり、『朝日新聞』の「歌壇」には休刊を惜しむ歌が多く寄せられたようだ。「佐佐木幸綱選」「永田和宏選」として、次の三首が挙げられているので、雑誌レクイエムとして引いておく。

スマホなど無かった時代の情報源「週刊朝日」が休刊するとふ
（川越市）西村健児

残念な「週刊朝日」休刊よ、東海林さだおの見開きもまた
（相馬市）根岸浩一
この国が軍拡に舵を切る最中「週刊朝日」休刊決まる
（磐田市）白井善夫】

〔6〕みすず書房の月刊誌『みすず』も8月号で休刊。
【かつて『みすず』は出版太郎の「朱筆」連載もあったので、1970年代から欠かさず読んできた。当時、出版太郎が誰なのか定かでなかったが、『朱筆』『朱筆Ⅱ』が単行本化された後、彼が私のいうところの「4翁」の1人である宮田昇だったことが明らかになった。それに合わせて、告白すれば、宮田の『朱筆』を継承するつもりで、本クロニクルも始められたのである。実際に宮田も本クロニクルを読んでいた。しかし21世紀に入ってからは恒例の1、2月合併号の「読書アンケート特集」に目を通すだけで、休刊にしても、23年の同号で知ったことになる。自著も訳書も何度か挙げてもらっているのに、定期購読してこなかったことを申し訳なく思う。それにつけても『みすず』は秀逸なリトルマガジンで先駆的な出版社のPR雑誌だったと考えられるが、これが出版社のPR雑誌の休刊の始まりとなるかもしれない】

〔7〕『月刊Popteen』も2月号で休刊。
ウェブマガジン「Popteen Media」へと移行する。

1980年に女子中高生を読者として主婦の友社から創刊され、94年に角川春樹事務所に移行し、2021年には同誌事業フォーサイド子会社ポップティーンへと譲渡されていた。

【本クロニクル❼で、角川春樹事務所とフォーサイドが資本業務提携し、後者が前者の株式15％保有に至ったことを取り上げ、デジタルトランスフォーメーション（DX）絡みで、よくわからない印象がつきまとうと述べておいた。だがおそらくそのような流れの中で、休刊という事態に及んだのであろう。かつて『Popteen』はギャル雑誌としてのセックス特集が過激だとされ、国会で問題になったこともあったが、もはや雑誌出版史においても記憶されていないようで、この度の休刊となった】

〔8〕 男性誌『昭和40年男』『昭和50年男』、バイク誌『タンデムスタイル』『Lady's Bike』などを発行のクレタとクレタパブリッシングが破産し、ヘリテージがそれらの事業を譲受する契約を締結。

ヘリテージは2020年9月に設立され、21年9月に枻出版社の『Lighting』など7誌と飲食事業を譲受している。

クレタは1991年設立で、99年にエルピーマガジン社、後のクレタパブリッシングと提携している。クレタパブリッシングは2016年に売上高3億4500万円を計上していたが、21年には2億5000万円に減少し、今回の処置となった。

【『昭和40年男』は書店で見かけていたので知ってはいたけれど、講読したことはなく、版元としてのクレタ、クレタパブリッシングも認識していなかった。それはヘリテージも同様で、本クロニクル❷で拙出版社の民事再生法に言及し、事業譲渡の1社として挙げておいたが、その業態も含め、詳細は全く判明していなかったし、その後の経過も報道されていなかった。今回のクレタとクレタパブリッシングの破産で、再びヘリテージが登場してきたことになろう】

〔9〕毎日新聞社は4月から愛知、岐阜、三重の3県の夕刊の廃止を発表。

【前回の本クロニクルで、『静岡新聞』の夕刊が3月末で廃止となることを伝えたが、全国紙と地方紙の違いはあるにしても、このように続く夕刊の休刊や廃止は、他の全国紙、地方紙に与える影響は大きく、今後はそのようなラッシュを迎えることになろう。書店ではないけれど、新聞販売店もどうなるのか。19世紀から20世紀にかけては戦争と革命、それに併走する出版と新聞ジャーナリズムの時代であったと見なせよう。しかし21世紀に入り、戦争だけが残り、もはや革命は見失われ、出版、新聞ジャーナリズムは凋落してしまったことになるのだろうか】

〔10〕『日本古書通信』（2月号）が「河野書店・河野高孝さんに古書業界この四〇年を聞く」を掲載している。

【河野は全古書連理事長兼任となる東京古書組合理事長も務め、東京洋書会、明治古典会の運営にも携わってきた。このインタビューは4ページに及ぶもので、40年間の古書業界の動向とその行方も語られ、それらは出版業界と併走するものだし、出版業界の人々にも一読を勧めたい。またインタビューしている同誌の樽見博が巻末の「談話室」で、まったく変わってしまった、次のような町田のブックオフ事情にふれていた。「商店街の至るところにブックオフの看板が並び、ブックオフの聖地のようなのには驚いた。創業者から経営者も変わったが、現在全国に六〇〇店以上あるようだ。ただ新古本屋という感じではなく、古着屋など様々なリサイクル品販売に変わっている。」本クロニクル⑯などで、ゲオの2nd STREET化にふれてきたが、ブックオフのほうもまさに「本離れ」し、業態転換を図っていくと思われる。そういえば、近隣のブックオフの閉店も続いているようだ】

〔11〕『新文化』(2/16)が「新星出版社『実用書』『営業』軸に100周年」との大見出しで、記念出版『ビジュアル大事典』を特集し、富永靖弘社長にインタビューしている。

【所謂「実用書」出版社の一面特集はこれまでほとんど目にしていなかったし、『ビジュアル大事典』にしても、企画や価格にしても、これまでの新星出版社のコンセプトからはテイクオフしているし、1000円という書店報奨金も大手出版社に比肩するものである。新星出版社は1923年に富永龍之助によって操業された富永興文堂が前身だが、『出版人物事典』や『日本出版百年史年表』には見えておらず、『全国出版物卸商業協同組合三十年の歩み』に記載されているだけだった。それはやはり特集にあるように、「実用書」と「営業」に強い出版社であっても、「書店の平台」で売るべき本として、書店員が認識していなかったことにもよっている。だが時代は変わったのだ。これを機会に全出版目録を出してほしいと願う】

〔12〕『週刊読書人』（1／27）が「追悼　渡辺京二を偲ぶ」と題し、藤原良雄、新保祐司、小川哲生による鼎談を2面掲載している。

【前々回の本クロニクルでも渡辺を追悼しているし、『朝日新聞』（2／11）や『選択』（2月号）でも追悼記事や特集を見ている。屋上屋を架すようだが、たまたま3月にゾラの『ボヌール・デ・ダム百貨店』（伊藤桂子訳、論創社）の新版が刊行されるので、そのことに関連して書いておきたい。レガメーの「江ノ島のお茶屋の女」を表紙絵とする葦書房版『逝きし世の面影』を読み、渡辺にそれらを記録した来日異邦人たちがどこから来たのかを問うべきで、それはフランスの場合、ベンヤミンの『パッサージュ論』やゾラの「ルーゴン＝マッカール叢書」の世界からやってきたのではないかという私信をしたためたことがあった。同様のことを「来日異邦人の記録」（『文庫・新書の海を泳ぐ』所収）として書いている。すると渡辺から読んでみるつもりだとの返信があり、その後「ルーゴン＝マッカール叢書」は全巻を読んでくれたようだ。とりわけ『ボヌール・デ・ダム百貨店』は「叢書」中でも、消費社会を描いた嚆矢といえる作品で、今回の新版は当時の挿絵入りで、こちらも読んでもらえればと思っていたのである。刊行が遅れてしまい、間に合わなかったことが残念でならない】

〔13〕『キネマ旬報』（2／下）の恒例の「ベスト・テン発表特別号」が出された。

【恥ずかしいことに、22年は「日本映画」「外国映画」の双方のベストテンを1作も観ていなかった。その一因は50、60時間は当たり前という長大な韓国ドラマにはまってしまったことにあり、1作を観るのに1ヵ月もかかってしまう事情にもよっている。だがそのことはともかく、この「特別号」で驚かされたのは24ページに及ぶ「映画人追悼」記事と「映画・TV関係者物故人」リストで、22年にはずっと観てきた映画の監督や俳優があまりに多く亡くなってしまったことを実感させられてしまった。しかもそれは銀幕の上だけでなく、私たちもその年齢に達していることも。監督でいえば、ピーター・ブルックも97歳で亡くなっている。その『マルキ・ド・サドの演出のもとにシャラントン精神病院患者たちによって演じられたジャン゠ポール・マラーの迫害と暗殺』を観たのは半世紀以上前のことだった。DVDが出ていたことを知り、ただちに購入した。近日中に観るつもりだ。1986年から「日本映画時評」を連載してきた山根貞男の83歳の死も伝えられてきた。もはや彼の「時評」も読むことができなくなってしまった】

〔14〕黒木亮『兜町の男―清水一行と日本経済の80年』（毎日新聞社）を読了。
【清水一行に関して一冊が書かれるとは予想していなかったが、ここに経済小説家清水伝が刊行されたことになる。参考資料として、井家上隆幸『三一新書の時代』（「出版人に聞く」16）が挙げられ、実際に引用されている。編集者としての井家上の役割も顕彰され、本当によかったと思う】

〔15〕『新版 図書館逍遥』は4月刊行予定。

『近代出版史探索Ⅶ』も書き終えているので、年内には刊行できるだろう。

論創社HP「本を読む」〈85〉は「戦後の漫画＝コミック出版の変容」です。

出版状況クロニクル㉗　2023年3月

23年2月の書籍雑誌推定販売金額は997億円で、前年比7・6%減。

書籍は634億円で、同6・3%減。

雑誌は363億円で、同9・7%減。

雑誌の内訳は月刊誌が305億円で、同8・9%減、週刊誌が58億円で、同13・4%減。

返品率は書籍が31・0%、雑誌が41・2%で、月刊誌は39・9%、週刊誌は47・3%。

前回最悪に近いマイナスと返品率で、23年が始まったと記しておいたが、出版科学研究所の1月のデータに間違いがあり、書籍雑誌推定額販売金額マイナスは前年比9・0%減、書籍は7・0%減、雑誌は11・9%減だった。それに2月の数字が続いていることになる。

本当に23年の出版状況はどうなるのか。予断できない状況下にあることだけは確かだ。

■コミック市場全体（紙版＆電子）の販売金額推移　（単位：億円）

年	紙			電子			合計
	コミックス	コミック誌	小計	コミックス	コミック誌	小計	
2014	2,256	1,313	3,569	882	5	887	4,456
2015	2,102	1,166	3,268	1,149	20	1,169	4,437
2016	1,947	1,016	2,963	1,460	31	1,491	4,454
2017	1,666	917	2,583	1,711	36	1,747	4,330
2018	1,588	824	2,412	1,965	37	2,002	4,414
2019	1,665	722	2,387	2,593		2,593	4,980
2020	2,079	627	2,706	–	–	3,420	6,126
2021	2,087	558	2,645	–	–	4,114	6,759
2022	1,754	537	2,291	–	–	4,479	6,770
前年比	84.0%	96.2%	86.6%	–	–	108.9%	100.2%

【1】『出版月報』（2月号）が特集「コミック市場2022」を組んでいるので、その「コミック市場全体（紙版&電子）の推定販売金額推移」を抽出してみる。

【22年のコミック市場全体は6770億円で、5年連続のプラスとなっているが、前年比0・2%増で、紙のマイナスを電子が補っているという内訳である。紙のほうはジャンプコミックスを始めとする値上げがあっても、同13・4%減となっていることを考えれば、23年の各社の広範な値上げを含めても、プラスは期待できないだろう。ただ電子にしても、前年の20・3%増と比べて半減しているので、いずれ5000億円には届くであろうが、今年は難しいと思われる。しかし22年の紙の推定販売金額は1兆292億円であり、コミック市場全体の推定販売金額のシェアは高まるばかりで、このような出版状況が出来するとは20世紀には誰も考えていなかった。しかしそれは書店の平積みも含めて店頭光景にも感じられる。コミック市場面積が拡がっているし、その

■コミックス新刊点数

年	雑誌扱い		書籍扱い		合計	
	点	前年比（%）	点	前年比（%）	点	前年比（%）
1995	4,627	103.9	2,094	156.3	6,721	116.0
2011	9,128	103.1	2,893	92.5	12,021	100.4
2012	9,376	102.7	2,980	103.0	12,356	102.8
2013	9,481	101.1	2,680	89.9	12,161	98.4
2014	9,937	104.8	2,763	103.1	12,700	104.4
2015	9,701	97.6	2,861	103.5	12,562	98.9
2016	9,762	100.6	2,829	98.9	12,591	100.2
2017	9,608	98.4	2,853	100.8	12,461	99.0
2018	9,596	99.9	3,381	118.5	12,977	104.1
2019	9,295	96.9	3,510	103.8	12,805	98.7
2020	9,023	97.1	3,916	111.6	12,939	101.0
2021	9,272	102.8	4,148	105.9	13,420	103.7
2022	9,417	101.6	4,770	115.0	14,187	105.7

傾向は後も続いていくはずだ】

〔2〕紙のコミックスの「新刊点数の推移」も示しておこう。

【この新刊点数の推移は、21世紀に入ってからの日本の出版業界がコミックスの時代であったことを浮かび上がらせていよう。しかし22年の紙のコミックスの推定販売金額は1で見たように、1754億円、前年比16%減で、2年連続のマイナスである。その内訳は雑誌が1491億円、同19・4%減、書籍が263億円、同10・5%増となっている。新刊点数のプラスが続いていても、やはり紙のコミックスの実売とリンクしていないことが明らかだ。それは1で示した書店の店売光景と背反するが、他の分野に比較して、コミックスのほうが集客効果があるということなのだろう。それらの事実に関連して指摘しておかなければならないのは、本体のコミック誌の販売部数で、1995年の13・4億部が2022年には1・4億部と、ほぼ10分の1になっていることだ。それゆえに20世紀はコミック誌の時代、21世紀は単行本と電子のコミックスの時代という補足修正を加えておかなければならない】

〔3〕『サイゾー』（2・3月号）も「マンガ大全2023」を特集している。そのリードは次のようなものだ。

「出版不況なんてなんのその、令和5年もヒット作が生まれ続けるマンガ業界。集英社／講談社／小学館の大手最新事情から、好景気でも鬱憤は深まる若手マンガ編集者座談会、『HUNTER×HUNTER』休載続きでも神格化される冨樫義博の謎、劇場版も絶好調な『SLAM DUNK』の〝本当の戦力〟を計画する企画で、気になるマンガ事情を網羅しました。」

そして海原あいによる「電子の売り上げが神を超えた！ 2023年のマンガ業界㊙話」に始まる10本の座談会や記事が組まれている。

【いずれも興味深く、教えられることが多い特集だが、取り上げられているマンガを読んでいないので、座談会「2023年のマンガ業界㊙話」に気軽に参加できない。例えば、そこでは①篠原健太『ウィッチウォッチ』（集英社）②金城宗幸原作、ノ村優介『ブルーロック』（講談社）③和久井健『東京卍リベンジャーズ』（講談社）④山口貴由『劇光仮面』（小学館）⑤板垣恵介『自伝板垣恵介自衛隊秘録』（秋田書店）⑥近藤信輔『忍者と極道』（講談社）⑦岡本倫『パラレルパラダイス』（講談社）⑧足立和平『飯を喰らいて華と告ぐ』（白泉社）が挙げられているのだが、ひとつも読んでいないし、それだけでも失格のように思える。それでも本クロニクル

㉕で、『フリースタイル』54の恒例の特集「THE BEST MANGA 2023」にもふれているように、私は同世代の人たちよりもマンガを読み続けているほうに属するけれど、これらのマンガはお手上げだと告白するしかないし、大半がここで初めて目にするものだ。すでに電子コミックの隆盛を受け、マンガリテラシーが異なる時代に入っているだろうし、買ったり読んだり借りたりするというマンガをめぐるハビトゥスがまったく変わってしまったことを示唆している。また同じくそれはマンガ家というポジション、マンガをめぐる編集コンセプトも大きく変わってしまったことを伝えていよう。そのように考えてみると、松本大洋『東京ヒゴロ』(小学館)がどうして描かれなければならなかったかがわかるような気がする。ただ座談会は「サイゾーを読む人たちは今の『週刊少年ジャンプ』(集英社)に載っているマンガを知っているのかな?』という発言から始まっているので、それほど気にすることはないかもしれないが。それらのことはともかく、『サイゾー』を買ったのは数年ぶりで、次号リニューアル予定の4・5月号とあり、『サイゾー』も隔月刊となっていくのだろう】

〔4〕 講談社の決算は売上高1694億8100万円、前年比0・8%減、営業利益は191億円、同11・9%減、当期純利益は149億6900万円、同3・8%減。

その内訳は紙媒体の「製品」が573億5500万円、同13・5%減、デジタル、版権関連の「事業収入」は1001億7200万円、同10・0%増。そのうちの「デジタル関連」収入は778億円、同10・9%増、「国内版権収入」は98億円、同13・6%減、「海外版権収入」は124

億円、同35・2％増。

【本クロニクル㉑で、集英社の決算が売上高1951億円のうち、デジタル版権事業収入が65％を占めていることを既述しておいたが、講談社も同様の決算になっている。それはマス雑誌とコミックによって町の書店とともに歩んできた講談社のイメージからテイクオフしつつある現在の姿を伝えている。そうした事実は従来の既刊コミックの在庫と販売のかたちも変わっていくだろう。コミックのシリーズ物は巻数も多く、書店でも常時全巻を揃えておくことは難しかったが、それ以上に版元在庫も同様であった。しかし電子コミック化がさらに進行していけば、版元の多大のコストを必要とする在庫問題は解消されることになるし、現在の大手出版社状況から考えると、必然的にそのような方向へと進んでいくしかないようにも思われる。それはかつてなく新刊依存が高くなっている書籍の在庫問題とも共通するものであり、コミックだけにとどまらない事態をすでに迎えていよう】

〔5〕マキノ出版が民事再生申請。

同社は1977年設立で、健康雑誌『壮快』『安心』、実用情報誌『特選街』、女性雑誌『ゆほびか』などを発行し、そのほかにも書籍やムックを刊行していた。

2004年は年間36億円を計上していたが、雑誌売り上げが低迷し、22年には14億円にまで落ちこみ、赤字となっていた。負債は15億円。

【マキノ出版は実質的に1974年の『壮快』創刊から始まり、近年に至るまで、『壮快』が売上の7割を占めていたとされる。マキノ出版の創業者の牧野武朗は講談社出身で、『なかよし』『週刊少年マガジン』『週刊少女フレンド』『現代』の創刊編集長を務めた著名な人物で、そのプロフィルは塩澤実信『戦後出版史』の「『壮快』と牧野武朗」でも、その卓抜した編集歴がたどられている。『壮快』は健康雑誌の走りといえたが、牧野はその後も『特選街』、家庭教育雑誌『太郎塾』、中高年生活誌『わかさ』も創刊し、来るべき高齢化社会に向けてのライフスタイル雑誌を送り続けてきた編集者だったといえる。しかし牧野亡き後の雑誌の寿命は否応なく訪れてきたようで、21年には『特選街』も休刊となり、『壮快』は続いているものの、今回の措置に及んだことになる。それは4の講談社の現在を映しだす反面教師的鏡のようでもある】

〔6〕 鳥取の定有堂書店の閉店が伝えられてきた。

【これは「地方・小出版流通センター通信」(No．559)で知ったが、店主の奈良敏行の高齢化と体調不良、それに後継者も見つからなかったゆえだという。定有堂を訪ねたのは今世紀初頭のことで、あれからすでに20年が経ってしまったのかとあらためて思う。確かに当時は私たちも若くはないにしても、50代に入ったばかりだったのだ。奈良には「出版人に聞く」シリーズに出てほしかったが、辞退されてしまった。今になってもう一度オファーしておけばと悔やむ次第だ。仙台の八重洲書房なき後、同世代の個人書店として、京都の三月書房と鳥取の定有堂書店を挙げることができたけれど、もはや三月書房も閉店し、今度は定有堂書店であり、彼らの肉声を聞くことがかなわなくなってしまった。そうして私たちの世代の書店の物語も終わっていくのであろう。それらはともかく、芥川賞受賞の佐藤厚志の前作『象の皮膚』（新潮社、2021年）はファンタジーではないリアルな書店小説だが、読まれているのだろうか】

〔7〕　千葉県富津市はイオンモール富津に、TRCを指定管理者として市立図書館を開館。同市は公共図書館がなく、初の公共図書館となる。

図書館面積は446坪、座席数は134席、蔵書数は6万5000冊、開館時間は10時から20時。

【『私たちが図書館について知っている二、三の事柄』において、TRCと公共図書館の増殖が地域の書店を駆逐していった事実を指摘しておいた。今回の富津市立図書館のショッピングセンター内での開館もまた、地域の書店を閉店に追いやるだろうし、もはや新たな書店の出店も不可能とさせるにちがいない。1990年代半ばには富津市内には書店が9店あったが、ほとんどが閉店してしまったと思われるし、その仕上げのようにして、今回の図書館の開館を迎えたことになろう】

〔8〕　イトーヨーカ堂創業者の伊藤雅俊が死去した。

【伊藤の場合、ダイエーの中内㓛を描いた佐野眞一『カリスマ』（日経BP社）、セゾンの堤清二を追った立石泰則『漂流する経営』（文藝春秋）のような評伝類は刊行されていないが、それは伊藤がロマン主義者としての二人とは異なり、徹底したリアリストだったことに起因しているのだろう。またそれゆえにイトーヨーカ堂の成長とオリジナリティがあったと思われるので、そのことにふれておこう。伊藤は出店に際して、従来の土地買収によるのではなく、借地借家方式＝オーダーリース方式を採用することで、土地バブルにまみれなかった。このオーダーリース方式はすかいらーくなどのファミレスへと継承され、さらにそれはロードサイドビジネスの隆盛に伴い、出店の原則にまで普及していき、書店も例外ではなかった。1980年代の郊外消費社会はそのようにして造形され、画期的な郊外の風景が出現するまでに至ったのである。そして鈴木敏文が東販からイトーヨーカ堂へ転職することによって、セブンイレブンも設立され、取次と書店の関係をモデルとしたフランチャイズシステムのコンビニも開発されていった。つまり現在の郊外消費社会のコアである出店メカニズムのオーダーリース方式とFCシステムの発祥は、伊藤とイトーヨーカ堂にあったとみなすことができよう。しかし21世紀に入り、オーダーリース方式による出店もまたバニシングポイントを迎えつつあり、近年のイトーヨーカ堂の閉店もその清算に追われている。伊藤は中内や堤とは一線を引き、サバイバルしてきたが、最後まで見届けずに亡くなったとも考えられる】

〔9〕ノセ事務所より「紀伊國屋書店のデータに思う」が届いた。

【それは紀伊國屋書店だけでなく、丸善ジュンク堂、くまざわ書店データも添えられ、ナショナルチェーンの大型書店の書籍販売の現在を浮かび上がらせている。紀伊國屋に限っていえば、

22年度の売上の1209億円は21年の出版物販売額の9・87％に及び、それは書籍販売のシェアの高さを伝えている。さらにノセの分析は人文社会系の版元もリストアップし、高シェア出版社として、9位の原書房が12・93％、13位の白水社が11・26％、14位の新書館が10・57％、その他にも東大出版会が9・89％、勁草書房が9・66％、みすず書房が9・32％に及ぶことを示している。もちろん店売だけでなく、外商と図書館販売を含んだ数字であるにしても、アマゾンの時代の中で、これらの人文社会書版元の10％前後の売上を維持していることは特筆すべきだろう。なおノセ事務所の2021年「出版社実態調査」は本クロニクル㉔で言及している。また紀伊國屋の「2022年出版社別売上ベスト300」は『新文化』（2／16）にも掲載されていることを付記しておく】

〔10〕『FACTA』（4月号）が井坂公明「紙代高騰で『夕刊廃止ドミノ』拡大」を発信している。

【本クロニクル㉔で、やはりノセ事務所の2022年上半期46紙の「ブロック紙・地方紙一覧」レポートを紹介し、同㉕で『静岡新聞』の夕刊廃止、同㉖で『毎日新聞』の夕刊の愛知、岐阜、三重の3県の廃止を伝えてきた。井坂によれば、『朝日新聞』も5月1日から『毎日新聞』と同地域で追随するという。それに加えて、「朝日新聞は2020年代にすべての夕刊を廃止することを視野に入れている模様で、今後、全国紙や地方紙で夕刊をなくす動きが広がりそうだ」とも述べられている。日本の出版業界が欧米の書籍と異なり、雑誌を主体としてスタートしたことと同様に、夕刊も欧米にはなく、大正時代に入って朝夕刊セットが始まっていたのである。井坂のレポートは「21世紀に入りリアルタイムの情報提供が当たり前となった現在、夕刊はその使命を終えつつあるのではないか」と結ばれている。また新聞だけでなく、出版社も「紙代高騰」に直面している】

〔11〕『新潮』（3月号）に石戸諭「〈正論〉に消される物語――小説『中野正彦の昭和九十二年』回収問題考」が掲載されている。

【これは桐野夏生の「正義の名の下に断罪される表現の自由への危惧」の言葉を枕として、「樋口毅宏のディストピア小説『中野正彦の昭和九十二年』が、書店への搬入も済ませ、いよいよ発売というタイミングになって、版元のイースト・プレス（ママ）社によって回収された問題」を論じたものである。その帯には「安倍晋三元首相暗殺を予言した小説」と謳われていた。ところが同じ版元の別の編集者がこの小説をツイッターで激しく批判し、刊行への抗議を示した。そして石戸によれば、「ついには編集者同士のＬＩＮＥの内容まで公開し、自分の主張が如何に正しいかを喧伝し、フォロワーに助けを求めるのであった、一連のツイートはツイッター上で差別問題に関心を持つ層へと広がり、作品を読まずして、樋口、担当編集者と版元への批判が高まるという異例の事態となった」のである。それを受けて、書店への搬入が始まっていた12月16日にイースト・プレスから回収が発表され、18日に「社内協議の上、回収対応」というリリースも出されたが、樋口のほうはそうした経過はほとんど知らされていなかったようだ。た

だ私も『中野正彦の昭和九十二年』を読み得ていないし、これ以上のことは石戸の「〈正論〉に消される物語」に当たってほしい】

〔12〕『キネマ旬報』(4/上)の「映画本大賞2022」が発表された。5位までを示す。

①オーソン・ウェルズ他『オーソンとランチを一緒に』
②蓮實重彦『ジョン・フォード論』
③上野昂志『黄昏映画館 わが日本映画誌』
④堀越謙三『インディペンデントの栄光』
⑤四方田犬彦『パゾリーニ』

【読んでいたのは第5位の四方田犬彦『パゾリーニ』(作品社)だけだが、22年の1冊はこれと決めていたので、それだけで満足している。私は10代の頃からイタリア映画ファンで、とりわけリアルタイムで観たパゾリーニの『テオレマ』と『アポロンの地獄』を偏愛していたからでもある。それに加えて、藤脇邦夫『人生を変えた韓国ドラマ2016―2021』(光文社新書)も挙がっているのではないかと期待していたが、映画ではなく「韓国ドラマ」であったこと、それに刊行が21年11月だったこともあるのか、どの評者も選んでいなかったのは残念だ。ただそれでも思いがけずに本当に驚かされたのは第1位の『オーソンとランチを一緒に』で、訳者と出版者の赤塚成人が既知の人物だったことだ。20年近く会っていないけれど、お達者で何よりだと思う】

〔13〕「週刊現代プレミアム」の『脇役稼業』も読了。

【これは書店で見かけて買ってきたのだが、川谷拓三や大滝秀治を始めとする14人の「脇役」完全保存版で、懐かしく楽しませてくれた。この一冊はかつての川本三郎による『傍役グラフィティ』(ブロンズ社)に範が求められ、本クロニクル⑩で、『韓流スター完全名鑑2022』(コスミック出版)を愛読していることを既述しておいたが、韓国映画、ドラマの物語の奥行と魅力のひとつは、他ならぬ「脇役」層の厚さにあると思う。それは12の『人生を変えた韓国ドラマ』を読んでも実感されるし、韓国映画とドラマは物語の勢いを沸騰させている。あえていうなれば、物語を征することは世界を征することにもつながっていくのではないだろうか】

〔14〕22年のアカデミー賞受賞作『エブリシング・エブリウェア・オール・アット・ワンス』を観てきた。

【それは前回の本クロニクルでもふれておいたように、『キネマ旬報』(2/下)の「日本映画」「外国映画」の双方のベストテンを1作も観ていなかったことを反省し、本年はできる限り映画館に出かけるつもりでいるからだ。近年のアカデミー賞は『パラサイト 半地下の家族』『ノマドランド』『ミナリ』とアジア出身の監督や作品が続いているし、今回の『エブ・エブ』にしても、その流れの中にあるのだろう。一度観ただけでは不明のところも多いので、もう一度観るつもりでいるし、見巧者町山智浩の映画評も聞いてみたい。だがたまたま少し前に、ケン・リュウの「外来種侵入」（『ニューズ・ウィーク』2／7）を読んだばかりだったので、このSF短編を重ね合わせてしまったことも付け加えておく】

〔15〕　大江健三郎が亡くなった。享年88。

【私が大江を読み出した1960年代は日本文学全集の時代であり、当時は現代文学の文庫化はほとんどなされていなかったので、それらによっていた。思い出すままにそれらを挙げてみれば、まさに大江と江藤淳を編集委員とする『われらの文学』（講談社）、『現代の文学』（河出書房新社）、『新日本文学全集』（集英社）などで、1965年刊行の『われらの文学』18の『大江健三郎』には「性的人間」「セヴンティーン」「飼育」「死者の奢り」「奇妙な仕事」「芽むしり仔撃ち」などが収録されていた。私も及ばずながら、小論だが、「飼育」は「村と黒人兵」、『万延元年のフットボール』は「スーパーマーケットの誕生」（いずれも『郊外の果てへの旅／混住社会論』所収）として、また『取り替え子』を対象として「CIE図書館」（『図書館逍遥』所収）を書いている。それらのことはさておき、大江が偉大であったのは一貫して河盛好蔵のいうところの「田舎者の文学」を書き続けてきたことだと思われる。これは奇異に感じられるかもしれないが、最大のオマージュであり、そうした意味において、最後の近代文学者だったようにも見えてくる。そのような視座から尾崎真理子による『ポータブル・大江健三郎』が編まれることを期待する。それに22年はマルコム・サロウリーの『ポータブル・フォークナー』（池澤夏樹他訳、河出書房新社）が翻訳刊行されているし、大江文学もまたフォークナーのヨクナパトーファ・サガと密接にリンクしていると信じているからでもある。また思潮社の創業者小田久郎の死も伝えられてきたが、どこかで大江の死と結びついているように思えてならない。なお戦後の文学全集に関しては田坂憲二『日本文学全集の時代』（慶應義塾大学出版会）を参照されたい】

〔16〕『新版 図書館逍遥』は編集中で、6月刊行予定。
論創社HP「本を読む」〈86〉は「朝日ソノラマ『サンコミックス』と橋本一郎『鉄腕アトムの歌が聞こえる』」です。

出版状況クロニクル㉘　2023年4月

23年3月の書籍雑誌推定販売金額は1371億円で、前年比4・7％減。
書籍は905億円で、同4・1％減。
雑誌は466億円で、同5・7％減。

雑誌の内訳は月刊誌が398億円で、同5・0%減、週刊誌が67億円で、同10・1%減。

返品率は書籍が25・6%、雑誌が39・6%で、月刊誌は38・7%、週刊誌は44・2%。

23年第1四半期(1〜3月)において、週刊誌販売金額は12・8%減、返品率は45・1%である。

最悪の状況で、5月の『週刊朝日』休刊が重なってくる。

また書籍のほうは6・7%減だが、3月の書店売上は8%減とされている。

そうした中で、八重洲ブックセンター本店が閉店し、日販とトーハンの事業再編や役員変更が発表されている。

それに本クロニクルの販売売上データのベースである出版科学研究所の『出版月報』も月刊サイクルでの刊行を終え、今後は年4回の『季刊出版指標』へと移行していく。

創刊は1959年なので、60余年を閲してきたことになる。

出版業界の全分野において、ドラスチックな転機の時を迎えていよう。

---

〔1〕『出版月報』(3月号)が特集「ムック市場2022」を組んでいるので、そのデータを示す。

【22年は500億円を下回るのではないかと推測していたが、かろうじて踏みとどまった感がある。それは後半にムックシェアの大きい国内旅行ガイドの回復基調によるとされている。しかし出版販売金額がピークだった1997年と比較してみると、新刊点数は5623点とほぼ

■ムック発行、販売データ

年	新刊点数		平均価格	販売金額		返品率	
	（点）	前年比	（円）	（億円）	前年比	（％）	前年増減
2005	7,859	0.9%	931	1,164	▲ 4.0%	44.0	1.7%
2006	7,884	0.3%	929	1,093	▲ 6.1%	45.0	1.0%
2007	8,066	2.3%	920	1,046	▲ 4.3%	46.1	1.1%
2008	8,337	3.4%	923	1,062	1.5%	46.0	▲ 0.1%
2009	8,511	2.1%	926	1,091	2.7%	45.8	▲ 0.2%
2010	8,762	2.9%	923	1,098	0.6%	45.4	▲ 0.4%
2011	8,751	▲ 0.1%	934	1,051	▲ 4.3%	46.0	0.6%
2012	9,067	3.6%	913	1,045	▲ 0.6%	46.8	0.8%
2013	9,472	4.5%	884	1,025	▲ 1.9%	48.0	1.2%
2014	9,336	▲ 1.4%	869	972	▲ 5.2%	49.3	1.3%
2015	9,230	▲ 1.1%	864	917	▲ 5.7%	52.6	3.3%
2016	8,832	▲ 4.3%	884	903	▲ 1.5%	50.8	▲ 1.8%
2017	8,554	▲ 3.1%	900	816	▲ 9.6%	53.0	2.2%
2018	7,921	▲ 7.4%	871	726	▲ 11.0%	51.6	▲ 1.4%
2019	7,453	▲ 5.9%	868	672	▲ 7.4%	51.1	▲ 0.5%
2020	6,461	▲ 13.3%	870	572	▲ 14.9%	50.2	▲ 0.9%
2021	6,048	▲ 6.4%	901	537	▲ 6.1%	51.2	1.0%
2022	5,729	▲ 5.3%	944	519	▲ 3.4%	49.9	▲ 1.3%

同じだが、減少が続いての結果である。販売金額は１３５５億円であり、３分の１近くになり、また販売部数のほうも１億４４６９万冊、22年は５１８０万冊と、こちらはまさに３分の１になってしまっている。また書店数の減少と雑誌の衰退がムック市場にも投影されていることになる。

ちなみに22年にムック新刊点数が２００点を超えたのは宝島社、大洋図書、晋遊舎、ブティック社で、それに講談社、ＫＡＤＯＫＡＷＡ、ＪＴＢパブリッシングが続いているので、現在のムック新刊市場のシェアがうかがわれる。この際だから家計簿、年賀状ムックを除く22年ベスト3も挙げておこう。
1『60歳をすぎたらやめて幸せになれる100のこと』（宝島社）
2『「SLAM DUNK」ジャンプ』（集英社）
3『るるぶユニバーサルスタジオジャパン公式ガイドブック』（JTBパブリッシング）】

〔2〕『日経MJ』（4／7）が「縮む百貨店」と題し、2020年に創業320年の山形の大沼が破綻した後の27店の閉店をリストアップしている。

【百貨店の市場規模は1991年の9兆7000億円がピークで、2022年はその半分の5兆円となり、店舗数も1999年の311店から2023年は182店に減少している。かつて山形県は山形松坂屋や十字屋山形店などもあり、百貨店も競合状態にあったが、大沼の閉店で山形県は初めて百貨店ゼロ県となり、同じく20年には徳島県も続き、さらに17県が残り1店舗という百貨店状況となっている。どの百貨店にも書店はあったはずなので、百貨店と書店の失墜は連鎖していよう。こうした状況を招来したひとつの要因は、『出版業界の危機と社会構造』で指摘しておいたように、1980年代のロードサイドビジネスの隆盛による郊外消費社会の出現、及び日米構造協議に基づく大店立地法の成立と郊外大型ショッピングセンターのバブル的開発に起因している。いってみれば、百貨店も書店も日本の近代の文化的装置であった。80年代から始まった日本の風景がアメリカ化していく過程で、百貨店はバニシングポイントへと向かうことを宿命づけられていたとも考えられるのである】

■閉店した百貨店

閉店した店名	所在地	閉店時期
1　大沼	山形市	2020年1月
2　天満屋広島アルパーク店	広島市	20年1月
3　丸広百貨店南浦和店	さいたま市	20年2月
4　新潟三越	新潟市	20年3月
5　ほの国百貨店	愛知県豊橋市	20年3月
6　東急百貨店東横店	東京都渋谷区	20年3月
7　高島屋港南台店	横浜市	20年8月
8　井筒屋黒崎店	北九州市	20年8月
9　中合福島店	福島市	20年8月
10　イセタンハウス	名古屋市	20年8月
11　そごう西神店	神戸市	20年8月
12　西武岡崎店	愛知県岡崎市	20年8月
13　西武大津店	大津市	20年8月
14　そごう徳島店	徳島市	20年8月
15　丸広百貨店日高店	埼玉県日高市	21年2月
16　そごう川口店	埼玉県川口市	21年2月
17　三越恵比寿店	東京都渋谷区	21年2月
18　タカシマヤフードメゾン岡山店	岡山市	21年2月
19　三田阪急	兵庫県三田市	21年8月
20　松坂屋豊田店	愛知県豊田市	21年9月
21　やまき三春屋	青森県八戸市	22年4月
22　天満屋広島緑井店	広島市	22年6月
23　丸広百貨店坂戸店	埼玉県坂戸市	22年8月
24　小田急百貨店新宿店本館	東京都新宿区	22年10月
25　藤丸	北海道帯広市	23年1月
26　東急百貨店本店	東京都渋谷区	23年1月
27　高島屋立川店	東京都立川市	23年1月

〔3〕まさに2とリンクし、『東京人』（5月号）が「TOKYO百貨店物語」を特集している。

【永江朗の「没後10年　堤清二とセゾン文化が残したもの」が寄せられているように、そのコアとしての西武百貨店とリブロの関係は1980年代において、神話的栄光に輝いていたといっても過言ではない。それは『私たちが図書館について知っている二、三の事柄』でも確認している。そこでの証言ではないけれど、中村文孝によれば、戦前において百貨店内書店のステータスは高く、とりわけ三越書籍部は洋書の新刊にまで目配りし、ハイブロウな読者たちの集うところだったという。私もその一端は聞き及んでいて、戦前の中村書店の函入漫画が三越に常備化されたことで、広告や目録に中村漫画は三越でも売っているという宣伝コピーが付されるようになったのである。戦前の漫画に関する出版物の位置付けは赤本扱いに近く、三越における常備化は異例のことで、中村書店にしても感激すべきものだったと思われる。そうした百貨店内書籍部の系譜を継承し、リブロも書店の聖地としてあったことだろう。永江はそのリブロの物語として、田口久美子『書店風雲録』を示しているだけで、今泉正光『「今泉棚」とリブロの時代』（「出版人に聞く」1）、中村文孝『リブロが本屋であったころ』（同4）を挙げていない。その理由もわかるが、そのようにしてリブロ史も実像が歪んでしまうのだ。またこの特集で鹿島茂がゾラの『ボヌール・デ・ダム百貨店』にふれているし、本クロニクル㉖でも新版刊行を伝えているので、あらためて読まれてほしいと思う】

〔4〕丸善ＣＨＩＨＤの連結決算は売上高１６２７億９９００万円、前期は１７４３億５５００万円で、「収益認識に関する会計規準」などの適用により、売上高78億円の減少。前年比は出されていない。営業利益は31億２９００万円、前年比23・４％減、当期純利益は17億７３００万円、同18・３％減。

連結子会社47社、関連会社３社で、丸善雄松堂やＴＲＣなどの「文教市場販売事業」と「図書館サポート事業」、丸善ジュンク堂などの「店舗・ネット販売事業」、岩崎書店や丸善出版などの「出版事業」がメインである。

「文教市場販売事業」は売上高479億7600万円、（前期は565億1900万円）、営業利益は33億1300万円、前年比10・6％減。「店舗・ネット販売事業」は663億1000万円、（前期は698億2400万円）、営業利益は1900万円、前年比93・7％減。

「図書館サポート事業」は売上高336億8800万円（前期は317億4400万円）、営業利益は24億2700万円、同3・6％減。

「出版事業」は売上高41億2100万円（前期は42億5100万円）、営業利益は2億6500万円、同7・1％増。

【はっきりいってしまえば、丸善ジュンク堂などの108店舗は赤字で、TRCなどの図書館事業によって、かろうじて利益が計上されていることになろう。しかし公共図書館売上も減少しているし、図書館サポート受託館数は1786館と前年比89館増ゆえの増収だが、コストの上昇により減収となっている。書店事業は663億円の売上に対して、営業利益が1900万円でしかなく、その回復は不可能に近い。ジュンク堂新潟店が駿河屋ホビー店をオープンしているが、起死回生となろうはずもないだろう。図書館事業にしても、ピークは過ぎているし、今後の経費を考えると、いつまで書店事業を支えられるのかという状況の中にあると判断するしかない。それにゲオHDの大幅賃上げの影響も出てくるだろうし、本クロニクル㉓のセカンドストリートに比すべき原資捻出の事業も見出されていない】

〔5〕『新文化』（4／13）が「マキノ出版民事再生の経緯と見通し」との大見出しで、マキノ出版にかかわる経営コンサルティングのセントラル総合研究所の八木宏之代表にインタビューしている。

そのコアは出版業界特有の委託制をめぐる問題で、次のような発言に明らかなので、少し長くなるが、そのまま引いてみる。

「いわゆる『返品』があるため、通常の会計原則は当てはまりません。

出版社が異質なのは経理処理です。本来であれば総売上げが通常の売上高になるのですが、出版社は返品と相殺された売上げを純売上高として計上しています。いまは新会計基準に基づいて総売上高を計上しなくてはいけません。この業界はそうしていません。

専門的で難しいかもしれませんが、いまの会計基準は引当金や在庫処分でも大きく関わってくる大切なこと。出版社経営者は自社の危機的な状況も掴めないまま、いつの間にか資金が枯渇してしまう。そして最後は『ヒット作が出れば』など、『たら・れば』の話になるのです。『出版社の経営は甘い』と言われる所以がそこにあります。

出版界の慣例に詳しく、かつそれを指摘できない会計士が少なくないことも問題を大きくさせてしまう要因になっているともいえます。

また、現行委託制度のビジネスモデルに限界を感じている出版社は、他業界にみる企業同士の合従連衡を進め、安定した出版活動ができるようにすべきです。」

【もちろん現実的には他の様々な問題も絡んでいるはずだが、出版社も含んで9社のスポンサー候補、マキノ出版グループ会社のマイヘルス社や特選街出版などの破産も伝えられている。しかし民事再生とM&A問題の根幹にあるのは、この委託システムの他ならないし、それは出版社のみならず、取次や書店、倉庫会社にも連鎖してしまうもので、マキノ出版の場合、どのように調整され、民事再生となるのか、前回に続いてさらなる注視が必要であろう】

〔6〕 実業之日本社は『ダートスポーツ』などのバイク関連4誌を発行する造形社を子会社化、またオフロードバイク誌『ゴー・ライド』のモト・ナレッジと業務提携を発表。

自社のバイク誌『ライダーズクラブ』『バイクジン』なども含め、バイク関連事業を拡大していく。

【公表も報道もされていないので、本クロニクルでも伝えていないのだが、いくつもの出版社がM&Aされているようだ。『FACTA』(5月号)が「小谷真生子が社外取締役のポラリス『破廉恥』事件」なる記事において、国内プライベート・エクイティ・ファンドのポラリスが、出版社「宣伝会議」の200億円超に上る買収を決めたと書いている。雑誌とその関連事業をめぐってPEファンドも暗躍しているのであろう。またこれは出版社ではないけれど、豊橋市の老舗書店豊川堂がイオンモール豊川に売場面積518坪の最大規模となる「本の豊川堂×nido cafe」の新規出店に際し、雑誌書籍は学参などを除き、京都の大垣書店のトーハン口座による仕入れになるという。これも5でいわれている「企業同士の合従連衡」であろう。このようなFC化というべき老舗書店の新規出店もほとんど伝えられていないが、実際にはもはや周

知の事実と考えざるをえない】

〔7〕　ＫＡＤＯＫＡＷＡは、ところざわニュータウンにおける「ＥＪアニメホテル」（アニメ、コミック、ゲームを活用した宿泊施設の運営）と成田国際空港での「成田アニメデッキ」（アニメキャラクターなどのグッズ販売と飲食店の経営）事業からの撤退を発表。

【それらに関連してだろうが、『ＺＡＩＴＥＮ』（5月号）に、「東京五輪問題」取材班による特集「ＫＡＤＯＫＡＷＡ社長・夏野剛、『裏切りクーデター』社内外から憤怒」が掲載されている。ＫＡＤＯＫＡＷＡの「東京五輪問題」は本クロニクル㉑などでふれているが、会長の角川歴彦の逮捕と不在によって、内紛がおき、様々なリークが飛びかっているのであろう。長きにわたって角川を補佐してきた松原常務の退任も、それを象徴していよう。上場会社としてＫＡＤＯＫＡＷＡ、及びところざわニュータウン事業の行方はどうなっていくのだろうか】

〔8〕　音楽之友社の『レコード芸術』が7月号で休刊。
同誌は１９５２年創刊で、クラシックレコード評論の専門誌、クラシック音楽界における重要なメディアであった。
音楽評論家の沼野雄司によれば、「この雑誌が消滅したら、２０２３年は日本の音楽文化の核のひとつが崩壊した年として、後世に記憶されるだろう」とされている。

【それこそ音楽之友社はヤマハの子会社となっていたにもかかわらず、メイン雑誌の『レコード芸術』を休刊せざるをえない状況へと追いやられていたことになる。発行部数10万部は保たれていたとされるが、何よりも「趣味の共同体」として雑誌の終焉というしかない。これは雑誌名も社名も明らかにされていないけれど、男性ファッション誌で知られる出版社が、本社ビルと社長の自宅を売却し、苦しい台所事情の反映と囁かれている。本クロニクルでもトレースしてきたように、雑誌をめぐる休刊やM&Aの話はこれからも続出していくだろう。また「趣味の共同体」の雑誌の他ならない日本棋院の唯一の週刊専門誌『週刊碁』も9月に休刊となる。ピーク時は20万部だったが、2万部まで激減しているようだ】

〔9〕『朝日新聞』（4/2）の「朝日歌壇」に佐佐木幸綱選として、次の一首が挙げられていた。

信州をルーツの「みすず」休刊と知るに
案ずる「図書」や「ちくま」を
（長野市）細野正昭

【本クロニクル㉖で、みすず書房のPR誌ともいえる『みすず』の休刊を伝え、「これが出版社のPR誌の休刊の始まりとなるかもしれない」と書いておいたが、ここにも同様に心配している読者がいたことになる。しかし現在では、この一首にも注釈が必要であろうから、付け加えておけば、日本の近代出版社で人文書の代表的版元の岩波書店、筑摩書房、みすず書房はいずれも信州人によって創業されていることによっている。その他にも信州人によっていくつもの出版社が設立されているし、取次は新潟人が主流であり、そうして近代出版界も始まっている

のだ】

〔10〕 続けて『朝日新聞』だが、5月1日より朝夕刊月決め購読料が4400円から4900円へと値上げし、愛知、岐阜、三重の東海3県で夕刊を休刊。

【前回の本クロニクルなどで、『朝日新聞』の3県に始まり、20年代にすべての夕刊がなくなることを既報しておいた。また「紙代高騰」問題にもふれ、値上げが迫っていることも。それとパラレルに地方誌の値上げも続けて発表されている。しかしそれでも『朝日新聞』よりは地方紙のほうが安いので、新聞販売店は盛んに地方紙への乗り換えを勧めているという。いずれにしても、この値上げによって新聞離れはさらに加速するだろうし、それを止めることもできないだろう。その影響が出版業界にも及んでくることは必至である】

〔11〕 近田春夫の『グループサウンズ』（文春新書）読了。

【こういっては失礼かもしれないが、拾い物の一冊で、1960年代の同世代文化としてのGSに関して教えられることが多かった。たまたま必要があって、古本屋で入手したちばてつや『テレビ天使』（虫プロ商事、1970年）を読んでいて、時代背景は60年代のテレビ芸能界で、そこにはGSも主要な役割で登場していたのである。まだ掲載はずっと先のことになるけれど、このところ60年代の記憶に始まる貸本マンガのことを書いていて、私たちの世代にとって、戦後のマンガとテレビがニューメディアに他ならなかったとあらためて思った次第だ。その頃はマンガ家も編集者も読者も含めて、電子コミックの時代になろうとは誰も想像していなかったはずで、本当に時の流れは予測もしなかったほうへと進んでいく】

〔12〕『新潮』(4月号)が特集「言論は自由か?　戦前を生きる私たちの想像力」を組んでいる。

【前回の本クロニクルでも同誌3月号の石戸諭「〈正論〉に消される物語―小説『中野正彦の昭和九十二年』回収問題考」にふれておいたが、それに続く特集と見なせよう。また4月にも講談社の岩崎夏海、稲田豊史著『ゲームの歴史』全3巻が「事実誤認と情報元が確認できない箇所が多数見つかった」として、販売中止となり、書店からの回収を発表している。だがこれもオープンな論議を経てのものではないと見なせよう。私も『近代出版史探索』を重ねる中で、否応なく戦時下の検閲と発禁問題に向き合ってしまうので、「戦前を生きる私たちの想像力」は他人事ではない。またそれにこの特集は『新潮』自体の戦後占領下のGHQによる検閲から始まっているので、現在とも無縁ではないことを開示していよう】

〔13〕富岡多恵子が亡くなった。享年87。

【私は富岡の小説『波うつ土地』などを郊外文学テキストとして言及し、『中勘助の恋』『釈迢空ノート』などにも大いに学ばせてもらった。また本ブログ『近代出版史探索』で、「平井蒼太と富岡多恵子『壺中庵異聞』」も書いているので、彼女をモデルとしているし、追悼代わりに読んでもらえればと思う】

〔14〕深夜叢書社の齋藤慎爾に続いて、評論家の芹沢俊介、同じく小浜逸郎が死去した。【まったく偶然ながら、3人は吉本隆明絡みの出版者、評論家で、齋藤は吉本の『反核異論』などを刊行し、芹沢と小浜は吉本の『試行』の寄稿者として始まっていた。齋藤は83歳、芹沢は80歳、小浜は75歳で、吉本の87歳の死には届かなかったにしても、生を全うしたのではないだろうか。これも偶然だが、この一文を書いている時に、『吉本隆明全質疑応答V（1991〜1998）』（論創社）が届いた】

〔15〕こちらもほぼ同時に、四方田犬彦『大泉黒石―わが故郷は世界文学』（岩波書店）と脇田裕正『降り坂を登る―春山行夫の軌跡一九二八―三五』（松籟社）が届いた。【大泉は大正時代のベストセラー作家でありながらも、文壇から追放され、退けられた存在にして「世界文学の人」、春山は昭和初期にリトルマガジン『詩と詩論』によって、詩と文芸批評を追究したが、現在ではほとんど忘却された詩人、文芸批評家である。いずれも比較文学の文法に則り、近代出版史の謎をときほぐす試みといえよう】

〔16〕『新版 図書館逍遥』は新たな表紙も決まり、編集中で6月刊行予定。
論創社HP「本を読む」〈87〉は「山根貞男と『漫画主義』」で、これから20編ほど貸本マンガを論じていきますので、ご期待下さい。

出版状況クロニクル㉙　2023年5月

23年4月の書籍雑誌推定販売金額は865億円で、前年比12・8％減。

書籍は483億円で、同11・6％減。

雑誌は382億円で、同14・2％減。

雑誌の内訳は月刊誌が324億円で、同15・1％減、週刊誌が57億円で、同8・9％減。

返品率は書籍が31・9％、雑誌が42・3％で、月刊誌は41・2％、週刊誌は47・9％。

村上春樹の6年ぶりの長編小説『街とその不確かな壁』（新潮社）の重版合わせ35万も焼け石に水のようで、最悪のマイナスと返品率ということになろう。

これに定価値上げのことを考えれば、さらなるマイナスで、23年下半期はどのような出版状況を迎えることになるのか、予断を許さない。

【1】 日本図書館協会の『日本の図書館　統計と名簿2022』が出されたので、その「公共図書館の推移」を示す。

■公共図書館の推移

年	図書館数	専任職員数（人）	蔵書冊数（千冊）	年間受入図書冊数（千冊）	個人貸出登録者数（千人）	個人貸出総数（千点）	資料費当年度予算（万円）
1971	885	5,698	31,365	2,505	2,007	24,190	225,338
1980	1,320	9,214	72,318	8,466	7,633	128,898	1,050,825
1990	1,928	13,381	162,897	14,568	16,858	263,042	2,483,690
1997	2,450	15,474	249,649	19,320	30,608	432,874	3,494,209
1998	2,524	15,535	263,121	19,318	33,091	453,373	3,507,383
1999	2,585	15,454	276,573	19,757	35,755	495,460	3,479,268
2000	2,639	15,276	286,950	19,347	37,002	523,571	3,461,925
2001	2,681	15,347	299,133	20,633	39,670	532,703	3,423,836
2002	2,711	15,284	310,165	19,617	41,445	546,287	3,369,791
2003	2,759	14,928	321,811	19,867	42,705	571,064	3,248,000
2004	2,825	14,664	333,962	20,460	46,763	609,687	3,187,244
2005	2,953	14,302	344,856	20,925	47,022	616,957	3,073,408
2006	3,082	14,070	356,710	18,970	48,549	618,264	3,047,030
2007	3,111	13,573	365,713	18,104	48,089	640,860	2,996,510
2008	3,126	13,103	374,729	18,588	50,428	656,563	3,027,561
2009	3,164	12,699	386,000	18,661	51,377	691,684	2,893,203
2010	3,188	12,114	393,292	18,095	52,706	711,715	2,841,626
2011	3,210	11,759	400,119	17,949	53,444	716,181	2,786,075
2012	3,234	11,652	410,224	18,956	54,126	714,971	2,798,192
2013	3,248	11,172	417,547	17,577	54,792	711,494	2,793,171
2014	3,246	10,933	423,828	17,282	55,290	695,277	2,851,733
2015	3,261	10,539	430,993	16,308	55,726	690,480	2,812,894
2016	3,280	10,443	436,961	16,467	57,509	703,517	2,792,309
2017	3,292	10,257	442,822	16,361	57,323	691,471	2,792,514
2018	3,296	10,046	449,183	16,047	57,401	685,166	2,811,748
2019	3,306	9,858	453,410	15,543	57,960	684,215	2,790,907
2020	3,316	9,627	457,245	15,045	58,041	653,449	2,796,856
2021	3,315	9,459	459,550	14,893	56,807	545,343	2,714,236
2022	3,305	9,377	463,849	14,097	56,626	623,939	2,764,325

【本クロニクル㉑で、21年の個人貸出数が5・4億冊で、20年の6・5億冊にくらべ、1億冊以上減少している事実に注視しておいた。ところが表に見られるように、22年は6・2億冊と回復してきている。この21年のマイナスと22年の回復の原因を突き止めていないのだが、コロナ禍によるとは判断できないし、何に起因するのだろうか。ただ他の数字はほとんど変わっていないにしても、図書館数が22年は10館減少している。これはこの30年間で21年の1館減に続くもので、23年も注目する必要があろう。その一方で、『私たちが図書館について知っている二、三の事柄』で示しておいた書店数と書籍販売冊数との対比だが、22年の書店数は1万1495店、前年比457店減、書籍販売冊数は4億9759万冊、同3073万冊減となり、後者はついに5億冊を割りこんでしまった。図書館貸出冊数は6億2393万冊であるので、その差は1億2634万冊となり、こちらも戻ってしまっている。安易な判断は下せないし、23年のデータを見てからということになろう。しかし図書館と書店の関係は『私たちが図書館について知っている二、三の事柄』で下しておいた結論を修正する必要はないだろう】

〔2〕トーハンと未来屋書店から出版社に対して、152店舗（直営店114店、コンセ店10店、及び準直営店28店）の日販からトーハンへの帳合変更が、店舗リストともに伝えられてきた。

帳合変更は9月1日、スタンド商品供給店舗929店は7月以降、順次取引を開始。

【本クロニクル⑳で、『日経MJ』の専門店調査「書籍・文具売上高ランキング」を示しておいたが、未来屋は第5位、売上高は485億円に及ぶ。今回の帳合変更で、そのすべてが日販からトーハンへと変更となる。ダイエーのアシーネから始まった未来屋も長きにわたる歴史を重ねてきたことになるが、これがどのような行方をたどることになるのだろうか】

〔3〕『FACTA』（6月号）が「COVER STORY」として、「朝日を潰す社長『中村史郎』の正体」という記事を発信している。

【このリードキャプション、サブタイトルは「まるで宦官支配の清朝末期」「戦後長らく日本のジャーナリズムの主軸をなした朝日新聞社はいま、音を立てて自壊しようとしている」とある。その内実は読んでもらうしかないのだが、ここで言及しておきたいのは新聞販売部数の凋落で、本クロニクル㉕でも伝えたばかりだ。しかしそれはとどまることがないようだ。直近の販売部数は朝日380万部（前年比50万部減）、読売640万部（同40万部減）、毎日180万部（同14万部減）、日経150万部（同20万部減）、産経90万部（同10万部減）で、実質的に朝日は300万部とされている。これらの新聞販売部数も考えてみると、読売を除いて最盛期の『週刊少年ジャンプ』600万部にも及んでいないし、朝日はその半分にも至らないということになる。まして電子との戦いとなれば、新聞はコミックに太刀打ちできないであろうし、誰も予想していなかったメディア状況を迎えようとしている。前回のクロニクルで、百貨店の凋落を伝えたが、百貨店、新聞、出版も近代の装置に他ならず、そのいずれもが同じ状況に追いやられているのだ】

〔4〕 三洋堂HDの連結決算は売上高177億9800万円、前年比5・6％減、営業損失は2億5900万円（前年は500万円の利益）、当期純損失は4億9600万円（同2億7500万円の損失）。

部門別売上高は「書店」109億9100万円、前年比10・9％減、「文具、雑貨、食品」17億3700万円、同7・4％減、「TVゲーム」15億7200万円、同64・5％増、「レンタル」12億8600万円、同13・9％減。

【上場ナショナルチェーンにして複合型書店としての三洋堂も2期連続赤字で、ビュッフェ事業や駿河屋のFC業態にも進出しているが、「書店」事業を回復する手立ては見出していない。それは有隣堂も同様で、店売事業本部売上はピーク時から100億円減少し、8期連続の営業赤字であることも明らかにされている。書籍、雑誌売上が減り続ける一方、店舗経費、無人レジ、キャッシュレス手数料などは上昇し、人件費もしかりだ。日経新聞の2023年賃金動向調査によれば、小売業などの非製造業の賃上げ率が3・39％で、1993年以来、30年ぶりの高水準になっている。だが書店はその賃上げ原資も確保することもできないだろう】

〔5〕 KADOKAWAの連結決算は売上高2554億2900万円、前年比15・5％増、営業利益は259億3100万円、同40・0％増、当期純利益は126億7900万円、同9・9％減で、売上高と営業利益は過去最高額。

その要因は「ゲーム事業」で、売上高303億5100万円、同55・7％増、営業利益も14

2億1800万円、同173・4％増。

「出版事業」は売上高1399億9000万円、前年比5・3％増、営業利益は131億5500万円、同24・3％減、紙の新刊点数は5500点、返品率は24％。

【ゲーム事業はフロム・ソフトウェアの「ELDEN RING」のヒットによるもので、KADOKAWAも「映像」「web サービス」に加え、電子書籍、コミック分野へと移行し、書籍市場からテイクオフしつつあるように思われる。4の三洋堂でも「TVゲーム」の成長を見ているけれど、書店シェアは限られていよう。それから24％の低返品率だが、これは取次ルートからアマゾン、TRCの直取引のシェアが高くなっているゆえなのだろうか】

〔6〕　メディアドゥの連結決算は売上高1016億円、前年比2・9％減、営業利益は23億9300万円、同14・9％減、当期純利益は10億5700万円、同33・0％減の減収減益。LINEマンガ移管によって120億円減収となったことによる。

セグメント別では「電子書籍流通事業」売上高は943億3100万円、同4・5％減、セグメント利益は52億4800万円、同9・8％増。

【メディアドゥはクレディセゾンの電子コミックサービス「まんがセゾン」で、5のKADOKAWAのコミック4万冊の配信を開始している。このようにメディアドゥの「電子書籍流通業」はアメーバ状に拡がり、多くの出版社との提携が進んでいるのであろう。それもトーハン筆頭株主というポジションも効力を発揮しているはずだ。めざすところは「電子書籍流通事業」のトーハン化と見なすべきかもしれない。また講談社もアメリカでマンガ配信サービス「K MANGA」を始め、『進撃の巨人』『東京リベンジャーズ』など400作品がラインナップされている】

〔7〕学研HDとポプラ社が出版事業や海外展開を主とする業務提携契約を締結。

【学研HDはベトナムの教育・出版事業の大手でタイやシンガポールでも事業展開しているDTP社と、こちらも業務締結しているので、ポプラ社の児童書もそれらの中に加えられていくのだろう。だが一方で、学研プラスへ「地球の歩き方」などの旅行ガイド出版事業を譲渡したダイヤモンド・ビッグ社は解散に至っている。様々な業務提携や事業譲渡の中で、消えていく会社もあることを伝えていよう】

〔8〕民事再生法を申請していたマキノ出版はブティック社と資産譲渡契約を交わし、ブティック社がマキノ出版の雑誌、書籍、ムックの版権、ウェブサイト事業を引き継ぐ。

【本クロニクル㉗からマキノ出版の民事再生をトレースしてきているが、マキノ出版のグループ会社のマイヘルス社や特選街出版はすでに破産しているので、7のダイヤモンド・ビッグ社と同じく、消えていくことになろう】

〔9〕楽天ブックスネットワークは第9期決算（2022年12月期）を公表。

売上収益39億１７００万円、営業利益1億７５００万円、経常利益2億１６００万円、純利益2億９２００万円。

これは新たな収益認識基準に基づき、収益を総額から純額に変更し、監査法人との協議で「代理人取引」へと移行し、収益認識額は「顧客から受け取る対価から仕入れ先に支払う額を控除した純額」で計上する方式に変更したことによる。

【本クロニクル㉑で、『日経ＭＪ』の「卸売業調査」によるデータを挙げ、売上高は４７７億円で赤字であろうことを報告しておいた。このような「新たな収益認識基準」がトーハンや日販に導入されることはないと思われるが、インボイス制のこともあり、書店も含め、変動することも考慮に入れておくべきかもしれない】

〔10〕『キネマ旬報』は6月20日発売の7月上下旬合併号で隔週刊発行を終了し、月刊化。

近年は上下旬合併号も多くなり、それこそ『キネマ旬報』も存続するためには月刊化に移行せざるをえなかったのであろう。

私も本クロニクル㉖、㉗と続けて取り上げているし、キネマ旬報社の『日本映画俳優全集・男優編』『同・女優編』を始めとする事典類、「映画史上ベスト２００シリーズ」は座右の銘の書として、絶えず参照している。それも本体『キネマ旬報』の長きにわたる持続発行があってのことだと実感しているが、月刊であっても本当に続いてほしいと思う。

折しも詩人で映画監督の福間健二の74歳の死も伝えられてきた。

〔11〕　海野弘が83歳、原尞が76歳でなくなった。
【海野は平凡社の編集者で、多彩な領域を横断する評論家として、ずっと触発される存在であった。愛着があるのは『モダン都市東京』『プルーストの部屋』（いずれも中央公論社）だが、近年は辞書代わりとして、『陰謀の世界史』『スパイの世界史』『ホモセクシャルの世界史』（いずれも文春文庫）の三部作を重宝させてもらっていた。草森紳一に続いて、オールラウンドの評論家としての海野も失ってしまったことになり、それは雑誌の終わりの時代を象徴しているかのようだ。原は実作者として、早川のポケミスと創元推理文庫を出自としていて、同じようにそれらを読んできた私などは面識がなかったけれど、彼に親近感を抱いていた。そうした意味において、二人はまさに「僕の伯父さん」ともいえたのである】

〔12〕　外岡秀俊遺稿集『借りた場所・借りた時間』（藤田印刷エクセレントブックス）読了。
【冒頭の「チョウチンアンコウとAI」を読んだだけでも、外岡が卓越したジャーナリストで、文学者であったことを彷彿とさせる。ちょうどチャットGPTが騒がれ始め、『週刊東洋経済』（4／22）も、チャットGPTの特集を組み、たちまち3刷となっているので、外岡が存命ならば、必ずチャットGPTにも言及したと思われる。外岡の68歳の死は本当に残念だ。私も外岡には二度ふれているが、『借りた場所・借りた時間』の解説は久間十義が寄せていて、私なりのミッシングリンクを理解したように感じられた。なお同書の出版は北海道の印刷所で、取次は神田の専門取次JRCだけなので、書店注文の際にはそのことを伝えたほうがよいと思

われる】

〔13〕『本の雑誌』（4月号）が短歌出版社対談として、藤枝大（書肆侃侃房）と村井光男（ナナロク社）の「この百年で一番、詩歌を読む人が増える時代が来る！」を掲載している。

【この対談は短歌出版の現在について教えられることが多かったのだが、やはりもう一人の死者のことを思い出してしまったので、ここで続けて書いておきたい。それは講談社の元編集者の鷲尾賢也のことで、彼は歌人の小高賢であり、2014年に亡くなり、『出版状況クロニクルⅣ』でその死を追悼している。彼は講談社退職後も、現役の編集者にして歌人だったので、この対談を読んだらどのような感慨を抱いたであろうかと思った。その死からすでに10年近くが経とうとしている】

〔14〕『神奈川大学評論』102号（2023年）の「境界」特集に安彦良和が「百年の今昔―シベリア出兵と満州・ウクライナ」を寄せている。

【これは高橋治の未完に終わった『派兵』（朝日新聞社）を枕として始まり、それを資料として『アフタヌーン』連載中の『乾と巽―サバイバル戦記』（講談社）からウクライナ戦争へと続いている。歴史コミックの実作者ならではのウクライナ戦争論であるし、『乾と巽』はまだ2巻までしか読んでいないので、続けて既刊の巻までは追いかけなければならないと思った次第だ。私も高橋の『派兵』について言及しているし、安彦の『虹色のトロツキー』（中公文庫）や『王

道の狗』（講談社）のファンなので、ここで紹介してみた】

〔15〕『人文会ニュース』（No．143）が届き、菊池壮一の図書館レポート「図書館、出版業界を取り巻く情勢と提案」が掲載されていた。

【このタイトルであるから、必然的に『私たちが図書館について知っている二、三の事柄』への言及もあると考えていたが、まったくない。菊池は元リブロで、他ならぬ中村文孝の弟子だと語っていたし、『文化通信』に長きにわたって「書店員の／図書館員の目」を連載もしている。それなのにこれまで『私たちが図書館について知っている二、三の事柄』に関し、言及もしなければ、取り上げてもこなかったし、今回も同様なのである。ここで彼がTRCに属していることを初めて知ったが、「菊池の私見」だと断っているのだから、テーマからして言及があってしかるべきだろう。このような菊池の対応に関して、私はボクシング用語の「ホームサイド・デシジョン」というタームを想起してしまった。これは勝手に私訳すれば、「出版業界忖度判断」とでも称すべきもので、菊池のみならず、人文会も梓会も同様なのであろう。図書館業界に至ってはいうまでもない。だが1で見ておいたように我々の一冊を直視せずしてこれからの日本の図書館を語ることはできないはずだ】

〔16〕高須次郎『出版権をめぐる攻防』（論創社）が刊行された。

【著者は緑風出版の経営者で、『再販／グーグル問題と流対協』（「出版人に聞く」3）にも示されているように、持続して小出版社の著作権問題に取り組んできた。今回の同書は電子書籍と2014年の著作権法改正をめぐる問題にスポットを当てた記録であり、今後の電子出版問題の基本文献にすえられよう】

〔17〕『日本近代文学館』（No．313）に書肆山田の鈴木一民代表から、書肆山田の刊行物の多数の寄贈が記されていた。

【書肆山田も実質的に廃業したことを意味しているのであろう】

〔18〕今月の論創社HP「本を読む」〈88〉は「高橋徹、現代企画室、山根貞雄『映画狩り』」です。

『新版 図書館逍遥』（論創社）は7月下旬刊行予定。

出版状況クロニクル㉚　2023年6月

23年5月の書籍雑誌推定販売金額は667億円で、前年比7・7%減。

書籍は366億円で、同10・0%減。

雑誌は311億円で、同4・9%減。

雑誌の内訳は月刊誌が252億円で、同6・1%減、週刊誌は58億円で、同0・7%増。

返品率は書籍が40・8%、雑誌が45・9%で、月刊誌は46・3%、週刊誌は44・3%。

いずれも40%を超える高返品率で、23年下半期も高止まりしたままで続いていくように思われる。

〔1〕　トーハンから出版社に対して、トップカルチャーの59店舗が日販、MPDからトーハンへの帳合変更が伝えられてきた。帳合変更は10月1日の予定。

【前回、未来屋書店の日販からトーハンへの帳合変更を取り上げたばかりだ。トップカルチャーのほうも本クロニクル⑳の『日経MJ』の「書籍・文具売上ランキング」第7位、売上高は257億円に及ぶ。はっきりいってしまえば、日販は未来屋とトップカルチャーの2社を合わせ、700億円以上の売上を失うことになる。このような事態はトーハンによる日販の一部吸収合併と見なすべきではないだろうか。ただ問題なのは、こうしたスキームを誰が描いているかにある。2016年の大阪屋と栗田出版販売の経営統合は、『出版状況クロニクルV』でトレースしておいたように、小学館や講談社などの大手出版社によって進められ、19年に楽天ブックスネットワークへと至っている。ところが今回の日販からトーハンの帳合変更の背景はまだ見えてこない。なお未来屋の決算は最終損益9億2800万円の赤字、トップカルチャーの第2四半期の営業損益は1億6600万円の赤字】

〔2〕　CCCと三井住友フィナンシャルグループ（MSFG）は来年春をめどとする「Tポイント」と「Vポイント」の新たな名称を「Vポイント」にすると発表。

【これも本クロニクル㉔などで記述しているが、当初はCCCが6割、MSFGが4割という株式保有スキームだった。だがその後の進展は困難で、とりあえず先行して、新生「Vポイント」が発表されたことになろう。株式のことといえば、1のトップカルチャーの19％を占める第2位株主はCCCだった。だが今回の日販、MPDからトーハンへの帳合変更で、その株式の行方はどうなるのだろうか。また長きにわたるCCC、日販、MPDの三位一体の三位一体も解体過程に入っている。そのことに注視しなければならない】

〔3〕今秋、紀伊國屋書店、CCC、日販が共同仕入れのための新会社を設立すると発表。

【これは紀伊國屋の高井昌史社長のコメントから考えると、3社が新たな取次別会社を設立し、紀伊國屋、CCCのFC書店、日販の子会社書店の1000店がそれに加わるというスキームである。当然のことながら、そこで意図されているのは表層的に1000店のバイニングパワーによる仕入れ正味のダンピングである。つまりMPDをモデルとする特販的出版取次バージョンだと考えるしかない。しかし3社の出自とDNPの相違、1と2でみたような日販とCCCの問題を背景としていることからすれば、スムーズにことが進むとは思われない。日販とCCCはともかく、紀伊國屋のメリットはどこにあるのか、これもはっきりしていない。これも『ブックオフと出版業界』で既述しておいたが、かつて丸善が日販とブックオフと連携し、ブックオフ業態のチェーン化を試みたことを想起してしまった。もちろん失敗に終わったのであるが。またこれも本クロニクル⓰で、講談社、小学館、集英社と丸紅のAI活用のソリューション事業新会社「パブテックス」にふれているけれど、こちらはどうなっているのだろうか】

〔4〕丸善ジュンク堂の第13期決算は売上高663億9100万円、前年比35億円減、営業利益は1200万円、前年比95・7％減、最終損益は1億5900万円の赤字。前期は9000万円の黒字。

【これも本クロニクル㉘で、丸善CHIHDの連結決算にふれ、実質的に赤字だと述べておいたが、その事実が確認されたことになろう。おそらく店舗リストラが始まっていくと考えられる。丸善ジュンク堂の第6期から11期にかけての50億円を超える赤字は、同⑱、日販からトーハンへの帳合変更は同㉒で既述している】

〔5〕 三洋堂HDの加藤和裕社長が2億5900万円の営業損失となった決算説明会を開き、『新文化』（6／1）や『文化通信』（6／6）などによれば、次のように語っている。

複合書店業態にしても、「営業損失となったのは1993年以来、30年ぶり。これは商売をやっている意味がない」「書店は、（本の）メディアとしての力が弱まっている」「この世から複合書店はなくなるのではないか。我々は本を扱っているがゆえに、本と何かを複合させるという発想から脱却できず、赤字を招いた。本にこだわり過ぎた結果、この十数年の低落から抜け出せていない。」

【加藤の言を引いたのは、前回の本クロニクルで三洋堂HDのデータを示したこともあるけれど、三洋堂の1975年の郊外店出店が嚆矢とされているからだ。彼の言葉には地方商店街の書店から、郊外店出店、複合店化、ナショナルチェーン化、株式上場、トーハン傘下書店に至る半世紀の書店の変遷の実感がこめられているように思う。2010年代後半は近隣の郊外ショッピングセンターに三洋堂が出店したこともあり、時々出かけ、その本と雑誌、ビデオとCDのセルとレンタル、古本と雑貨販売などの複合業態を目にしていた。しかし採算ベースにあるとは思えず、それもあってか、数年で撤退してしまった。すでにこの頃から複合書店も行き詰っていたはずだ。それでも三洋堂の株価が900円前後を保っているのは、トーハン傘下にあることに加え、このような前向きの情報開示によっているのであろう。それは日販傘下の文教堂のほぼ40円の株価がまったく動いていないこととは対照的である】

〔6〕日書連加盟店は前年138店マイナスの2665店となった。

【1986年のピーク時には1万2935店あったわけだから、ほぼ5分の1になってしまった。東京は前年13店減の264店。これも前回の「公共図書館の推移」で示しておいたが、22年の全国の公共図書館は3305館であるので、それをはるかに下回るのだ。ちなみに公共図書館は2006年から3000館を超えている。また日書連加盟店が二けたマイナスとなっている県は、岩手、山梨、石川、福井、佐賀、宮崎で、23年はさらに拍車がかかるだろう。出版業界も書店の歴史と構造も知らない国会議員たちによる「街の本屋さんを元気にして、日本の文化を守る議員連盟」（書店議連）を悪質な冗談と見なすしかないのは、その事実に加え、彼ら彼女たちの多くが読書と無縁の存在であるからだ】

〔7〕日販GHDの連結決算は売上高4440億円、前年比12・1％減、営業損益は4億1700万円の赤字。

経常損失は1億5800万円（前年同期は36億4800万円の黒字）。

純損失は2億1800万円（同13億9100万円の黒字）。

日販とＭＰＤの取次事業売上高は４０２３億１４００万円、同12・６％減、金額ベースで５８０億円のマイナスで、営業損益は24億２９００万円の赤字。

小売事業売上高は５３７億２４００万円、同12・８％減で、営業赤字は１億５８００万円（同２億４６００万円の赤字）。

〔８〕トーハンの連結決算は売上高４０２５億５０００万円、前年比６・０％減、営業利益は２億２８００万円、同81・４％減。

純利益は３億１２００万円（前年は16億４８００万円の損失）。

トーハンの単体売上高は３７６８億１１００万円、同６・２％減、営業損益は４億８５００万円の赤字だが、営業外収入によって経常利益８億２３００万円（同17億２９００万円の損失）。

書店事業も10社で１億６６００万円の経常損失。

【日販の商品売上高の５００億円超のマイナスは２７６億円が「書店ルート減収」、84億円が「既存書店売上減少」、90億円が「閉店の影響」、１１０億円が「帳合変更の影響」とされる。

それらのマイナスは「帳合変更の影響」を除いてトーハンも同様であろうし、要するに日販にしても、トーハンにしても、書店の売り上げの減少、閉店と新規出店の少なさが直撃している。

しかし１で示しておいたように、「帳合変更の影響」が本格化するのは今期であることはいうまでもない。またコンビニルートも売上の激減と返品率の悪化によって、運賃コストも捻出できなくなっているようだ】

〔9〕「地方・小出版流通センター通信」（No．562）においても、売上状況がきびしい中での決算が次のように報告されている。コロナ禍も収まり、新刊も増え、総売上高は9億1937万円と前年を上回った。ところがである。

「三省堂神保町本店、渋谷丸善&ジュンク堂の閉店、三省堂池袋店の規模縮小による返品が膨大の量となりました。図書館売上-9.28%、書店売上-28.8%、取次出荷+5.76%で総売上は2・32%増でしたが、粗利益は微々たる増加しかありませんでした。取次出荷においては、昨年に転換した楽天ブックスネットワークのリアル書店取引停止が影響して、昔の規模には戻りません。経費的には、管理費合計が13・99%減でした。営業損失は917万円となり、営業外収入1237万円で埋めて、最終当期利益439万円と、営業内黒字とはほど遠く、厳しい決算数字です。」

【大手取次と規模は異なるにしても、現在の取次状況がそのままリアルに語られているといっていい。さらに今期は八重洲ブックセンター本店の閉店に伴う返品も生じるであろうし、それに丸善ジュンク堂のリストラも重なってくるかもしれない。そういえば、中村文孝『リブロが本屋であったころ』（「出版人に聞く」4）で語られていたように、地方・小出版社流通センターが発足したのは1976年で、それは5の三洋堂の郊外店出店と同時期だったことになる。このところ、コミックや写真集に関して書いているのだが、そのうちの多くが地方・小出版流通センターを経由していたことに気づく。それに多くのリトルマガジンの創刊とその流通を担ったのは同センターに他ならず、もう忘れられているかもしれないが、『本の雑誌』にして

もそうだったのである】

〔10〕小学館の決算は総売上高１０８４億７１００万円、前期比２・６％増。経常利益73億１００万円、同18・４％増、当期利益61億６２００万円、同２・８％増の増収増益。

総売上高のうち出版売上は４３３億４６００万円、同７・９％減、その内訳は雑誌が１５１億９４００万円、同10・７％減、コミックスが１３０億２９００万円、同10・６％減、書籍は１５１億２３００万円、同２・１％減のいずれもがマイナスで、版権収入も１０６億５７００万円、同５・２％減だが、広告収入は92億７６００万円、同１・５％増、デジタル収入も４５１億９２００万円で18・０％増。

【前回の本クロニクルで、ＫＡＤＯＫＡＷＡの決算において、「ゲーム事業」が好調であることを伝えたばかりだ。小学館の場合も、出版物売上はコミックスすらマイナスだが、デジタル収入のプラスが大きく、増収増益となっている。結局のところ、小学館もＫＡＤＯＫＡＷＡも書店市場からテイクオフしつつあり、それは講談社、集英社も同様だ。かくして書店市場とともに歩み、成長してきた大手４社にしても、紙ではなく、デジタル分野へと移行しつつあることを告げていよう】

〔11〕『週刊東洋経済』（５／27）が特集「アニメ熱狂のカラクリ」を組んでいる。そのリードは

次のようなものだ。

「10年で市場は2倍以上に拡大―アニメは今の日本で希有な成長産業だ。動画配信の普及、アニメ映画のヒット連発で、世界に商機が広がる中、企業は投資を加速させる。出資者と制作者との不釣り合いな収益分配など、長年の課題を抱えながらも、熱狂が続く。そんなアニメマネーから目が離せない。」

【この特集は世界市場規模とその広がりから、アニメ制作の現場、声優たちの過酷な境遇に至るまでを取材し、私のような門外漢でも教えられることが多かった。とりわけ「出版社がボロ儲け狂乱のＩＰ（漫画の知的財産）バブル」は、コミックスとアニメのメディアミックスによる版権収入が集英社、小学館、講談社の業績を支えていることを明らかにしている。それが現在の大手出版社のトレンドなのだ。私のアニメは１９９５年の押井守監督の『ＧＨＯＳＴ ＩＮ ＴＨＥ ＳＨＥＬＬ／攻殻機動隊』あたりで止まっているので、その後のアニメを観ていない。反省しなければならない】

〔12〕 国会図書館のデジタル化事業のもとで、図書館が所蔵資料の一部分をメールなどで利用者に送信できる新制度が6月1日に施行された。
これは改正著作権法に基づき、流通している本もパソコンなどで読めるようになり、権利者保護のために1冊の1部分に対し、最低５００円の補償金額が必要とされる。

【これと関連して、日本出版著作権協会（ＪＰＣＡ）が「国会図書館のデジタル化事業についてここで一旦立ち止まるべきであると考える」という声明を発表し、国会図書館と文化庁著作権課に送付している。これは前回の本クロニクルで挙げた『出版権をめぐる攻防』の緑風出版の高須次郎によるもので、同書と併読されれば、著作権法とデジタル化の問題のコアの在り処がわかるであろう】

〔13〕日本図書館協会が全国の都道府県知事や市長に対し、公立図書館に勤める非正規職員の処置改善を求める要望書を送付。

【これは『東京新聞』（6／7）などで大きく報道されている。だが発端は『私たちが図書館について知っている二、三の事柄』において、「官製ワーキングプアの実態」が広く知られたことで、日本図書館協会がアリバイ工作的に出したとしか考えられない。このような要望書の送付とマスコミ発表によって、公共図書館における、その76％に及ぶ非正規職員の処置が改善されるわけでもないことは自明であるからだ。それに司書資格取得が「資格トレトレ詐欺」に近いと指摘されたことにも起因しているのだろう】

〔14〕『新文化』（6／1）が「『インボイス制度』出版業界の対応は?」という一面特集を掲載している。

「インボイス制度」とは「適格請求書等保存方式」のことで、事業者が消費税の控除や還付を受ける際に、課税事業者のみが発行できる適格請求書が必要となる。

出版業界では著者、翻訳者、ライター、デザイナーなどのフリーランスで、年間1000万円以下で消費税納税を免除されてきた事業者が多く、その対応に追われている。

この特集ではいち早く「インボイス制度反対」声明を出していた日本出版者協議会の水野久会長（晩成書房）を中心として特集が組まれているので、彼の言を引いておく。

「誰が納税するかを民間に決めさせるもの。本づくりに携わる現場の人間を対立させ、負担を強いる。出版文化にとって、なにひとついいところのない制度です。

問題ばかりの制度だが、仕組みが煩雑で、正確に理解している人は多くない。十分に周知されていないのです。

出版に携わる個人事業主はいま、業界がどのような方向に進むのか不安を感じている。彼らと密に連携し、本づくりをしてきた中小出版社団体である私たちは、意思表示する義務がある。」

【本クロニクル⑲で、日本漫画家協会のインボイス制度の反対声明を既述しているし、9の地方・小出版流通センターも、取引出版社の多くが免税事業者となる可能性が高く、対応に苦慮していると述べているが、本当に10月からのインボイス制度実施は中小出版社を直撃するので、そのために廃業や倒産に追いやられるところもでてくるとも考えられる】

〔15〕『週刊朝日』（6／9）が表紙に「101年間、ご愛読ありがとうございました。」の言葉を付し、休刊となった。

【あらためて考えてみると、朝日新聞社の場合、1990年に『アサヒグラフ』、92年に『朝日ジャーナル』が休刊となっている。『朝日ジャーナル』の創刊は59年だから、朝日新聞社には戦後になって一般週刊誌の『週刊朝日』、報道写真誌『アサヒグラフ』、政治、思想誌としての『朝日ジャーナル』の週刊誌3派鼎立時代を迎え、それが30年近く維持されてきた。その全盛は60年代から70年代にかけてであろう。それは言い換えれば、新聞と週刊誌の蜜月の時代だったが、再販制と宅配の新聞販売店によって営まれてきたのである。ところがデジタル化の時代を迎え、『週刊朝日』も休刊となってしまった。『朝日ジャーナル』の場合、休刊後の93年に『朝日ジャーナルの時代』という大冊アンソロジーが編まれ、刊行されたが、『週刊朝日』はすでに『「週刊朝日」の昭和史』全5巻が出版されているので、平成における試みはなされないままに忘れられていくように思える】

〔16〕『東京人』（7月号）が特集「僕らが愛したなつかしの子ども雑誌」を組んでいる。

【大手出版社の児童雑誌にもっと照明が当てられるべきだと常々思っていたので、時宜を得た企画である。山下裕二が語る「学年誌の表紙画家玉井力三」の再発見もうれしい。それにこの特集は「学年誌のターニングポイント」と「出版史」の二本を受け持っている野上暁からのサジェッションを多く受けていると思われる。野上暁『小学館の児童書と学年誌』（「出版人に聞く」18）に語られているように、野上は実際に『小学一年生』の編集長を務め、しかも長きにわたって学年誌と児童書、及び児童文学の最前線にもいたので、こうした特集には不可欠の人物だったのである。この特集を読むことで、同書において聞きそびれてしまった多くが想起され、後悔の念にかられるけれど、こうした機会を得て、野上がそれらの欠落を埋めてくれれば、何よりだと思う】

〔17〕 バルザック原作のフランス映画『幻滅』を観てきた。
【それはかつて私が40ページほどの「バルザック『幻滅』の書籍商」(『ヨーロッパ本と書店の物語』所収)の一編を書いていたことにもよっている。この『幻滅』は19世紀前半のフランスの出版業界を舞台とするもので、映画のほうでは描かれていないが、当時の出版業界の実相を浮かび上がらせて興味深い。そのこともあって既訳では意味不明なところもあり、該当部分は私訳している。主人公の文学志望者リュシアンは取次において、出版者と取次仕入れ担当者との会話を耳にする。拙著の72、73ページに示しておいた。それは少しばかり我田引水的に日本の出版取引用語を当てはめているけれど、このように解釈すると、フランスの当時の出版社と取次の実態が明らかになってくる。ただ残念なのは映画において、これらのシーンは省かれていることで、その理由は新聞ジャーナリズムのほうに焦点が当てられたことによっている。拙訳も読んでほしいのだが、それらも残念なことに品切である。それでも図書館にはあるだろうし、映画のほうを観て、興味を覚えて読んで頂ければ幸いだ】

〔18〕 椎根和『49冊のアンアン』(フリースタイル)読了。

【『幻滅』の後にはこれを推奨するしかない。1970年に創刊された『anan』を語ってすばらしい一冊で、椎根こそは銀座の雑誌編集の快楽を教えてくれる比類なき編集者であることが実感される。私たちは書籍編集しか知らない貧しい編集体験しかないからだ。それゆえに『私たちが図書館について知っている二、三の事柄』においても、椎根の『銀座Hanako物語』(マガジンハウス)を雑誌バブルと消費社会の快楽を描いた一冊として、絶賛しておいたが、そのプレリュードが『anan』だったとわかる。『anan』とは女性ファッション誌をよそおっていたけれど、本格的な消費社会の訪れの中でめばえつつあった写真とファッションの狂気と愛を表出させようとしていたのである。謎のようでもあり、アナーキーな編集者としての椎根は堀内誠一と女性たちのみならず、多くの写真家、デザイナー、編集者たちを召喚することで、それを実現したといえよう】

〔19〕 股旅堂『古書目録』27が届いた。

今回の特集は「明治大正昭和売春史考～遊郭/公娼/私娼/吉原/玉の井/赤線…」である。

【股旅堂は本クロニクル⑳の風船舎と同様に、古書目録を送られるたびに紹介してきた。それはいつもテーマ別の厚い編集によって、必ずひとつの分野のアーカイブを形成していたからである。そのことを通じて、公共図書館の日本十進分類法とはまったく異なる書物群とその宇宙が出現している。図書館が購入先となっているかは不明だが、今回の股旅堂『古書目録』の後記には「公費・経費で御購入下さるお客様へ」として、「インボイス(適格請求書)発行事業者となる申請を見合わせる予定」だという告知がなされている。中小出版社、地方・小出版流通センターのみならず、古本屋もインボイス制度に苦慮しているとわかるし、目録販売に関しても重大な問題となっているのだ】

〔20〕『新版 図書館逍遥』は7月3日発売予定。

論創社HP「本を読む」〈89〉は「冨士田元彦『さらば長脇差』と大井広介『ちゃんばら芸術史』」です。

出版状況クロニクル㉛ 2023年7月

23年6月の書籍雑誌推定販売金額は792億円で、前年比8・1％減。

書籍は420億円で、同4・7％減。

雑誌は371億円で、同11・7％減。

雑誌の内訳は月刊誌が313億円で、同11・1％減、週刊誌は58億円で、同15・0％減。

■ 2023 年上半期 推定販売金額

月	推定総販売金額		書籍		雑誌	
	（百万円）	前年比（%）	（百万円）	前年比（%）	（百万円）	前年比（%）
2023 年 1 ～ 6 月計	548,151	▲ 8.0	328,416	▲ 6.9	219,735	▲ 9.7
1 月	77,673	▲ 9.0	47,441	▲ 7.0	30,232	▲ 11.9
2 月	99,792	▲ 7.6	63,424	▲ 6.3	36,368	▲ 9.7
3 月	137,162	▲ 4.7	90,558	▲ 4.1	46,604	▲ 5.7
4 月	86,595	▲ 12.8	48,350	▲ 11.6	38,245	▲ 14.2
5 月	67,725	▲ 7.7	36,625	▲ 10.0	31,101	▲ 4.9
6 月	79,203	▲ 8.1	42,019	▲ 4.7	37,185	▲ 11.7

返品率は書籍が41・5％、雑誌が48・4％で、月刊誌は41・6％、週刊誌は48・4％。

いずれも40％を超える高返品率は2ヵ月連続で、月を追うごとに売上が落ちこみ、それが返品率の上昇へとリンクしているのだろう。

それだけでなく、売上の低迷による書店返品の増大、及び書店閉店で生じる返品量も重なっていると判断できよう。

---

〔1〕 出版科学研究所による23年上半期の出版物推定販売金額を示す。

【上半期の出版物推定販売金額は5481億円、前年比8・0％減、書籍は3284億円、同6・9％減、雑誌は2197億円、同9・7％減。これに高返品率を重ねれば、下半期は最悪の出版状況を招来しかねないところまできているように思われる。ちょうど1年前の本クロニクル⑲において、取次と書店は体力の限界にきていると指摘しておいたが、まさに正念場を迎えているといっても過言ではない】

〔2〕『出版指標年報2023』が日本出版インフラセンター、書店マスタ管理センターによる、23年3月28日時点の書店総店舗数は1万1149店、前年比457店減、坪あり店舗数は8478店、同328店減というデータを報告している。

【つまり実質的に書店は1万店どころか、8500店を下回っていることになり、1960年代の2万6000店の3分の1になってしまったことになる。しかも6月の書店閉店数は62店に及び、TSUTAYAの大型店7店の他に、西友の9店が目立つ。前者は複合型書店、後者はスーパー内書店がもはやビジネスモデルとしての限界状況にあることを告げている。こうした閉店状況はまだ続いていくことは必至で、年内には8000店を割りこんでしまうだろう。トップカルチャーが不採算の10～20店を閉店、八重洲BCの赤字1・9億円なども伝えられている】

〔3〕 名古屋のちくさ正文館が7月末で閉店。

『中日新聞』を始めとして、多くの記事などが出されているが、出版業界の切実な声を代表するものとして、「地方・小出版流通センター通信」（No．563）を引いておく。

「3月の通信で、鳥取の定有堂の閉店を伝えましたが、今度は、名古屋の老舗ちくさ正文館の閉店（7月末）を伝えることになるとは思いもよりませんでした。当センター発足以来、扱い出版物に注目し、数多く仕入れてくれていた書店です。人文書を中心とした品揃えには定評があり、全国に知れ渡っていました。1961年創業で、約400平方メートルの店内に6万冊の本が並んでいます。古田一晴店長の仕入れの眼が光り、研究者や文筆家にも一目置かれてきました。約20年前から売り上げが縮小、建物の老朽化、諸経費の高騰、コロナ禍による来店者減が追い討ちをかけ、閉店を決めたそうです。寂しく、残念です。」

【閉店に合わせて皮肉な偶然といえるかもしれないが、古田一晴『名古屋とちくさ正文館』（「出版人に聞く」11）は重版したばかりで、在庫がある。読んで頂ければ、古田とちくさ正文館閉店に際しての何よりの手向けとなろう】

〔4〕日販グループで書店事業を担うブラス、リブロプラス、積文館書店、Y・space の4社は10月1日付で合併し、新たにNICリテールズを設立。

同グループのいまじん白揚も含め、出版社やメーカーの仕入取引窓口は新会社に一本化されるが、各社の屋号は継承し、教科書販売と図書館業務は既存法人が存続して継承する。

【前回の本クロニクルで、日販の小売り事業の営業赤字が1億5800万円だと既述しておいたが、4社の書店事業と仕入取引窓口の一本化によって、少しでも正味を改善しようとする試みであろう。しかしそのかたわらで、不採算店は増え続けるだろうし、店舗リストラは避けられず、その閉店に伴うコストは多大なものとなってしまうだろう。それでいて、教科書販売は既存法人が存続して担うということになり、これも奇妙な会社分割のかたちであり、各都道府県の教科書取次会社との関係はどうなっていくのだろうか】

〔5〕ＣＣＣの第38期決算は７０３億６００万円、前年同期比２・１％減、営業利益は前期比２倍の13億２２００万円、経常利益は13億４７００万円（同46・１％減）。特別利益は２１６億３００万円、特別損失１２３億９８００万円、当期純利益は１０５億３６００万円で、２期連続１００億円を超えた。

連結売上高は１０８６億７７００万円、同40・３％減、営業利益は11億４２００万円、同23・３％増の減収増益。特別損失は２１６億７４００万円、純損失は１２９億９６００万円、前期は98億３６００万円の黒字。

【これは『文化通信』（7／4）の記事に基づくが、このようにＣＣＣが決算を公表したのは初めてではないだろうか。この決算データに象徴されるように、ＣＣＣとその周辺が喧しい。前回の本クロニクルで、ＣＣＣと三井住友フィナンシャルグループの「Ｖポイント」、ＣＣＣ、紀伊國屋書店、日販の新たな取次別会社設立発表、ＣＣＣの最大のＦＣトップカルチャーの日販からトーハンへの帳合変更を伝えている。今月もＣＣＣはＵ－ＮＥＸＴと提携し、動画配信なども利用できるサービス「ＴＳＵＴＡＹＡプレミアＮＥＸＴ」を開始し、その子会社カルチュア・エンタテインメントは雑誌『季刊エス』『ＳＳ（スモールエス）』をパイインターナショナルに事業譲渡し、また学研ＨＤと資本業務提携契約を締結している。ＣＣＣ＝ＴＳＵＴＡＹＡ、日販とＭＰＤはどこに向かっているのか。その後ＭＰＤはＦＣ事業と卸事業を統合した新たな共同事業会社カルチュア・エクスペリエンスと社名変更し、10月1日に始動と発表した】

〔6〕 書協の会員社の近刊情報誌『これから出る本』は12月下期号で休刊。22年度は23回発行し、合計掲載点数は2955点、のべ出版社数947社、1号あたり平均販売部数は8万1000部で、掲載点数と販売点数の長期的減少に歯止めがかからなかった。

【正直にいって、まだ出ていたのかという感慨しか浮かばない。1976年の創刊であるから、よくぞ半世紀も続いたというべきだろう】

〔7〕『読売新聞オンライン』(6/26)によれば、北九州市の市立若松図書館の指定管理者である日本施設協会が、22年度の貸出冊数を水増しし、不正に2万冊増やしていた。他の市立図書館管理者の選にもれたことが原因で、危機感から不正を行なったという。

【本クロニクル㉙で、図書館個人貸出数が21年の5・4億冊に対し、22年は6・2億冊と回復していることにふれておいた。20年は6・5億冊だったのである。若松図書館のような不正貸出冊数の増加による回復とは思えないにしても、実際に多くの図書館で、そうした改竄が行なわれれば、確かに数字は変わってしまうだろう。『私たちが図書館について知っている二、三の事柄』では日本施設協会を挙げていないけれど、全国的に見るならば、それこそ私たちが知らない指定管理者も多く存在していると考えられる】

〔8〕『FACTA』(8月号)が井坂公明「『夕刊廃止』へ舵切った日経新聞」を発信している。

【新聞の夕刊廃止に関しては、本クロニクル㉕で、『静岡新聞』の3月末での夕刊廃止を伝えておいた。同紙はセット購読だが、朝、夕刊ともに50万部を超え、地方誌では唯一の存在ではないかとされていた。それが購読料3300円のままで夕刊を廃止したところ、どうなったのかを記しておきたい。私は『朝日新聞』をとっているのだが、郵便と重なるので、新聞配達のバイクとよく出会う。すると『静岡新聞』の夕刊廃止以来、夕刊の配達部数が月を追うごとに少なくなり、現在ではバイクのカゴの夕刊がかつての5分の1以下に減ってしまった。いやそれ以上かもしれない。そのために配達時間が30以上早くなってきている。そこで注視してみると、近隣で夕刊をとっているのは私だけになってしまったようなのだ。隣人も『静岡新聞』をとっていたけれど、夕刊廃止に伴い、この際だから止めてしまったとのことで、どうもそれが周囲でも連鎖して起きたようなのである。だから県全体で考えれば、朝刊も同様に減少したはずだ。また別のところで、新聞配達の人の収入が急速に減り、他にもアルバイトをしないとやっていけないとの声も聞こえてきた。これは地方紙『静岡新聞』夕刊廃止がもたらした卑近な例だが、全国紙の場合はどうなるのだろうか】

〔9〕『世界』（8月号）で、最後の編集長渡部薫が「『週刊朝日』のカーテンコール」を語っている。

渡部によれば、編集長に就いた2021年4月時点で、「収益悪化の構造はすでに限界」であり、「刷れば刷るほど赤字」の状態に陥っていたという。

【前回の本クロニクルでも、『週刊朝日』休刊にふれているが、この渡部の言を凋落してしまった雑誌状況に当てはめてみれば、「収益悪化の構造はすでに限界」に達し、「刷れば刷るほど赤字」の雑誌も多くあると推測できよう。そのことに関連して、渡部の別の言も引いてみる。「メディアの終焉は、そこで働く契約スタッフにとって職場の消滅ということだ。週刊朝日では「常駐フリー」と呼ばれる業務委託契約記者一三人とも契約を打ち切った。三〇年以上、携わったデザイナーも、DTPも、校閲にも、大きな犠牲を強いた。私も出来得る限りの伝手《つて》を頼ったが、芳しい結果につなげられなかった（後略）」。そういうことなのだ。現在の出版業界において、ひとつの雑誌の終わりは多くの難民にも似た存在を派生させてしまうし、次なる雑誌を見つけることが困難になっている。それは出版社のみならず、取次や書店においても同様であるのだ】

〔10〕書店で『昭和40年男』（8月号）が特集「俺たちの読書」、『クロワッサン』が特別編集「すてきな読書」であるのを見つけ、購入してきた。

【私は『昭和40年男』を初めて買ったが、「Born in 1965」ではないけれど、昭和40年代を学生として過ごしているので、このような切り口の読書特集もあることを教えられた。好企画だと思うし、これは本クロニクル㉖で既述しておいたが、『昭和40年男』がヘリテージに継承され、9の『週刊朝日』と異なり、休刊にならなくてよかった。この特集には編集者たちのそうした思いも反映されているはずだ。またここに出てくる『人間の証明』の森村誠一の死も伝わってきた。『クロワッサン』のほうで読んでいたのはラーラ・プレスコット『あの本は読まれているか』(吉沢康子訳、創元推理文庫)の一冊だけで、この特集分野における不明を恥じるしかない。そういえば、『あの本は読まれているか』はパステルナークの『ドクトル・ジバゴ』のことなので、DVDは観てみようと思っているうちにすでに半年が経ってしまった。そのようにして、老いの時間は過ぎていくのだろう】

〔11〕岩田書院から『図書目録』と共に、「創立30周年記念謝恩セール本体価格の2割引+税」の案内が届いた。

そこには『新刊ニュース裏だより』(2023年6月)も添えられ、次のように記されていた。

「現在の在庫総冊数は7万6000冊。毎月の倉庫代だけでも30万円。このほか、取次店への出荷と、個人直送や、新刊の献本発送まで倉庫会社に依託しているので、その経費も含めると、毎月50~60万円になります。

年間の売上げが1億円以上あったときは、この経費はそれほどの負担ではなかったのですが、いまは年間売上げが5000万円以下になっているので、かなりの負担になっています。そこで、この際、一気に在庫を減らしたい。事情をご理解ください。」

【岩田書院は1993年に創業し、「ひとり出版社」ならではの歴史、民俗書を中心として、2023年6月時点で、トータルして1161点を刊行している。あらためて目録を繰ってみると、こういう言い方は適切ではないけれど、岩田書院がなければ上梓できなかったであろう多くの研究書、史資料を目にする。とりわけ地方の歴史、民俗研究者にとって、岩田書院は頼りになる版元であっただろうし、私の知人たちも実際に世話になっている。だがその岩田博も23年に「人生で初めて入院・手術」とあり、「次のセールは、岩田書院の廃業時期になるかもしれない。それは、いつ？」ともらしていることも付記しておこう】

〔12〕　駒場の河野書店から暑中見舞代わりにと、明治古典会『七夕古書大入札会』目録を恵送された。

【その1の「文学作品」は近代文学の初版が勢揃いし、目の保養をさせてくれる。それはともかく意外だったのは3の「漫画・アニメ」で、明治古典会でも、これらが不可欠の分野になってきているのだろう。これは最近の古本屋の光景だったが、筑摩書房の『明治文学全集』の多くが50円均一で売られていたことに対し、通常のコミックのほうは１００円となっていたことにはいささか驚かされた。だがそれが現在における出版物の事実なのだ】

〔13〕　坂本龍一追悼特集が『新潮』『芸術新潮』『キネマ旬報』などで組まれている。

【しかし誰も坂本が出版社を立ち上げていたことにはふれていないので、そのことを書いておく。坂本は１９８４年に本本堂という出版社を興し、冬樹社を発売元とし、高橋悠治との共著『長電話』やカセットブックを刊行し、本格的な出版活動にも乗り出すつもりでいたようだ。そのための出版企画、刊行予定書目として、『本本堂未刊行図書目録』（「週刊本」シリーズ、朝日出版社）も出されたのだが、実現に至らなかった。その未刊行本リストは80年代を象徴して

いる。興味があれば、そちらを見てほしい】

〔14〕 平凡出版（現マガジンハウス）の木滑良久が93歳で亡くなった。

彼は『週刊平凡』『平凡パンチ』『anan』などの編集長を務め、『POPEYE』や『BRUTUS』を創刊している。

【前回の本クロニクルで、『anan』創刊号に携わっていた椎根和の『49冊のアンアン』に言及したが、平凡出版こそは戦後の高度成長期とともに歩んだ雑誌出版社であり、自由でアナーキーなひとつの「想像の共同体」だったようにも思える。木滑や椎根はその体現者的な存在であった。たまたま木滑とほぼ時を同じくして、義母が96歳で亡くなり、その遺品の書籍に混じって『週刊平凡』最終号（1987年10月6日号）があり、もらってきた。義母と木滑は同世代であり、義母が『週刊平凡』を愛読していたとは思えないが、この雑誌はその時代を共有するものだったと考えられる。このようにして、かつての「国民雑誌」の時代も終わっていくのであろう】

〔15〕 新聞の訃報記事で、漫画家、タツノコプロ元社長の九里一平の83歳の死を知った。

【ミラン・クンデラの死について書くつもりでいたが、ここでは九里にふれておきたい。おそらく私しか書かないと思われるからだ。九里のことは小学生の頃に読んだだけで、ずっと失念していたのだが、川内康範原作『アラーの使者』の漫画家だったのである。それを確認したのは2010年に刊行された『アラーの使者（完全版）』（「マンガショップシリーズ」359、パンローリング発売）によってだった。なぜこの『アラーの使者』に注視したかというと、川内こそは戦前のスメラ学塾の通俗的な後継者であり、それがタイトルに象徴されているからだ。ちょうど五味康祐が日本浪曼派の後継者だったように。それゆえに漫画であったにしても、1950年代における川内と久里のコンビはそれなりの時代的意味が秘められていたのではないだろうか。だがこの頃、「マンガショップシリーズ」を書店で見かけない。どうなったのであろうか】

〔16〕『新版 図書館逍遥』は7月上旬発売。
『近代出版史探索Ⅶ』は編集中。
論創社HP「本を読む」〈90〉は「桜井昌一『ぼくは劇画の仕掛人だった』」です。

出版状況クロニクル㉜　2023年8月

23年7月の書籍雑誌推定販売金額は738億円で、前年比0・9%減。

書籍は388億円で、同2・2%減。

雑誌は350億円で、同0・5%増。

雑誌の内訳は月刊誌が293億円で、同3・2%増、週刊誌は56億円で、同11・7%減。

返品率は書籍が41・0%、雑誌が42・9%で、月刊誌は42・0%、週刊誌は47・1%。

雑誌のプラスは22年8月以来11ヵ月ぶりだが、コミックスの『ONE PIECE』『呪術廻戦』『キングダム』『【推しの子】』（いずれも集英社）『ブルーロック』（講談社）の新刊が出されたことによっている。

しかし雑誌の40%を超える返品率はまったく改善されておらず、雑誌販売金額もコミック次第という状況が続いている。


【1】『日経MJ』（8／2）の「第51回日本の専門店調査」が出された。そのうちの「書籍・文

■書籍・文具売上高ランキング

順位	会社名	売上高（百万円）	伸び率（%）	経常利益（百万円）	店舗数
1	紀伊國屋書店	96,885	–	1,064	67
2	ブックオフコーポレーション	81,121	–	1,264	–
3	丸善ジュンク堂書店	66,391	▲ 5.1	–	–
4	有隣堂	52,216	▲ 21.9	514	59
5	未来屋書店	45,193	–	–	236
6	トップカルチャー（蔦屋書店、TSUTAYA）	20,467	–	▲ 199	64
7	ヴィレッジヴァンガード	19,927	–	198	–
8	精文館書店	19,300	▲ 12.6	162	49
9	三洋堂書店	17,584	▲ 6.4	▲ 187	73
10	文教堂	15,845	▲ 10.4	120	91
11	リブロプラス（リブロ、オリオン書房、あゆみ BOOKS 他）	15,717	–	▲ 81	82
12	リライアブル（コーチャンフォー）	14,221	0.6	412	11
13	大垣書店	12,736	▲ 2.3	94	44
14	キクヤ図書販売	10,175	▲ 5.8	–	36
15	ブックエース	8,768	▲ 2.5	127	31
16	オー・エンターテイメント（WAY 書店）	8,371	▲ 6.6	5	67
17	勝木書店	4,937	▲ 9.9	127	15
18	成田書店	1,166	▲ 7.3	–	4
–	カルチュア・コンビニエンス・クラブ（TSUTAYA、蔦屋書店）	108,677	▲ 40.3	5,390	–
–	くまざわ書店	42,581	▲ 4.9	–	238
–	三省堂書店	18,800	▲ 5.8	–	24
–	ゲオストア（ゲオ）	197,274	4.6	3,335	1,089

具売上高ランキング」を示す。

【今回の調査において、「書籍・文具」部門にコメントが付されていないことに加え、「業種別売上高の増減率」表にも明らかなように、23業種のうち19業種が増収となっているが、「書籍・文具」は最下位で、減収が20%近くに及び、突出した最悪の状況を迎えている。それはとりわけCCCに顕著で、40・3%減に象徴されている。しかも今回の売上高計上は会計ルール「収益認識に関する会計基準」が適用されたことにもよっている。そのために近年はずっとトップを占めてきたにもかかわらず、「連結適用」となり、番外に置かれている。それはくまざわ書店、三省堂書店も同様である。もはや、「書籍・文具」部門は専門店調査の対象からも外されていく時代へと向かっているようだ】

〔2〕　トップカルチャーは第三者割当増資で、6億7000万円を調達する。

割当先はトーハンでトップカルチャー株式の22%を占める筆頭株主となる。

【本クロニクル㉚で、トップカルチャーの日販、MPDからトーハンへの帳合変更を伝えたばかりだが、その条件のひとつが、この第三者割当増資だったことになろう。その一方で、26年までに19店の撤退を検討中とされる。このような事態はトーハンによる日販の一部吸収合併ではないか、またCCC、日販、MPDの三位一体の関係も解体過程に入っているのではないかとも記述しておいた。それにトップカルチャーは1の「売上高ランキング」で6位であり、7位の精文館書店、16位のオー・エンターテインメントにしても、CCCのFCであるから、これ

らの行方も気にかかる。さらに付け加えれば、10位の文教堂は日販が筆頭株主となっているが、こちらもどうなるのか】

〔3〕 ＭＰＤが10月からカルチュア・エクスペリエンスへと社名変更し、ＣＣＣのＦＣ事業とＭＰＤの卸売事業を統合する。

代表取締役会長は日販ＧＨＤ執行役員、ＭＰＤ社長の長豊光、代表取締役社長にはＣＣＣの執行役員、ＴＳＵＴＡＹＡ事業総括の鎌浦慎一郎が就任。

【本クロニクル㉚で、紀伊國屋書店、ＣＣＣ、日販が共同仕入れのための新会社を設立することにふれておいたが、ＭＰＤの社名変更とＣＣＣのＦＣ事業の統合はそれに向けてのＭＰＤの切り離しのように思える。当初は三社による共同仕入れ会社の設立は紀伊國屋、ＣＣＣのＦＣ書店、日販子会社書店の統合による仕入れ正味のダンピングが目的ではないかと考えられた。しかしカルチュア・エクスペリエンスの業態からすれば、ＴＳＵＴＡＹＡと日販子会社書店の紀伊國屋への統合が狙いではないだろうか。つまり丸善とジュンク堂が統合し、丸善ジュンク堂が誕生したように。だが問題なのは丸善ジュンク堂の場合はスポンサーとしてのＤＮＰが存在したが、日販がその役割を果たすのは難しい。それとも背後に思いがけないスポンサーが控えているのだろうか】

〔4〕 『新文化』（8／3）が「ＣＣＣの代表兼ＣＯＯ高橋誉則氏に聞く」として、「ＣＣＣのエン

ジンは人」の大見出しでの一面インタビューを掲載している。それを要約してみる。
＊紀伊國屋書店との対話を重ねる中で、書店の粗利改善に着手するという方向性を確認し合った。
＊そのためにＣＣＣが培ってきた知的資本を業界のために提供したい。
＊紀伊國屋、日販との新会社のイメージは取次が担ってきた商流・物流機能のうちの商流機能の一部を引き継ぎ、出版社と書店が直接対話できる場を作る。
＊書店は買切条件も含めて、従来とは異なるコミットメントを求められるし、出版社もそれに合わせ、流通条件を考える必要がある。
＊これからのＣＣＣグループの全体事業像は知的資本カンパニーで、事業化されるような企画を生み出す企画会社にして、世の中に出したプロダクトやサービスをイノベーションしていく事業会社である。
＊書店分野でいえば、今一度直営店の役割を「我々の挑戦の舞台」と定義し、それを見たＦＣ企業が社会的に価値がある、面白い、儲かるなどと評価されるのが一番大事だ。
＊今後の複合書店業態は集客と出版物との偶然の出会いをどのように提供するかの両方を頑張らなければならない。また販売行為だけでなく、時間の過ごし方、人との出会いを書店の中に組みこんでいけるかも大事だ。
＊収益に関しては返品制のままでは利益率を上げようとすると、誰かがしわ寄せを食うので、出版社、取次、書店の各プレイヤーが少しずつ自分たちのやり方や考え方を変え、新しい収

■電子出版物販売金額　（単位：億円）

	2022年 1～6月期	2023年 1～6月期	前年同期比（%）	占有率（%）
電子コミック	2,097	2,271	108.3	89.3
電子書籍	230	229	99.6	9.0
電子雑誌	46	42	91.3	1.7
電子合計	2,373	2,542	107.1	100.0

益モデルを作らなければならないし、新会社設立の目的もそこにある。

【まだ続いているけれど、何も語っていないに等しい話と要約をさらにたどることは苦痛なので、ここで止める。それゆえに前回の本クロニクルで示しておいた第38期決算の特別損失や特別利益に関しては「詳細は基本的に非開示」とされている。またこれも本クロニクル㉚で取り上げたSMBCとの「Vポイント」化も、「詳細は基本的に非開示」のままで、肝心のことには何も言及されていない。おそらく1、2、3のCCC状況の中において、否応なく発言を強いられる新社長というポジションに置かれているので、このようなインタビューを受けざるをえなくなったと推測される。7月もTSUTAYAの大型店の閉店は6店を数えている】

〔5〕　出版科学研究所による23年上半期の電子出版市場を示す。

【上半期電子出版市場は電子コミックをコアとする2542億円、同8・3％増だが、電子書籍、電子雑誌は前年に続いていずれもマイナスで、やはり電子出版市場自体がコミック次第ということになる。電子コミックは各ストアの販売施策、オリジナル作品の強化、縦スクロールコミックの伸長などによって成長が続いているとされる】

〔6〕『文學界』が9月号から電子版化。

【私は『文學界』連載のリレーエッセイ「私の身体を生きる」を愛読していて、8月号の鳥飼茜「ゲームプレーヤー、かく語りき」はとても考えさせられた。私は鳥飼の『先生の白い嘘』（講談社）、『サターンリターン』（小学館）を注視している。彼女の言葉を借りれば、紙の「車体」でなく、電子の「車体」でこれらのエッセイを読むと、印象が変わってしまうのではないかとも思われた】

〔7〕講談社、小学館、集英社は8月からPubteX が供給するRFIDタグを新刊コミックスなどに挿入して流通を始め、9月から一部の書店で実証実験を開始する。

講談社は8月以後の雑誌扱い新刊コミックス、「講談社文庫」「講談社タイガ」の新刊文庫、小学館は8月以降の新刊コミックス、集英社は9月以降の雑誌扱い新刊コミックスが対象。

RFIDは「しおり」の中に埋めこまれ、製本会社で挿入される。

【本クロニクル⑯で、PubteX が講談社、小学館、集英社と丸紅がAI活用ソリューション事業のために立ち上げられたこと、また前回の本クロニクルでも、どうなっているのかと書いたばかりであった。このRFID事業の他にも、AIによる配本最適化ソリューション事業も進め、出版界のサプライチェーンを再構築していくとされるが、まずはRFIDのほうはどうなるのだろう】

〔8〕　日販が商業文化施設の丹青社と連携し、メトロ溜池山王構内に無人書店「ほんたす ためいけ 溜池山王メトロピア店」を秋にオープンし、持続可能な書店モデルの実現に向けた実証実験をする。

【7との連動は定かでないが、旬なテーマに特化した品揃えの商品展開、遠隔接客システムなどを導入とされる。こちらもどうなるのか】

〔9〕　東京書籍の高校用教科書『新高等地図』に1200ヵ所の大量訂正があり、2025年度分を最後に廃刊となる。

20年度の教科書検定に合格し、同年は3万6千冊が配布され、全国シェアは8％。

【たまたま戦前の中等学校教科書株式会社の『新選大地図外国篇修正版』を入手し、それについて書いていたのである。奥付を見ると、昭和13年初版で訂正と修正を繰り返しながら、16年には修正6版となっている。このように地図は修正と訂正の重版を反復しながらもロングセラー、定番商品となっていく。その意味で、ただちに廃刊という処理は校正、校閲のスタッフ不足による大量訂正が発生したことに尽きるだろう。私も年齢的なこともあり、年を追うごとに校正、校閲が不得手となっているので、他人事ではないと実感してしまう】

〔10〕　『朝日新聞』（7／31）が「司書を22年『切られるとは』」という記事を発信している。

埼玉県狭山市の非正規司書の60代の女性が3月末で「切られる」ことになった。

それは2020年に始まった非正規地方公務員の新しい任用制度「会計年度任用職員」によるもので、任期は一年以内、総務省マニュアルで「自動更新の再任用は原則2回まで」という基準を例示したため、今年3月末で多くの人が仕事を失うとされ、「2023年問題」と呼ばれていたという。

【本クロニクル㉚で、日本図書館協会による非正規職員の処置改善要望書の送付にふれておいたが、やはりアリバイ工作にすぎず、相変わらず、非正規職員の問題は何の解決も見ていないのであろう。私も顔見知りの図書館職員が非正規で、やはり一年ごとの更新の繰り返しで、その時期がくると憂鬱だとの話を聞いている。おそらくどこの図書館においても、非正規職員がコアでありながらも、不安定なポジションに置かれ、それでいて中枢の仕事を担うことで、図書館が稼働していると察せられる。それに正規職員とのヒエラルキーも存在していよう。これらの記事も、多少なりとも『私たちが図書館について知っている二、三の事柄』が参照されているのだろう】

〔11〕これも『朝日新聞』静岡面（8／23）によれば、伊東市で7月に着工予定だった新図書館建設が入札不調でストップする事態となっている。

建設資材と人件費の高騰、参加企業の辞退、予定価格の超過が原因で、工事費総額37億円が現状では50億近くまで上がり、再入札も見送られた。

伊東市の小野達也市長は2017年の市長選で、図書館、文化ホール建設を公約のひとつに掲げて初当選し、計画を進めていた。

【本クロニクル㉓で、公共施設を多く手がけている親しい建築家の言として、これからの市レベルの図書館建設は資金不足、税収減収、少子高齢化に伴う財政圧迫で、不可能になるのではないかとの将来予測を紹介しておいた。伊東市の例はまさにそれを象徴する事態を招来してしまったことになろうし、さらに他市でも同様のことが続いていくだろう】

〔12〕『新版 図書館逍遥』は発売中。
『近代出版史探索Ⅶ』は編集中。
論創社HP「本を読む」〈91〉は「梶井純『戦後の貸本文化』」です。

出版状況クロニクル㉝ 2023年9月

23年8月の書籍雑誌推定販売金額は711億円で、前年比11・3%減。
書籍は378億円で、同10・6%減。
雑誌は333億円で、同12・0%減。

■書籍・CD・ビデオ卸売業調査

順位	社名	売上高（百万円）	増減率（%）	営業利益（百万円）	増減率（%）	経常利益（百万円）	増減率（%）	税引後利益（百万円）	粗利益率（%）	主商品
1	日販グループホールディングス	444,001	▲12.1	▲417	–	▲158	–	▲218	13.4	書籍
2	トーハン	402,550	▲6.0	238	▲81.4	351	▲70.2	312	14.7	書籍
3	図書館流通センター	52,340	2.5	1,809	▲15.5	2,044	▲9.8	1,185	18.0	書籍
4	日教販	26,876	–	392	–	387	–	287	10.5	書籍
10	楽天BN	3,917	▲91.8	–	–	–	–	–	–	書籍
11	春うららかな書房	2,561	▲3.0	40	14.3	14	▲56.3	9	31.5	書籍
–	MPD	139,238	▲6.3	▲444	–	▲434	–	▲628	3.4	CD

雑誌の内訳は月刊誌が2777億円で、同12・0％減、週刊誌は55億円で、同12・0％減。

返品率は書籍が40・2％、雑誌が44・4％で、月刊誌は43・7％、週刊誌は47・6％。

推定販売金額は23年4月の12・8％に続く二ケタマイナスで、書店売上の低迷はいずれも40％を超える高返品率となって表われている。

23年も残すところ3ヵ月となっているが、このように販売金額も推移していけば、かつてない最悪の数字とデータを招来することになろう。

---

〔1〕『日経MJ』（9／6）の2022年度「卸売業調査」が出された。

そのうちの「書籍・CD・ビデオ部門」を示す。

【前年の本クロニクル㉑で、取次状況はTRCの一人勝ちであること、その流通メカニズムは中村文孝との対談『私たちが図書館について知っている二、三の事柄』を参照してほしいと既述しておいた。22

年度「経営指標」から見ても、「書籍・CD」は売上高前年比12・1％減と13業種のうちの最悪で、しかもこれで下げ止まりではなく、さらに加速していくだろう。日販GHDとMPDの売上高マイナスが本格化するのはこれからであり、前者は4000億円を割りこみ、トップの座をトーハンに譲ることは明らかだ。それとパラレルにMPDもどのように変貌していくのだろうか】

〔2〕『新文化』（8／24）が「日販グループ『出版流通』再構築へ」との大見出しで、日販GHD吉川英作社長にインタビューしている。

これは王子流通センター太田紀行所長への「ESG推進」インタビューとの併載だが、吉川の発言の「共同会社構想」「MPD事業再編」のほうを要約してみる。

＊日販グループの7つの事業のうちの取次事業と書店事業は赤字だが、その他の5事業は24億円の経常利益を計上している。しかし取次事業の大きな赤字をカバーできていない。

＊生活者が本を買って読む機会は減り、大量送品、大量返品の時代はすでに終わった中で、祖業である取次事業を復活させたい。

＊これからは身の丈に合ったサイズで仕事の仕方を変え、取引書店の販売・収益力を最大化させ、書店経営が持続できるように全力で取り組みたいし、出版文化を守っていきたい。

＊日販、紀伊國屋、CCCの3社共同会社の目的は「書店主導」で粗利益の向上に取り組み、書店を持続可能な業種・業態に再生していくことである。このままでは日本に書店がなく

なってしまうからだ。そうした強い危機感と日本の書店を守らなくてはいけないという観点から、議論を突き詰め、書店の粗利益率を改善するために、書店主導での改革という結論に至った。

＊日販、紀伊國屋、CCCの3社の運営書店は1000店に及ぶので、その事業基盤を活かし、具体的な話し合いを行なっている。

＊新会社は書店と出版社の新たな直仕入れスキームを構築し、返品条件付き買切、粗利益率30％以上となる取引を増やしていく。つまり新会社は返品条件付き買切制の仕入れ共同会社となる。従来の委託制流通は日販とMPDが担う。

＊MPDはカルチュア・エクスペリエンス（CX）と社名変更し、企業体としてCCCのFC事業を統合する。これまでは卸事業とFC事業に分かれ、MPDは流通する商品代、CCCはFCからの手数料を売り上げ計上していたが、それがひとつになる。

【日販、MPD、CCCの三位一体の関係が終わりを迎えている。その始まりは拙著『出版業界の危機と社会構造』（論創社、2007年）において、「CCCと日販」「次世代TSUTAYA三〇〇〇店構想」「日販とCCCによるMPDの立ち上げ」「MPDとTSUTAYAの関係の謎」として言及している。そのコアはレンタル、FC、Tポイントであり、それらの失墜が現在の状況を招来させたことになろう。『出版状況クロニクル』シリーズに先行する拙著が読み直されることを切に願う】

〔3〕『朝日新聞』(9／3)が「書店主導の出版流通改革狙いは」と題して、紀伊國屋書店の高井昌史会長にインタビューしている。これも要約してみる。

*日販、CCC、紀伊國屋の3社傘下書店を合わせると、書店経由の売り上げの20%を占めるし、それだけの規模の書店が直仕入れするようになるかもしれない。

*日販は大きな判断をしたと思うし、かつての大量配本、大量返品は非効率で、今は適正な送品で返品を減らすとともに、欠品も防ぐべきだ。

*紀伊國屋は在庫の自動補充システムを自社開発したり、出版社に対して積極的に配本指定したりして、返品率を27～28%まで下げてきたし、業界全体でもそこまで抑えたい。

*川下の書店が努力して、川上の出版社にとっても利益を生む仕組みを作らなければならない。場合によっては8～9割を委託販売ではなく、買切制にすることも、交渉の中で出てくるだろう。

*地域によっては蔦屋書店しかない町もあるし、そういう町でこそ、行政、図書館、学校、家庭と手を組み、本屋をひとつの文化サークルの拠点とし、町おこしのモデルをつくっていきたい。

*仕入れで大切なのはAIに全部をまかせるのではなく、書店の現場やバイヤーの力によって、小さな地方出版社の本も含めてチェックし、良い本が店に並ぶようにしなければならない。読者が行きたいと思う本屋をどんどん作っていきたい。

【前回の本クロニクルのCCCの高橋誉則代表兼COOへのインタビューと並んで、日販GH

Dと紀伊國屋の会長の見解が公表されたことになる。3者の共通項を一言でいえば、低正味買切制への移行ということになるだろう。しかし返品条件付きにしても、その実現は難しいし、紀伊國屋一社であればともかく、日販傘下書店とCCCのFC書店まで含んでの低正味買切制は絵に描いた餅のようにしか思えない。それを高井会長が承知していないはずもない。低正味買切制を実現できるのは1980年代の全盛期のリブロしかなかったし、そのような時機にしてもすでに外してしまったと考えられる。それに再販制の問題はクリアできていない。また現在のアマゾンのマーケットプレイスだけでなく、ヤフーやメルカリにおける新刊書籍出品は驚くほどで、すべてが売られているといっても過言ではない。そうした新刊割引商品がすでに確固として存在しているし、その事実も直視しなければならないのだ】

〔4〕　CCCは旗艦店「SHIBUYA TSUTAYA」を改装のために、10月1日から一時休業し、インバウンドに対する新施設として、2024年春に再開業する。

1999年に「SHIBUYA TSUTAYA」はDVDやCDのレンタル業態の旗艦店として開店し、地上2Fから屋上まで11フロアを有し、DVD、CD、雑誌、書籍も販売していた。

【再開業に際して、本クロニクル㉚でふれた「Tポイント」は三井住友カードの「Vポイント」へと統一され、新業態店舗へと移行するとされている。その一方で、TSUTAYAの大型店閉店は続き、8月も6店を数えている。また未来屋、アシーネ、西友内書店などの閉店も10店以上に及び、スーパー系書店もビジネスモデルとしての退場を告げているようだ。なお

『朝日新聞』（9／24）の「朝日歌壇」に永田和宏選として、次の一首が選ばれていた。

ぎっしりの本描かれたシャッターに「週休七日」三月書房

（京都府　島多尋子）】

〔5〕いささか旧聞になるが、『週刊東洋経済』（6／24）が、「伝説の起業家が見た天国と地獄」というタイトルで、アスキー創業者西和彦へのインタビューを掲載していた。

それを簡略にたどってみる。

西は債権者から第三者破産を申し立てられた。その経緯と事情は5年ほど前に出版社のアスペクトの借金の連帯保証がきっかけだった。

当時の高比良公成社長に経営が悪化したので助けてくれないかといわれ、3億円を出資した。ところがその直後、三菱ＵＦＪ銀行がアスペクトへの融資を連帯保証してくれなければ、資金を引き揚げるといってきた。そうなると出資した3億円も消えてしまうので、断腸の思いで連帯保証した。

アスペクトの高比良はＣＳＫ創業者大川功の秘書で、西をつなぎ、アスキーに１００億円出資してくれたので、その借りを返すかたちだった。

だがアスペクトは経営が改善せず、三菱ＵＦＪ銀行が債権を金融会社に売り渡し、その金融会社がアスペクトと西に第三者破産を申し立てたのである。

【これは続報が出てからと考えていたが、9月になるまでアスペクトと西に関する記事は目にしていない。アスキーに関しては能勢仁『本の世界に生きて50年』（「出版人に聞く」5）において、西とアスキー時代が語られているが、能勢が退社して、それほど経っていなかったので、詳細な金融や経営事情はインタビューに織りこめなかったことを思い出す。それらのことはともかく、この旧聞記事を取り上げたのは最近になって、地方老舗書店の清算事情が伝えられ、第三者破産ということも絡んでいたのではないかと推測されたからだ。その老舗書店は地元で知られた資産家で、繁華街の一等地に店があったが、大型書店の出店の失敗もあってか、いつの間にか閉店し、他業種の店舗となっていた。どのような経緯があったのか不明だが、伝わってきた話によれば、自宅だけはかろうじて残されたが、その他の資産はすべて失われてしまったという。この間には5、6年が過ぎており、大きな負債がある老舗書店の清算のかたちの一端がうかがわれる。銀行、金融会社、取次などが複雑に絡み、清算に至る過程も一筋縄ではいかないことを示していよう。おそらく現在の書店はそれらにFC問題や多くのリース契約も抱えながら閉店に至っているはずだ。とすれば、閉店後の清算も困難な道筋をたどっているように思われる】

〔6〕 中央社の決算は売上高202億5447万円、前年比2・2％減で、減収減益となった。その内訳は雑誌が113億8316万円、同6・3％減、書籍は76億6299万円で6・3％増、特品等は10億4057万円、同20・4％減。

返品率は27・7％で、4年連続30％を下回り、営業利益は3億1894万円、同10・6％減、

当期純利益は7645万円、同17・2％減。

【これまでも中央社がコミックに特化し、低返品率で利益を上げてきたことを既述してきたが、減収減益とはいえ、それが顕著である。「雑誌扱いのコミックス」は前年比7・6％減だったが、「書籍扱いのコミックス」が増えたことで、書籍部門の売上の伸びにつながっている。ただ出版業界の売上全体がコミック次第という状況において、やはり紙のコミックの行方が焦眉の問題であることは中央社にとっても同様だろう】

〔7〕 雑誌、書籍の卸売業を手がける広島市のブックス森野屋が自己破産。

同社は1966年創業で、広島市内のスーパーや量販店に雑誌、書籍を卸し、2000年には年商24億3500万円を計上していた。

22年には5億1300万円に落ちこみ、業務改善の見通しがたたず、今回の措置となった。負債は6億5600万円。

【ブックス森野屋は1960年代末から70年代にかけて、全国各地で簇生した所謂スタンド業者のひとつだと思われる。同社の自己破産はスーパーなどの雑誌スタンド販売も、ビジネスモデルとして限界に達していることを示唆していよう。こうしたスタンド業者が全国にどれだけあるのか定かではないけれど、同じような状況に追いやられているとみなすべきだ】

〔8〕 集英社の決算は売上高2096億8400万円、前年比7・4％増だが、不動産の減損に

よる135億3400万円の特別損失を計上したことで、当期純利益は159億1900万円、同40・7％減の増収減益決算となった。

売上高内訳は「出版売上」1274億1700万円、同5・6％増、「広告売上」80億2600万円、同6・7％減、「事業収入」742億4000万円、同12・6％増。

「出版売上」のプラスは当期から「事業収入」に計上していた「デジタル」を出版売上に移管したことによっている。

その内訳は「雑誌」157億8900万円、同4・9％減、「コミックス」311億9500万円、同8・4％減、「書籍」118億6500万円、同1・1％減、「デジタル」698億100万円、同15・9％増。

「事業収入」は「版権」563億1100万円、同18・2％増、「物販等」179億2900万円、同2・0％減。

【「デジタル」と「版権」売上は1261億円におよび、売上高の半分以上に及んでいる。また「雑誌」「コミックス」「書籍」は合わせても587億円で、その半分にも達していない。ここに集英社の現在の実像が浮かび上がるし、もはや取次や書店と密接にコラボレーションしてきた姿は失われてしまったことがわかるであろう】
〔9〕光文社の決算は売上高179億6800万円、前年比5・5％増だが、今期も赤字決算。
総売上高内訳は「製品売上」70億8000万円、同7・8％減、「広告収入」45億1200万

円、同8・2％減、「事業収入他」57億7900万円、同26・0％増、「不動産収入」5億9900万円。

増収は「製品売上」以外の3部門によるもので、「製品売上」の「雑誌」は43億8100万円、同12・2％減、「書籍」は26億9900万円、同0・5％増。

返品率は前者が47・6％、後者は39・1％で、高止まりしたままである。

その結果、特別損失は7億3400万円（前年は16億3200万円の損失）、当期純損失は4億9300万円（同12億4400万円の損失）。

【8の小学館系列の集英社の好決算と対照的な講談社系列の光文社の連続赤字決算ということになる。それはコミック雑誌の集英社と女性誌の光文社の現在の等身大の姿を伝えていよう。それもあってか、43年ぶりに講談社から巴一寿社長が就任し、講談社らグループとの連携、DXの推進が伝えられている】

〔10〕『文化通信』（9／19）が「ブロンズ新社代表取締役若月眞知子氏に聞く」というインタビューを掲載している。これも簡略に紹介してみる。
若月は友人たちと広告プロダクションを設立し、テレビCMや企業PR誌を制作していたが、友人の一人がR書房を引き継ぎ、R書房新社を設立した。その一冊目が柳瀬尚紀訳のルイス・キャロル『シルヴィーとブルーノ』で、翻訳書の編集制作を手伝い、すっかり夢中になってしまった。

そこで自主企画として、伊丹十三訳のサローヤン『パパ・ユーアクレイジー』、岸田今日子訳『ママ・アイラブユー』を手がけ、R書房新社を発売元として出版すると、とんとん拍子に売れた。

そこで出版社を立ち上げようとして、新泉社の小汀良久から休眠状態だったブロンズ社を紹介され、1983年にブロンズ新社としてスタートし、今年で40周年になる。

90年代に初の絵本『らくがき絵本』を刊行し、以後ヨシタケシンスケやかがくいひろしなどの絵本や児童書をヒットさせるに至る。

【これは前半だけの紹介だが、まだ長いので、興味のある読者は『文化通信』に当たってほしい。ここでR書房とされているのはれんが書房新社のことであり、ブロンズ社がどうしてブロンズ新社として立ち上げられたかを教えられ、ひとつの出版史のミッシングリンクを了承したことになる】

〔11〕『朝日新聞』(8/31)の「声」欄に、「この夏閉じた50年続けた洋書店」という見出しの「無職 多和田栄治(東京都 90)」の投書が寄せられていた。

「東京・神保町などで約50年営んだドイツ書専門書店を閉じた」ことに関する一文で、ネット通販と書店文化の衰退に抗えずの閉店が語られている。

【この多和田はドイツ在住の作家多和田葉子の父で、彼は閉店理由として「後継者不在」も挙げているが、父の営むエルベ書店はかたちはちがうにしても、正統的な後継者を世界に送り出したことになる。娘の滞独にしても、エルベ書店を抜きにして語れないであろう。エルベ書店の誕生はドメス出版の設立と連鎖していて、それは別のところで語ることにしよう。なお私はかつて多和田の『犬婿入り』を論じた「犬婿入りっていうお話もあるのよ」（『郊外の果てへの旅／混住社会論』所収）を書いていることを付記しておく】

〔12〕やはり『文化通信』（9／5）で、地方・小出版社流通センターの川上賢一が「わたしの新人時代」としての模索舎体験を語っている。

【それに呼応するかのように、句誌『杉』（7月号）の大原哲夫の「私の編集ノート」連載が「地方・小出版社流通センター」に当てられ、小学館の編集者の大原が同センター発行の情報誌『アクセス』のボランティアとして、編集に携わっていたことを教えられた。そこに登場する人々は顔見知りの人たちもいるけれど、実に多くの人たちが地方・小出版社流通センターと書肆アクセス、そして情報誌『アクセス』をひとつのトポスとして参集していたのである。本当に『アクセス』を読んでいた時代が思い出されるが、そのような時代はもはや戻ってこないことも実感させられる】

〔13〕『人文会ニュース』（No．144）が出された。

【そこで日本評論社の休会を知った。未来社が退会したことに続けての休会であり、それぞれの事情の反映と見なせよう。なお人文会の「人文会販売の手引き」が8年ぶりに改訂され、人文会のＨＰからダウンロードできる。これも昔のことになってしまうが、１９８０年代の初版刊行の際に『新文化』で書評したことを思い出す】

〔14〕宮下志朗『文学のエコロジー』（左右社）が届いた。

【この「エコロジー」というタイトルにこめられたタームは文学作品が「いかなるプロセスで成立したのか、また、いかなる環境で流通し、受容されたのかといった問題」に言及していることから選ばれている。実は拙著『ヨーロッパ　本と書店の物語』（平凡社新書）もそのことをテーマとしている。『文学のエコロジー』で関心を持たれたら、読んでいただければありがたい】

〔15〕「少女マンガを語る会」全記録としての『少女マンガはどこからきたの?』（青土社）読了。

【少女マンガは門外漢なので、非常に教えられることが多かった。ただひとつ気になるのは、野上暁『小学館の学年誌と児童書』（「出版人に聞く」18）における証言で、「少女漫画は復刻しても売れない」という事実である。野上は小学館クリエイティブの社長も務めていたから、実感がこもっていたし、それがどうしてなのかわからないとも語っていた。その疑問はまだ解かれていない】

〔16〕論創社ＨＰ「本を読む」〈92〉は「辰巳ヨシヒロ『劇画暮らし』『劇画漂流』と『影』創

刊」です。

『新版 図書館逍遥』は発売中。

『近代出版史探索Ⅶ』は編集中。

中村文孝との次のコモン論は準備中。

出版状況クロニクル㉞　2023年10月

23年9月の書籍雑誌推定販売金額は1078億円で、前年比2・6％増。

書籍は668億円で、同5・3％増。

雑誌は409億円で、同1・6％減。

雑誌の内訳は月刊誌が353億円で、0・1％増、週刊誌は55億円で、同11・1％減。

返品率は書籍が29・3％、雑誌が39・4％で、月刊誌は37・8％、週刊誌は48・0％。

書籍雑誌合計の推定販売金額の前年比プラスは21年11月以来、書籍のプラスは22年1月以来。

だがそれは書籍と月刊誌の返品率の改善によるもので、店頭売上の回復に起因していない。

■ 2023年1月～9月 推定販売金額

月	推定総販売金額		書籍		雑誌	
	（百万円）	前年比（%）	（百万円）	前年比（%）	（百万円）	前年比（%）
2023年 1～9月計	800,989	▲6.4	471,959	▲5.3	329,029	▲8.0
1月	77,673	▲9.0	47,441	▲7.0	30,232	▲11.9
2月	99,792	▲7.6	63,424	▲6.3	36,368	▲9.7
3月	137,162	▲4.7	90,558	▲4.1	46,604	▲5.7
4月	86,595	▲12.8	48,350	▲11.6	38,245	▲14.2
5月	67,725	▲7.7	36,625	▲10.0	31,101	▲4.9
6月	79,203	▲8.1	42,019	▲4.7	37,185	▲11.7
7月	73,860	▲0.9	38,850	▲2.2	35,010	0.5
8月	71,144	▲11.3	37,820	▲10.6	33,323	▲12.0
9月	107,834	2.6	66,873	5.3	40,961	▲1.6

25年2月に日販がコンビニ配送から撤退することも明らかになった。
出版科学研究所による出版物推定販売金額は取次出荷から返品金額を引いたものなので、トーハンが引き継がなければ、ダイレクトな影響を与えることになろう。

---

〔1〕 出版科学研究所による23年1月から9月までの出版物推定販売金額を示す。
【23年9月までの推定販売金額は8009億円で、前年比6・4％減である。22年度の推定販売金額は1兆1292億円だったので、最終的に6・4％減とすれば、722億円のマイナスとなり、1兆570億円前後の数字となるだろう。23年はかろうじて1兆円の販売金額を保つことになろうが、24年には1兆円を割ってしまうことが確実となってきた。ピーク時の1996年には2兆6564億円に達していたわけだから、24年には実質

的にその3分の1程度となり、それは1970年後半の金額をも下回ってしまう。出版社の場合はひとまずおくとしても、このような半減どころではない販売金額状況において、流通販売を担う取次と書店は限界のところまで来ている。果たして24年はどのような状況を迎えることになるのか。23年にしても、残されたのはわずか2ヵ月しかない】

〔2〕紀伊國屋書店、CCC、日販は書店主導のための出版流通改革実現に向けて、株式会社ブックセラーズ&カンパニーを設立。

資本金は5000万円、出資比率は紀伊國屋40%、CCCと日販がいずれも30%、代表取締役会長は紀伊國屋会長の高井昌史、代表取締役社長は紀伊國屋経営戦略室長の宮城剛高が就任。

【事業内容に関しては前回の本クロニクルで、日販や紀伊國屋へのインタビューを示し、低正味買切制への意向を指摘しておいた。今回の設立発表においても、「書店と出版社が販売・返品をコミットしながら仕入部数を決定する、新たな直仕入スキームを実現するための書店―出版社間の直接取引契約の締結を目指」すと述べられている。その詳細は出版社などには10月以降、書店に向けては24年春をめどに説明の場を設けていくとされる。だが1で見たように、出版物売上は最悪のところまで落ちこんでしまった。それは24年春以後の出版状況がどうなるのかわからないことを示唆していよう】

〔3〕日販GHDとCCCの合弁会社であるMPDは社名をカルチュア・エクスペリエンス

（株）と変更し、ＦＣ事業と卸事業を統合した共同事業会社を発足。

出資比率は日販ＧＨＤ51％、ＣＣＣ49％。

ＦＣ、卸事業のいずれもが全国の主としてＴＳＵＴＡＹＡのＦＣ店に向けての書籍や雑誌を始めとする商材の流通販売を目的としている。

【しかしこれも本クロニクル㉜で役員名を挙げているし、そこで示しておいたように、ＭＰＤの前年比マイナスと赤字幅は大きい。それにＣＣＣ（ＴＳＵＴＡＹＡ、蔦屋書店）にしても、売上高の前年比マイナスは40％に及んでいる。**2**のブックセラーズ＆カンパニーだけでなく、カルチュア・エクスペリエンスも書店状況が最悪のところで立ち上げられたことになろう。また日販ＧＨＤは書店子会社のブラス、リブロプラス、積文館書店、Ｙ・space の４社を合併し、新会社ＮＩＣリテールズを設立している。それらがどのような軌跡をたどるのか、本クロニクルにおいても追跡していくことを約束しておく】

〔**4**〕　日販は24年秋に埼玉県新座市に「物流再編プログラム」の一環として、ロボティクスの活用や新しい倉庫管理システムを導入した新拠点を開設。延面積は７６７０坪。
文具、雑貨の流通や出版社、他社からの物流受託も含まれ、それは3ＰＬによる。
【これは**2**と**3**の動向とパラレルに進められていくプロジェクトと見なせよう。『出版状況クロニクルⅥ』などで既述しておいたように、３ＰＬ＝サードパーティ・ロジスティクスとは従来の取次とは異なる倉庫システムで、「物流再編プログラム」として、他業界の流通倉庫も意図されていると考えられる。それはトーハンも同じで、商品運送の東販自動車と倉庫内作業を担うトーハンロジテックスが合併している。こちらも他業界の物流需要への対応の拡大計画に備えてだとされる。トーハンロジテックスは経常利益の50%が3PLによっているという。それならば、取次は他業界の3PLに徹してサバイバルできるかというと、こちらも難しいところにきている。首都圏の物流施設は供給過剰で、今年末には空室率は8・8%、場所によっては15%を超えるのではないかと伝えられている。こうした日販やトーハンの投資は取次業ではなく、他業界の3PLに向けられているであろうし、虻蜂取らずという事態も生じるかもしれない】

〔5〕日販の子会社ひらくが、茨城県常総市の「まちなか再生事業」を受託。
これは一般社団法人地域総合整備財団（ふるさと財団）の支援を受けてのものだ。
その一環として、常総市中心市街地の関東鉄道水海道駅周辺エリアの活性化を目的として社会実験「Joso Collective」を行なう。

【本クロニクル⑰で、日販が100%子会社として、プロデュース事業の「ひらく」の設立を取り上げておいた。今回のプロジェクトは常総市の「まちなか再生プロデューサー」として任命されたのが「ひらく」の染谷拓郎社長で、「文喫」や「箱根本箱」も手がけてきたとされる。この「まちなか再生事業」に言及したのは、今年から勉強のために『ダ・ヴィンチ』を読むように心がけてきたが、そこでの「現在の出版業界では何が起きているのか。ブックディレクター有地和毅が今きになる動きを徹底取材」と銘打った「出版ニュースクリップ」はピンとこなかった。本クロニクルとはまったくクロスしない「出版ホットトレポート」だったからだ。しかし有地が「ひらく」に属し、文喫のブックディレクターであることを知り、ようやく謎が解けたように思った。近年になってまったく知らない書店や人物などがメディアに露出しているのは、この「ひらく」と『ダ・ヴィンチ』を通じてのことだったのかと了承されたのである】

〔6〕ホビー販売の駿河屋が10月6日に旧静岡マルイ跡地に新本店をオープン。
国内に120店を展開する駿河屋の旗艦店で、商品1000万点を揃え、国内ホビー商材販売店として最大規模。

その駿河屋ビルは9階建てのうちの1Fから3Fを第一次開店とし、フィギュア、プラモデル、ゲーム、4Fにはトレカを扱い、年内の開店をめざす。

静岡を「ホビーのまち」とPRするとともに、町の活性化をめざし、海外も含め、年間80万人の来客数と30億円の売上が目標とされる。

【駿河屋に関しては本クロニクル⑯で、日販のNICリテールズとの合弁会社駿河屋BASEの設立、同㉒で三洋堂HDのレンタルに代わる駿河屋の導入、同㉘でジュンク堂新潟店内の駿河屋オープンを既述している。静岡の旧駿河屋本店は閉店した戸田書店の真向かいにあり、今回の旗艦店は丸善ジュンク堂が入ったビルの正面に位置している。トーハン、日販を横断する出店で、ブックオフ、CCCに続いて、24年は駿河屋の年になるのだろうか。この駿河屋の出

自と背景、出店経緯などについては稿をあらためたい】

〔7〕出版物貸与権センター（RRAC）は22年分の貸与権使用料13億5000万円を53の出版社を通じ、著作権者へと分配。

前年の貸与権使用料は16億7000万円だったので、20％以上の減少、レンタルブック店は1437店で、こちらも188店もマイナスとなっている。

【レンタルブック店といっても、実質的にはレンタルコミック店で、これらもゲオとTSUTAYAが大半を占めているといっていい。このところ店によってちがうだろうが、ゲオは大量にレンタルコミックを50円で売っている。DVDやCDのレンタルが配信によって撤退続きであるように、レンタルコミックも同様の経緯をたどるのではないだろうか】

〔8〕精文館書店の決算は売上高181億8200万円、前年比5・8％減、営業損失4400万円（前期は1億6500万円の利益）、経常損失5700万円（前期は1億6200万円の利益）、当期純損失2億2000万円（前期は8100万円の利益）で、減収減益の赤字決算。

【分野別売上高は示さないが、書籍やレンタルのマイナスによって12年ぶりに190億円を下回った。豊橋市を本店とする精文館は日販傘下に入り、CCCのFCとなり、現在は49店舗を展開しているが、これまでの複合店はもはやビジネスモデルとして成立するのが難しくなってきている。インボイス制度も他人事ではないだろう。それこそ今期は6の駿河屋のFCに加盟するという。最近になって、地方老舗書店、地方銀行、取次がバトルロワイヤル的に絡んだ内紛が聞こえてくる。地方の文化中枢としての書店を支えてきた地銀にしても、もはや限界にきているのだろうし、それがこれから連鎖するように起きてくるかもしれない】

〔9〕 朝日新聞出版が科学雑誌『Newton』を発行するニュートンプレスの全株式を取得し、同社は朝日新聞グループに加わる。

【『Newton』は1981年に竹内均を編集長として創刊され、現在でも発行部数は8万5000部で、科学雑誌としては国内最大とされる。これも『出版状況クロニクルV』で取り上げておいたように、2017年にニュートンプレスは民事再生法を申請し、現在も再生計画に基づき債務返済を続けている。だが今後は朝日新聞グループが債務返済を保証することになる】

〔10〕 『FACTA』（11月号）が貴船かずま「瀕死の『キネ旬』廃れる映画批評」を掲載している。

そのリードは「著名な批評家は活動の場をネットに移行。紙媒体の限られたパイを大ベテランが奪い合い。」

【これも本クロニクル㉙で既述しておいたが、『キネマ旬報』（キネマ旬報社）が8月号より、月1回の合併号としての刊行となった。そこで月刊化は存続のための止むを得ない選択だと書いておいた。だがここでは「廃刊の瀬戸際まで追い詰められた」とされ、直近の発行部数は5万を切り、与信管理センターの格付けはF3で、キネマ旬報社も最も倒産の確率が高い企業に格付けされているようだ。確かに月2回が1回の発行となれば、売上も半分になってしまうので、そのような格付けに追いやられたのだろうが、もっと心配なのは中央映画貿易もすでに『キネ旬』を見放してしまったのではないかということだ。新聞夕刊の廃止により、映画評もなくなりつつあるし、映画批評ももはや成立する状況にない。そういえば、『選択』（10月号）も『週刊現代』編集部の内紛と騒動が続いていることを伝えている。ここまで雑誌が失墜してしまうと、週刊誌すらも安泰ではない状況になっていると考えるしかない】

〔11〕ノセ事務所より、2023年上半期の朝日、読売、毎日、日経の4紙の朝刊の単行本書評リストが届いた。
その10本以上書評された出版社と合計冊数を示す。

■2023年1～6月、朝刊4紙 単行本・書評掲載社

順位	出版社	合計（訳本）
1	講談社	41（4）
2	新潮社	40（7）
3	中央公論新社	36（3）
4	岩波書店	35（8）
5	文藝春秋	32（3）
6	河出書房新社	30（18）
7	みすず書房	26（18）
8	白水社	22（16）
9	早川書房	20（19）
10	日本経済新聞社	19（9）
11	朝日新聞社	18（6）
12	勁草書房	16（11）
13	筑摩書房	15（1）
14	平凡社	15（1）
15	晶文社	14（8）
16	草思社	12（7）
17	東洋経済新報社	12（8）
18	名古屋大学出版会	12（2）
19	東京大学出版会	11（1）
20	慶應義塾大学出版会	11（4）
21	光文社	11（3）
22	KADOKAWA	10（2）
23	集英社	10（2）
24	ダイヤモンド社	10（6）

【小出版社の場合、ほとんどが問い合わせもなく、書店注文などにしても、数十冊あればよいほうだとの複数の声を聞いているからだ。それは実感できるし、書評どころか、新聞広告にしても、まったく反応がないという状況を迎えて久しい。それこそ前世紀においては、三八広告が打てれば出版社として一人前だといわれていたのである。本当にそんな時代があったこともはや忘れられているだろう】

〔12〕『日本古書通信』(10月号)が樽見博による「『性風俗資料』に特化した古書目録―股旅堂・吉岡誠さんに聞く」を掲載している。

【本クロニクルの読者であれば、届くたびに「股旅堂目録」を紹介してきたので、ご存じの方も多いと思う。ここで語られているように、吉岡は八重洲BC出身で、本店で5年、宇都宮店で1年の6年に及んでいる。現在の股旅堂の特集目録は書店でのブックフェア企画と相通じるところもあるとの言は、6年間の書店経験を抜きにしては古書目録も成立しなかったことを示唆していよう。それでいて量を売らなければならない書店、つまり「マジョリティを相手にする仕事より、古本屋の方が向いていると思います」と述べている。この吉岡の言葉は現在の出版業界においても、今一度かみしめなければならない発言のように思える】

〔13〕『芸術新潮』(10月号)が特集「いまこそ知りたい建築家磯崎新入門」を組んでいる。

【そこには磯達雄の「磯崎新 危険な図書館」も掲載され、磯崎の建築家ならぬ著者としての軌跡も語られている。私などにとって、磯崎は美術出版社のA5判函入の『空間へ』(1971年)などから始まり、篠崎紀信とコラボした六耀社の「建築行脚」シリーズがただちに挙げられる。このシリーズに関しては別に一編を書くつもりでいる。また建築に関しては磯崎の静岡市における劇場プロジェクトとしての「グランシップ」にもう少し注視があってもいいように思われる。この1993年から98年にかけてのプロジェクトは建築監理を綜合設計事務所に委ねたこともあるかもしれないのだが、ほとんど論じられていないように思える。磯崎の死にあって、新たな注視も必要なのではないだろうか】

〔14〕 社会学者の加藤秀俊が93歳で死去した。

【私にとって加藤はリースマンの『孤独な群衆』(みすず書房)の訳業に尽きる。この一冊はアメリカ社会学のコアを伝え、社会の生々しい現在と生成を分析することを教えてくれた。しかも加藤は2013年にその改訂版をも刊行している。それに喚起され、私も『孤独な群衆』論として、「他人指向型と消費社会」(『郊外の果てへの旅/混住社会論』所収)を書いている。まだネットで読めるはずなので、アクセスして頂ければ有難い】

〔15〕 論創社HP「本を読む」〈93〉は「つげ義春と若木書房『傑作漫画全集』」です。
『新版 図書館逍遥』は発売中。
『近代出版史探索Ⅶ』は編集中。

中村文孝との次のコモン論は準備中。

出版状況クロニクル㉟　2023年11月

23年10月の書籍雑誌推定販売金額は848億円で、前年比0・4％増。

書籍は498億円で、同2・8％増。

雑誌は350億円で、同2・9％減。

雑誌の内訳は月刊誌が295億円で、0・2％減、週刊誌は54億円で、15・6％減。

返品率は書籍が33・8％、雑誌が44・9％で、月刊誌は43・7％、週刊誌は50・4％。

週刊誌の月次の50％超えは初めてだ。書籍は9月期に続いて、返品が減少し、推定販売金額も2ヵ月連続のプラスとなった。それは新刊と出回りの書籍の2・7％、5・1％増の平均価格の値上がりにもよっている。


だが書店店頭売上は厳しく、書籍は6％減、文庫は9％減、ビジネス書は3％減、実用書は2％減、児童書13％減で、文芸書は5％増となっているが、これは初版30万部の『続　窓ぎわのトットちゃん』（講談社）の刊行に負っている。

雑誌は定期誌10％減、ムック4％減、コミックスも『呪術廻戦』『SPY×FAMILY』（いずれも集英社）などのヒット作はあっても8％減となっている。

〔1〕 日販のコンビニ配送からの撤退をめぐって、『文化通信』（11／14）と『新文化』（11／16）が日販の奥村景二社長にインタビューしているので、要約してみる。

＊日販のコンビニルート収益は2015年から赤字になっていた。15年度の営業損失額は5億円で、その後8年連続で赤字幅は増え続け、22年度は売上高317億円に対して、営業損失は32億円である。
＊18年からコンビニ各社との話し合いを始め、運賃の一部の負担をお願いしたが、それでも売上減少、返品増、運賃値上げを止めることはできなかった。
＊日販の運賃130億円のうちコンビニは60億円を占め、高止まりしたままで、23年度は売上高280億円、営業損失は40億円となるだろう。
＊このまま継承していくと、日販全体の収益への大きな影響だけでなく、安定した書店流通もできなくなる恐れがあり、それは避けなければならないので、あえて決断した。
＊当初は24年2月末でシミュレーションしていたが、コンビニチェーンとの協議を重ねる中で、1年延長し、25年2月末日という結論になった。
＊ファミリーマートとローソンはトーハンが引き継いでくれることを確認しているし、「LA

ＷＳＯＮマチの本屋さん」９店舗は今後も継続していく。

＊コンビニとブックセラーズ&カンパニーの設立によって、日販の売上高は減るが、後者の場合、物流を担うことで手数料を得ることになり、収益面では貢献してくれるはずだ。

【しかしファミリーマートとローソンからの撤退は24年２月から１年先送りされたことで、さらに50億円近い大きな営業損失をこうむることになろう。それに現在の出版状況を考えれば、これからの１年において、何が起きるかわからないところまできている。それはトーハンにしても同様であろう。２００７年の『出版業界の危機と社会構造』において、１９９２年から２００５年にかけてのコンビニの出版物販売推移を示し、ピーク時の96年は５５７１億円で、そのシェアが全出版物売上の21％に及んでいたことを示しておいた。そんな時代もあったのだ。ところがこれも本クロニクル㉔で見たように、２０２２年は１１７２億円で、５分の１になってしまったのである。このようなコンビニの雑誌売上の凋落を受け、日販もその配送は15年から営業損失となり、今回の事態に追いやられたのである】

〔２〕紀伊國屋書店、ＣＣＣ、日販が設立した新会社ブックセラーズ&カンパニー（ＢＳ&Ｃｏ.）が11月２日に「方針説明会」を開いた。
出版社２１１社や関係者３３０人が出席し、こちらも『新文化』（11／９、11／14）がレポートしているので、これも要約してみる。

＊その「直取引ビジネスモデル」は出版社の全銘柄を包括する「販売コミットモデル」、ロン

グセラー銘柄やシリーズを低正味で完全買切する「返品ゼロモデル」の2種である。
＊それは紀伊國屋の「商品知識」「目利き力」、CCCの「AI需要予測」「チェーンオペレーション」、NIC傘下の日販グループ3書店法人の「運営スキル」などを活用し、出版社と適正仕入数と取引条件を決める。
＊新刊の初回仕入数はすべて指定できるようにし、重版時に優先出荷を契約出版社に求める。棚在庫は自動発注し、BS&Co．に参加する1000店の書店員、バイヤーを通じ、拡売銘柄や復刊企画を提案し、売り伸ばしていく。
＊「販売コミットモデル」はこれらを前提として、「売上拡大インセンティブ」「返品歩安入帳」を組みいれる。BS&Co．が出版社に返品する際にはペナルティとして仕入れ正味より低正味で返品する仕組みで、物流と清算は日販に委託し、流通コストは参加書店が負担する。
＊「返品ゼロモデル」は完全買切で、出版社と売買契約を結ぶもの。大型店舗では面出陳列などで優先して展開。
＊こちらの物流はカルチュア・エクスペリエンス（CX＝旧MPD）の厚木センターが傘下書店に送品し、流通コストは参加書店が負担し、商品代金はBS&Co．が出版社に直接支払う。
【まだ「方針説明」は続いていくのだが、ここで止める。これだけで十分だろう。BS&Co．は来年1月にこれらのスキームに関して出版社数社とトライアルを始め、4月に本格稼働し、「販売コミットモデル」を書籍の20％、26年春には50％、「返品ゼロモデル」で同10％とし、残

りの40%をこれまで通りの委託とする計画だとされる。しかし本クロニクルが繰り返しトレースしてきたように、紀伊國屋は書籍販売をメインとする書店であることに対し、CCC傘下のFC書店と日販グループ書店は雑誌とレンタルをコアとする複合店であり、いうなればDNAはもちろんのこと、出自も性格も家風もまったく異なり、日販を仲人とする政略結婚のような印象が拭い切れない。それに1と同じく、26年春までは長く、何が起きるかわからない出版状況に置かれているし、早期の破談や婚約解消も考えておくべきだろう。私はかつて「新宿・紀伊國屋書店」(『書店の近代』所収)を書き、オマージュを捧げているので、あえて言及してみた】

〔3〕取協と雑協は日書連と協議し、「完全土曜休配(輸送会社の集荷作業なし)」を23年度より12日多くすることで、2024年度から完全土曜休配は37日となった。

【『出版状況クロニクルⅥ』でも東京都トラック協会が抱える問題などをトレースしてきているが、37日の休配は差し迫った運送業界の「2024年問題」へのひとつの対応ということになろう。これは4月から配送会社ドライバーの労働時間が年間960時間に制限されることをさしている。それに1のコンビニ配送問題と密接にリンクしているし、雑誌に相乗りするかたちで、書籍も流通配本されてきた事実を直視すべきところまできている】

〔4〕「新文化」通信編『出版流通データブック2023』(10/26)が出されたので、その「出

■出店ファイル 2022 年 200 坪以上店

店　名	所在地	売場総面積（坪）	帳合
コーチャンフォー　つくば店	茨城県	2000	日　販
蔦屋書店　佐久平店	長野県	900	日　販
ブックエースツタヤ　イオンタウン水戸南店	茨城県	625	日　販
ツタヤブックストア　AIZU	福島県	520	日　販
ツタヤブックストア　印西ビッグホップ	千葉県	500	日　販
ツタヤブックストア　イオンモール土岐	岐阜県	495	日　販
ツタヤブックストア　金沢エムザ	石川県	460	日　販
ツタヤブックストア　ららぽーと堺	大阪府	417	日　販
ゲオ　姶良店	鹿児島県	403	トーハン
丸善　豊田Ｔ－FACE 店	愛知県	371	トーハン
ゲオ　アーバンモール新宮中央店	福岡県	371	トーハン
有隣堂　ニッケコルトンプラザ店	千葉県	350	日　販
ゲオ　イオンタウン荒尾店	熊本県	350	トーハン
ツタヤブックストア　MARUNOUCHI	東京都	329	日　販
宮脇書店　伊勢ララパーク店	三重県	320	トーハン
ツタヤブックストア　APIT 京都四条	京都府	290	日　販
ツタヤブックストア　亀戸	東京都	270	日　販
TSUTAYA　甲府昭和店	山梨県	250	日　販
くまざわ書店　富山マルート店	富山県	240	トーハン
くまざわ書店　北砂店	東京都	234	トーハン
紀伊國屋書店　あらおシティモール店	熊本県	215	トーハン
ツタヤブックストア 恵比寿ガーデンプレイス	東京都	211	日　販
ちえなみき	福井県	200	トーハン

店ファイル２０２２年」の２００坪以上の23店を挙げておく。

【これに10月以降の有隣堂の神戸阪急店（80坪）、ブックエースのＴＳＵＴＡＹＡデイズタウンつくば（７００坪）、京都蔦屋書店（６８３坪）が続いている。だが22年は本クロニクル㉕で示しておいたように、３００坪以上の出店が24店あったことに比べると、出店にしても坪数にしても、明らかな後退シーンを見せつけている。23年の出店にしても、蔦屋書店、ツタヤ、ＴＳＵＴＡＹＡだけで、半分以上の12店に及び、22年よりも出店集中が続き、尋常ではない。それにこのような新規ＦＣ店に２

の「販売コミットモデル」や「返品ゼロモデル」を導入することが可能かという疑問へとつながっていく。「直取引ビジネスモデル」とはFCのチェーンオペレーションシステムとまったく相反するものに他ならないからだ】

〔5〕『季刊出版指標』（2023年秋号）が「データから見る読者と読書環境の変化1977〜2022年」を特集している。

そのうちの「一世帯当たりの年間品目別支出金額〈雑誌・書籍〉」を平均年齢のみにして示す。

■一世帯当たりの年間品目別支出金額〈雑誌・書籍〉　（単位：円）

年	雑誌	書籍
2000	5,386	10,900
2001	5,434	10,288
2002	5,008	10,642
2003	4,764	10,104
2004	5,010	10,458
2005	5,040	10,324
2006	4,675	9,870
2007	4,434	9,462
2008	4,489	9,659
2009	4,617	9,216
2010	4,460	9,163
2011	4,333	8,772
2012	3,985	8,556
2013	3,953	8,341
2014	3,684	8,281
2015	3,395	8,120
2016	3,351	7,557
2017	3,150	7,478
2018	3,033	7,527
2019	2,964	7,807
2020	2,756	8,466
2021	2,811	8,747
2022	2,526	7,738
00年比（%）	46.9	71.0

【今世紀に入っての雑誌の凋落が一世帯当たりの消費支出にも露わである。2000年の5386円に対して、22年は2526円と46・9％になり、まさに半減してしまっている。しかもこれは平均であり、20代の場合は2000年7916円に対し、22年は959円、30代は7740円に対し、2154円となり、かつての雑誌のコア読者層の雑誌離れが歴然と

なっている。とりわけ20代は半減どころか、90％近いマイナスで、10代の場合のデータは示されていないけれど、同様ではないかと推測できよう。とすれば、雑誌の凋落は下げ止まりでなく、まだ続いていくことは必至であろう。書籍のほうは雑誌ほどではないにしても、ここでの金額はコミックス（単行本）と古本も含まれていることに留意すべきだ】

〔6〕『朝日新聞』（11／1）のオピニオン＆フォーラムの耕論「本と書店　生き残りは」において、幻冬舎社長の見城徹が次のように語っている。

「幻冬舎を創業して30年になりますが、今の出版状況は最悪だと思います。（…）ベストセラー本の売れ行きがこの4年で4分の1ぐらいに落ちた気がするんですよ。（…）映画化やドラマ化されればこれくらいは売れるという経験則が全く通用しなくなってしまった。（…）特に小説やエッセーが主体の文庫本は壊滅的です。」

【実際に幻冬舎文庫を創刊し、現在も刊行している見城の言であるゆえに、ひときわリアルである。文庫出版社の社長がここまで語ったことはなかったし、それは幻冬舎文庫のみならず、他の文庫にしても同じ状況にあると思われる。初版部数の信じられない落ちこみ、重版はなされず、初版のまま消えていく文庫の場合、もはや文庫は必然的なアイテムとしてのロングセラー銘柄ではなくなってしまった。おそらく新書も同様のプロセスをたどっているはずだ。その次に控えているのは文庫や新書の廃刊ということになろう】

〔7〕 市立図書館で、『筑摩世界文学大系』、吉川弘文館「人物叢書」、三一書房『現代短歌大系』に加えて、小沢書店『小川国夫全集』、新潮社『川端康成全集』『開高健全集』、岩波書店『幸田文全集』、中央公論社『折口信夫全集』が除籍書籍として放出されていた。

【これにはさすがに驚いた。箱のない全集類の放出は裸で捨てられたような感があったからだ。それに小川国夫は郷土作家であるし、全集はこれしかないし、今後新たに全集が出版されることはまずないだろう。小沢書店の故長谷川郁夫が、岩波書店からの全集刊行が決まっていたにもかかわらず、小川国夫に懇願し、ようやく小沢書店から出版を実現させたエピソードを知っているので、本当に考えさせられてしまった。だが情けないことに、私などにしても、もはやそれらを持ち帰る余裕がないのである。これらの全集類は貸出がほとんどないために機械的に除籍処分となったのであろう。しかも市民へのリユース名目によってで、これからもそうした除籍放出は続いていくだろうし、それは全国の公共図書館でも起きていると見なすしかない。もはや公共図書館は蔵書思想をまったく失い、無料貸本屋的に機能していく道をたどっていくのであろう】

〔8〕『日本経済新聞』（11／10）が「韓国漫画アプリ　日本が主戦場」との大見出しで、「ネイバーとカカオ首位争い」を報じている。リードを引いてみる。

「韓国ネット2強のネイバーとカカオが漫画配信プラットフォームで陣取り合戦を繰り広げている。主戦場は最大市場の日本だ。ネイバー系の「ＬＩＮＥマンガ」とカカオの「ピッコマ」

が読者と作家を奪い合う。韓国事業は成長余地が限られ、日本を突破口として世界市場で稼ぐビジネスモデルを模索する。」

日本の漫画配信アプリ利用動向は「縦読み」の「ＬＩＮＥマンガ」が首位の33％、「ピッコマ」が2位30％、帝人子会社のインフォコムが手がける「めちゃコミック」が3位の12％で、韓国企業が大きく引き離している。

漫画配信アプリは小学館や集英社なども力を入れているが、数千万単位の利用者を抱える「ＬＩＮＥマンガ」や「ピッコマ」に後れを取っている。

【電車に乗ると、雑誌や本を読んでいる人はほとんどおらず、スマホを見ている光景が定着して、すでに久しい。かつては『週刊少年ジャンプ』を始めとするコミック誌を読んでいた小中学生たちももはや見当たらず、きっと「ＬＩＮＥマンガ」や「ピッコマ」へと移ってしまったのであろう。そしてこの流れは元へと戻らないことも確実だ。双葉社の『月刊まんがタウン』の休刊が伝えられてきた】

〔9〕　文教堂ＧＨＤの連結決算は売上高１５４億７０００万円、前年比６・２％減、営業利益は７３００万円、同40・２％増、経常利益は９７００万円、同28・７％増、当期純利益は９６００万円、同32・０％増。
【『出版状況クロニクルⅥ』で既述しておいたように、文教堂ＧＨＤは19年の事業再生ＡＤＲ手続きで同意を得た事業再生計画に基づく返品率減少、文具販売の強化、不採算店舗の閉鎖など

の事業構造改革を進めてきたとされる。その結果、負債合計は86億4700万円で、前年に比べ3億800万円減少し、純資産が9600万円増加し、当期純利益を計上したことになる。しかし株式市場において、株価は40円から35円までじりじりと下がり、上場株とは思えないほどの売買低迷が続いているように見受けられる。いずれにしても、売上高が伸びることは期待できないし、今後どうなるのか】

〔10〕『創』（12月号）が特集「街の書店が消えてゆく」を組んでいる。

【近年の『創』の恒例の出版業界特集は床屋談義を超えるものではなく、ほとんど取り上げてこなかった。だが今回はレポートとして、元『新文化』の石橋毅史や長岡義幸を招聘し、書店にスポットをしぼったことで、現在の書店の率直な肉声を伝えていよう。とりわけ往来堂書店の笈入建志社長の語る売上、客数、資金繰りの実際は、街の書店の等身大の姿を浮かび上がらせているように思う。またちくさ正文館の古田一晴へのインタビューも掲載され、それに加え、11月17日には日本出版クラブで、古田を囲む会が開かれ、50人以上に及ぶ人文書関係者が集まり盛会だったという。私は都合がつかず出席できなかったが、何よりであり、古田こそは仕入れと販売に関して「スリップ一代」の店長をまっとうしたというオマージュを捧げておきたい。古田の『名古屋とちくさ正文館』（「出版人に聞く」11）は重版出来、在庫あり】

〔11〕元三月書房の宍戸立夫から「のんきに楽しく暮しています」の便りとともに、歌誌『塔』

（2023年7月号）を恵送された。

【それは同誌が特集「田村雅之さんに聞く」を組んでいたからである。田村は本クロニクル㉓でふれた廃業した国文社の編集長で、後に砂子屋書房を立ち上げていて、特集は両社の詳細に及び、知らなかった事実を教えてくれる。ちなみに一緒に砂子屋書房を設立した粟屋和雄が亡くなっていたことも。それらはさておき、宍戸にも「出版人に聞く」としてインタビューしておくべきだったといまさらながらに思う。彼もまた紛れもない「スリップ一代」の人物で、しかも書店人として祝福すべき晩年を送っているようだから】

〔12〕古内一絵『百年の子』（小学館）を読了。

【小説としては今ひとつだが、そのモデル、資料として、野上暁『小学館の学年誌と児童書』（「出版人に聞く」18）がベースとして使われている。おそらく同書から大いなるインスピレーションを得て『百年の子』が構想されたと見なしてかまわないだろう】

〔13〕『日本古書通信』（11月号）が編集長樽見博の「青木正美さん逝く」を掲載している。

【青木は8月に90歳で亡くなったという。面識はなかったけれど、同誌で長きにわたって連載をともにしたこともあってか、著書を恵送され、本クロニクル⑮などで取り上げてきている。「青木さんの古本屋としての凄さに対し私は畏敬の念を持ってきた。優れた古本屋がそうであるように、従来価値のないと見られていたものに商品としての魅力を見出していく先見性。青木さんの場合、それは戦前戦中の児童物の分野で発揮された。」これを引いたのは前回ふれた駿河屋の先達が青木だったのではないかと思われたからだし、そのように考えても失礼には当たらないだろう】

〔14〕論創社HP「本を読む」〈94〉は「完全復刻版『影・街』と短編誌の時代」。
『新版 図書館逍遥』は発売中。

『近代出版史探索Ⅶ』は12月下旬刊行予定。中村文孝との次のコモン論は12月に脱稿。

出版状況クロニクル㊱　2023年12月

23年11月の書籍雑誌推定販売金額は865億円で、前年比5・4％減。

書籍は493億円で、同2・9％減。

雑誌は372億円で、同8・5％減。

雑誌の内訳は月刊誌が313億円で、同9・2％減、週刊誌は58億円で、同4・2％減。

■2023年1月〜11月 推定販売金額

月	推定総販売金額		書籍		雑誌	
	（百万円）	前年比（%）	（百万円）	前年比（%）	（百万円）	前年比（%）
2023年 1〜11月計	972,436	▲5.8	571,131	▲4.4	401,304	▲7.6
1月	77,673	▲9.0	47,441	▲7.0	30,232	▲11.9
2月	99,792	▲7.6	63,424	▲6.3	36,368	▲9.7
3月	137,162	▲4.7	90,558	▲4.1	46,604	▲5.7
4月	86,595	▲12.8	48,350	▲11.6	38,245	▲14.2
5月	67,725	▲7.7	36,625	▲10.0	31,101	▲4.9
6月	79,203	▲8.1	42,019	▲4.7	37,185	▲11.7
7月	73,860	▲0.9	38,850	▲2.2	35,010	0.5
8月	71,144	▲11.3	37,820	▲10.6	33,323	▲12.0
9月	107,834	2.6	66,873	5.3	40,961	▲1.6
10月	84,852	0.4	49,820	2.8	35,032	▲2.9
11月	86,595	▲5.4	49,352	▲2.9	37,243	▲8.5

返品率は書籍が34・0%、雑誌が42・2%で、月刊誌は41・0%、週刊誌は47・8%。9、10月は続けて小幅なプラスとなっていたが、11月はマイナスに転じた。

月刊誌は発行部数が前年比20%減であるのが大きく作用しているのだろう。

コミック次第は来年も続いていく。

---

〔1〕出版科学研究所による23年1月から11月にかけての出版物販売金額を示す。
【11月までの出版販売金額は9724億円、前年比5・8%減である。22年の出版販売金額は1兆1292億円だから、5・8%減を当てはめると、23年は1兆638億円前後となろう。かろうじて1兆円は下回らなかったけれど、広範な定価値上げを含んでのことと見なすべきだろう。おそらく24年は1兆円を割りこむところまできている】

〔2〕日販の「出版物販売額の実態2023」が出された。

【インターネット販売だけは前年と同じくプラスだが、それ以外の4ルートは前年と同じくマイナスである。とりわけマイナス幅が大きいのはコンビニルートで、本クロニクル㉔で示しておいたように、22年の1172億円に対して、20・4％減となり、ついに1000億円を下回ってしまった。これも前回の本クロニクルで既述しておいたけれど、1996年はコンビニの出版物販売額のピークで、5571億円だったのであり、何とその6分の1になってしまった。日販のコンビニ配送は2015年から赤字とされているが、他ならぬ日販の発行する「出版物販売額」の推移がその事実を語っていることになろう】

■販売ルート別出版物推定販売額 2023 年度

販売ルート	推定販売額（億円）	前年比（%）
1. 書店	8,157	▲ 2.2
2. CVS	933	▲ 20.4
3. インターネット	2,872	2.3
4. その他取次経由	349	▲ 5.9
5. 出版社直販	1,708	▲ 3.9
合計	14,020	▲ 3.1

〔3〕『週刊東洋経済』（12／2）が特集「CCC平成のエンタメ王が陥った窮地」を組んでいる。

リードは「TSUTAYAにTポイント、そして蔦屋書店——。カリスマ創業者が率いる「企画会社」はなぜ没落したのか。」

要約してみる。

＊ツタヤを運営するCCC系の店舗の18年4月以降の出閉店状況調査によれば、500店弱が純減している。

都道府県別の純減数は東京都が70、神奈川県と大阪府がともに44、北海道や福岡県など地方でも2ケタ減となり、閉店は553店に及んでいる。それに対し、出店は72だが、純増の都道府県は1つもない。

＊CCCの利益柱は全国900店のうちのフランチャイズ（FC）店からのロイヤルティ収入、及び2003年から始めた共通ポイント「Tポイント」で稼ぐ手数料の2つで、10年代まではこの両輪が機能し、安定して100億円前後の営業利益を上げてきた。

＊しかしコロナ禍の21年3月に68億円の営業赤字に転落し、その後は営業利益10億円前後という低迷ぶりで、2つの利益柱が失速しているのは明白だ。

＊CCCもレンタルや書店業の市場縮小の岐路を迎え、「蔦屋書店」を中核とする複合型商業施設「代官山T－SITE」をオープンし、銀座や大阪の梅田などにも出店したが、都心型の「蔦屋書店」は出店エリアが限られ、ツタヤほどの店舗規模に至らなかった。

＊FC本部が提案してきた商材はテコ入れの決め手にならず、コロナ前からFC各店が赤字に転落し、店によっては1店で1000万円の赤字で、レンタルが大赤字となっている。

＊FCとTポイント事業は標準化されたビジネスモデルを全国の加盟店に横展開し、それを本部側は日々管理、運営するという「事業会社化」したことによって、CCCは企画できない「企画会社」に陥っていた。

＊22年春に増田宗昭会長は経営を生え抜きの高橋誉則に譲り、Tポイントを三井住友フィナンシャルグループのVポイントに統合する。またもう1つの柱であるFC事業をカルチュア・エクスペリエンス（CX）に移管する。

＊これらは「決死のグループ解体」とされ、「待ったなしの組織・人事制度改革が至上命令」と結ばれている。

【8ページに及ぶ特集はCCCの現在の「没落」の状況を浮かび上がらせ、今後の行方を問うていることになろう。だがこのような特集も本クロニクルを抜きにしては成立しなかったと思われる。またこの特集には「CCCの業績推移」「閉店ドミノ」「大胆なグループ解体」チャートが付され、さらに「CCC高橋社長」へのインタビュー、「さらばTポイント栄華と没落の20年」「カリスマ創業者増田宗昭の知られざる素顔」という2本の記事も添えられている。このような状況を背景として、前回のクロニクルにおける日販のコンビニ配送からの撤退、紀伊國屋書店、CCC、日販の新会社ブックセラーズ&カンパニーが設立されたことはいうまでもないだろう】

〔4〕　3の『東洋経済』本誌の特集に続いて、「東洋経済オンライン」（12／15）が「赤字、リストラ、コンビニ撤退『本の物流王』の岐路―業界を騒がせた取次大手『日販』の幹部に聞く」、「同」（12／19）が「書店のドン『紀伊國屋』がTSUTAYAと組んだ裏側―紀伊國屋会長に合弁会社設立の狙いを直撃」という2本のインタビューを発信している。

【前者の日販の奥村景二社長インタビューは前回の本クロニクルで、他紙インタビューを要約している。だからそこで語られていなかったことを挙げてみれば、10月に早期退職支援発表、CCCからCXへの出向者500人の増加、日本一の文具卸になるという発言であろう。後者の紀伊國屋の高井昌史会長の発言も抽出してみる。ブックセラーズ設立のきっかけはＣＣＣの増田会長高橋社長の提案で、キーワードは「書店からの業界改革」である。お客に最も近く、理解している「川下の書店から改革」することで一致した。それは「うちとＴＳＵＴＡＹＡは十分お金持だ」ということにもよっているし、大手出版社４社も協力の意思を示している。またＣＣＣにも「もう少し本を売らなきゃ。本屋に徹しないとだめだよ」といっている。さらなる詳細は「同オンライン」を確認してほしいが、「本の物流王」と「書店のドン」の発言において、現在の出版危機状況を直視した明確な取次と書店ヴィジョンが語られているとは思えない。日販とＣＣＣとＭＰＤはレンタルとＦＣで街の中小書店を閉店に追いやり、今度はコンビニを切り捨て、紀伊國屋を引きこみ、ＣＣＣをサバイバルさせるという構図が明らかであるにもかかわらず。それは本クロニクルだけの見解ではないはずだ】

〔5〕『新文化』（12／14）が「コンビニ流通引継ぎの経緯と真意」の大見出しで、「トーハン・田仲幹弘副社長に聞く」を掲載している。
それも抽出要約してみる。

＊これは業界全体に関わる、とても重要な問題であり、これまでの経緯と出版輸送の現実、その価値を正しく伝えたい。

＊始まりは今年の１月27日に日販の奥村社長が１人でトーハンに来社し、近藤社長に「24年２月にコンビニ２社の流通をやめることを役員会で決めた」と言われたことです。

＊しかし2月15日に両社長は話し合いの場をもち、業界全体への影響があまりにも大きいので、「日販がコンビニ2社の流通を継続できるよう一緒に考えよう。再考してほしい」と呼びかけた。

＊3月下旬に日販は役員会において、撤退期日を1年延長し、25年2月に変更すると決定し、コンビニ2社に通告したが、5月連休明けに日販から取引継続のための条件交渉の申し入れがあったようだ。

＊それもあって、コンビニ2社から雑誌販売は続けたいので、トーハンとの取引の問い合わせが入り、そこで初めて取引を検討したが、トーハンの場合、配送センターの都合により、25年7月からしか受けられないと伝えた。

＊一番心配したのはコンビニ2社が雑誌販売を止めることで、もしそれらの雑誌棚が撤去されれば、「共用配送」の仕組みが壊れてしまい、雑誌出版社と雑誌文化の危機ともなってしまう。

＊だが日販は9月上旬にコンビニ2社に対し、25年2月でやめると正式に通達したので、2社はトーハンに正式に取引を依頼したこともあり、現在協議している。

＊「空白の4カ月」の対応は商取引に関して、25年3月からトーハンに移行するが、仕入・配本・物流は日販が代行し、トーハンの配送分を段階的に増やし、清算はトーハンが行い、日販への業務代行実費も負担するというスキームだ。

＊だが赤字のコンビニルートをそのままのかたちで引き継ぐことはできないので、コンビニ2

社との条件交渉、出版社の協力も必要である。

＊書店1万店の輸送網は6万店のコンビニルートによって成立しているし、コンビニ流通を守ることは書店配達を維持することと直結する。日販の決定は多くの企業に巨額の費用を発生させ、不安定化リスクをもたらすといわざるをえない。

＊今回のことを機に、出版社、書店にも出版配送網インフラが貴重なインフラであることを知ってほしいし、決められた日と時間に、極めて低コストで全国販売拠点へ共同配送できる輸送網を持つのはこの出版業界以外にはない。

＊他産業では流通コストを流通側、小売側が販売価格に転嫁するが、再販制度下にあるこの業界では出版社にしか価格決定権がない。本の原価には書店マージン、流通コストなども含まれているはずなのに賄いきれておらず、原価率を変えるか、改革販売を見直すしかない。

【取次の流通現場から、ここまで率直で真摯な言葉が発せられたことは初めてのように思われるので、長い引用紹介になってしまった。ここで再販委託制の実質的な崩壊が出版流通の只中にも及んでいることを確認したことになるが、2で見たように、コンビニ売上もまだ下げ止まりではない。トーハンが代行したとしても、問題が解決されたわけではないのだ】

〔6〕『朝日新聞』(12／7)の「声」欄に、「無職 市橋栄一(東京都70)」という人の「新しい書店像 再販制度見直しを」の投書が掲載されていた。

【2010年までは新聞業界もまた「再販制」護持一辺倒で、このような見出しの投書が掲載

されることなどありえなかった。それもあって、長きにわたって再販制を批判してきた『出版状況クロニクル』シリーズはまったく書評されてこなかったし、紹介もなされていなかった。しかし5で見たように、その危機は出版流通の現場にも及んでいるし、それは新聞業界も例外ではないのだ。市橋とは面識がないので、中村文孝に確認したところ、紀伊國屋書店のニューヨーク支店長で、以前から再販制を批判していたとのことだった。それゆえにここで「再販委託制の見直し」による「書店文化」のサバイバルが提起されていることになろう】

〔7〕トーハン26社の中間決算は連結売上高1898億円、前年比0・9%減、営業損失1億9700万円（前年は7億4300万円の損失）。
単体売上高は1742億円、営業損失7億3500万円（前年は9億6100万円の損失）。

連結、単体とも営業損失を計上したが、東京ロジスティックスセンターの売却益31億円を特別利益として計上し、最終利益は連結・単体で増益。

〔8〕日販GHD38社の中間決算は連結売上高2048億円、前年比6・8%減、営業損失13億8800万円（前年は1億4000万円の損失）、中間純損失11億5000万円（前年は11億7800万円の利益）。
日販単体の売上高は1607億円、前年比168億円減。

営業損失18億9800万円（前年は6億2600万円の損失）、中間純損失13億8100万円（前

年は5億8400万円の損失)。書店ルート減収分は191億円。

〔9〕日教販の決算は売上高280億2660万円、前年比4・3%増。当期純利益は2億1970万円、同23・4%減。

その内訳は書籍193億8300万円、同4・4%増、「教科書」76億3200万円、同5・3%増。

学参、辞書、教科書は高校教科書の改訂に伴う定価アップ、採択数の増加など順調に推移し、返品率は10・2%。

【取次3社の決算を挙げてみた。トーハン、日販はいずれも実質的赤字で、取次と書店の赤字は下半期にさらにふくらむであろう。日教販は採用物の教科書、辞書、学参を中心とする専門取次の健全性を伝え、低返品率こそが取次の生命線であることを示している。ただ各都道府県の教科書会社の実態はどうなっているのだろうか】

〔10〕紀伊國屋書店の連結決算は売上高1306億7877万円、前年比8%増。営業利益36億6621万円、同48・2%増、当期純利益31億7919万円、同56・5%増の3年連続の増収増益で、過去最高の売上高、利益。

その内訳は「店売本部」432億8832万円、同0・4%増、「営業本部」531億4435万円、同6・4%増、「海外事業」296億5263万円、同26・7%増。

〔11〕 有隣堂の決算は売上高520億1501万円、前年比0・4%減。営業利益2億3897万円、同61・1%減、当期純損失1256万円（前年は3億1345億円の利益）で、減収損失の決算。

【紀伊國屋の決算の過去最高の売上高と利益は連結の「海外事情」の好調さによっていることは歴然で、国内事業においては有隣堂と変わらない状況にあると見なせるであろう。取次にしても、書店にしても、24年度が正念場となろう】

■出版社の実績　（単位：百万円）

順位	出版社	2022 年	純利益
1	集英社	209,484	15,919
2	講談社	169,400	14,900
3	KADOKAWA	129,883	8,060
4	小学館	108,471	61,620
5	日経 BP	38,900	25,520
6	宝島社	30,345	－ 4,230
7	東京書籍	24,951	90
8	ぎょうせい	21,560	4,410
9	文藝春秋	19,477	－ 522
10	光文社	17,900	－ 493
11	双葉社	16,599	1,284
12	新潮社	16,000	0
13	ハースト婦人画報社	15,750	1,551
14	Gakken	15,500	－ 85
15	岩波書店	14,800	87
16	新学社	14,412	212
17	ダイヤモンド社	13,425	747
18	NHK 出版	13,424	368
19	白泉社	13,381	0
20	数研出版	12,400	750

〔12〕 ノセ事務所から、帝国データバンクに基づく「出版社の実績」が届いた。これは569社に及ぶ2013年から22年にかけてのデータの集積だが、ここでは22年の上位20社の売上高と純利益を抽出し、挙げてみる。

【毎年感心するのは宝島社の躍進で、文藝春秋や新潮社を凌駕していることだ。1970年代にJICC出版局として始まり、『月刊宝島』を刊行していた小出版社が、90年代における「別冊宝島」の多種多量の発行を経て、大手雑誌出版社へと変貌していったことが重なって想起される。だが22年は赤字なのが気になる。創業者の蓮実清一と石井慎二は『週刊現代』の元取材記者で、その事実は井家上隆幸『三一新書の時代』(「出版人に聞く」16)に語られているが、折しも蓮実の80歳の死が伝えられてきたばかりだ】

〔13〕日販、トーハンの2023年ベストセラーが出された。

【本クロニクル㉔で「紅白歌合戦」のようなものとして、22年のベストセラーを掲載したが、学参の『小学生がたった1日で19×19までかんぺきに暗算ができる本』が日販の1位、トーハンの2位に躍り出るとは予想もしていなかった。私も長きにわたって戦後出版史と関連し、ベストセラー表にも目を通してきたけれど、純然たる小学生用学参がベストセラーの首位を占めたことはなかったのである。前世紀までのベストセラーは小説、話題の書、トレンド本などが多く、どちらかといえば、無用の書に分類でき、忘れ去られる宿命を帯びていた。ところが23年は有用で役立つ小学生のための学参にとって代わられたことになる。前代未聞の出来事のように思えるし、出版業界そのものがまったく変わってしまったことも象徴しているのではないだろうか】

〔14〕新宿書房の村山恒夫より、この10月で閉業の知らせが届いた。

半世紀の間に刊行した480冊のうちの120タイトルは鎌倉の出版社「港の人」が引き継ぎ、

■日本出版販売・トーハン　2023年　年間ベストセラー（総合）

順位 日販	順位 トーハン	書名	著者	出版社	本体（円）
1	2	小学生がたった1日で19×19までかんぺきに暗算出来る本	小杉拓也	ダイヤモンド社	1,000
2	1	大ピンチずかん	鈴木のりたけ	小学館	1,500
3	4	変な家	雨穴	飛鳥新社	1,400
4	7	変な絵	雨穴	双葉社	1,400
5	5	街とその不確かな壁	村上春樹	新潮社	2,700
6	3	汝、星のごとく	凪良ゆう	講談社	1,600
7	9	キレイはこれでつくれます	MEGUMI	ダイヤモンド社	1,500
8	8	ポケットモンスタースカーレット・バイオレット公式ガイドブック 完全ストーリー攻略	元宮秀介、ワンナップほか	オーバーラップ	1,400
9	—	パンどろぼう	柴田ケイコ	KADOKAWA	1,300
10	6	地獄の法	大川隆法	幸福の科学出版	2,000
11	11	日本史を暴く	磯田道史	中央公論新社	840
12	12	TOEIC L & R TEST 出る単特急 金のフレーズ	TEX 加藤	朝日新聞出版	890
13	13	頭のいい人が話す前に考えていること	安達裕哉	ダイヤモンド社	1,500
14	16	人は話し方が9割	永松茂久	すばる舎	1,400
15	—	パンどろぼう おにぎりぼうやのたびだち	柴田ケイコ	KADOKAWA	1,300
16	20	やる気1%ごはん テキトーでも美味しくつくれる悶絶レシピ500	まるみキッチン	KADOKAWA	1,540
17	—	パンどろぼうとほっかほっカー	柴田ケイコ	KADOKAWA	1,300
18	—	20代で得た知見	F	KADOKAWA	1,300
19	17	くもをさがす	西加奈子	河出書房新社	1,400
20	—	バカと無知	橘玲	新潮社	880
—	10	パンどろぼう パンどろぼうVSにせパンどろぼう パンどろぼうとなぞのフランスパン パンどろぼう おにぎりぼうやのたびだち パンどろぼうとほっかほっカー	柴田ケイコ	KADOKAWA	各1,300
—	14	安倍晋三　回顧録	安倍晋三、橋本五郎、尾山宏ほか	中央公論新社	1,800
—	15	ポケットモンスタースカーレット・バイオレット公式ガイドブックパルデア図鑑完成ガイド	元宮秀介、ワンナップほか	オーバーラップ	1,600
—	18	898ぴきせいぞろい！ポケモン大図鑑上・下	—	小学館	各1,000
—	19	成熟スイッチ	林真理子	講談社	840

（集計期間：2022年11月22日～2023年11月21日）

「ＳＳ文庫」として販売を担うという。

【村山の叔父の映画監督である村山新治のＤＶＤ、梅宮辰夫主演『夜の悪女』『赤い夜光虫』『夜の手配師』（東映）を購入したばかりのところに、この知らせが届いた。今度、村山と会える機会があれば、出版ではなく映画の話をしようと思う】

〔15〕　山田太一89歳、三木卓88歳、西木正明83歳の死が伝えられてきた。

【山田に関しては『岸辺のアルバム』論として、「『浮気』とホームドラマ」（『郊外の果てへの旅／混住社会論』所収）を書き、三木とはある文学賞の審査をともにしていたことがあった。また三木のことは、井出彰『書評紙と共に歩んだ五〇年』（「出版人に聞く」9）でも、日本読書新聞時代が語られている。西木はみすず書房の『現代史資料』を使いこなした現代史をテーマとする作家だが、その人脈の背景に山口健二の存在があったように思えてならない。デビュー作『オホーツク諜報船』（角川書店）はそれを示しているし、山口のことは宮下和夫『弓立社という出版思想』（「出版人に聞く」19）を参照してほしい】

〔16〕　論創社ＨＰ「本を読む」〈95〉は「東京トップ社、熊藤男、つげ義春『流刑人別帳』」です。

『新版　図書館逍遥』は発売中。

『近代出版史探索Ⅶ』は1月発売予定。

『出版状況クロニクルⅦ』は2月発売予定。

『近代出版史探索外伝Ⅱ』と中村文孝との対談『自治会、宗教、地方史』は編集中です。

24年はその他にも何本か予定しています。

あとがき

20世紀は戦争と革命の時代であり、それらに併走するようにして、出版業界は成長してきた。ところが21世紀に入ると、日本の出版業界は再販委託制の崩壊と書店の凋落を始めとする流通販売インフラのドラスティックな変貌下において、底無しの危機へと追いやられている。

そうした中で、もはや革命は見失われ、戦争だけは続いている。その一方で、本当に出版業界はどこに向かおうとしているのか。それを記録するために、今しばらく本クロニクルは書き続けなければならない。

そのためには、論創社の森下紀夫、塚本雄一両氏のさらなる寛容と併走をお願いする次第だ。

二〇二四年一月

著者

小田 光雄（おだ・みつお）
1951年、静岡県生まれ。早稲田大学卒業。出版業に携わる。著書に『書店の近代』（平凡社）、『新版図書館逍遥』、『〈郊外〉の誕生と死』、『郊外の果てへの旅／混住社会論』、『出版社と書店はいかにして消えていくか』などの出版状況論三部作、インタビュー集「出版人に聞く」シリーズ、『近代出版史探索』Ⅰ〜Ⅶ、『出版状況クロニクル』Ⅰ〜Ⅵ、『古本屋散策』、『古本探究』Ⅰ〜Ⅲ、『古雑誌探究』（いずれも論創社）。訳書『エマ・ゴールドマン自伝』（ぱる出版）、エミール・ゾラ「ルーゴン=マッカール叢書」シリーズ（論創社）、共著に『私たちが図書館について知っている二、三の事柄』（論創社）などがある。
『古本屋散策』（論創社）で第29回Bunkamuraドゥマゴ文学賞受賞。
ブログ【出版・読書メモランダム】https://odamitsuo.hatenablog.com/に「出版状況クロニクル」を連載中。

出版状況クロニクルⅦ

2024年5月10日　初版第1刷印刷
2024年5月20日　初版第1刷発行

著　者　小田光雄
発行者　森下紀夫
発行所　論 創 社
東京都千代田区神田神保町2-23　北井ビル
tel. 03（3264）5254　fax. 03（3264）5232　web. http://www.ronso.co.jp/
振替口座　00160-1-155266
装幀／宗利淳一
印刷・製本／精文堂印刷　組版／フレックスアート
ISBN978-4-8460-2341-6　